なぜ保守化し、感情的な選択をしてしまうのか

人間の心の芯に巣くう虫

シェルドン・ソロモン、ジェフ・グリーンバーグ、トム・ピジンスキー
大田直子 訳

インターシフト

なぜ保守化し、感情的な選択をしてしまうのか
人間の心の芯に巣くう虫

【目次】

はじめに

私たちの行動の原動力となるもの

あらゆるものの背後には、普遍的な死という偉大な幽霊が、一切を包含する暗黒がある。……私たちは、死と関連していない生を、……滅びることのないような種類の善を、つまり、自然的な善を超越した事実のうちにある善を、求めるのである。……すこしばかり鋭敏になっても、私たちの日常のあらゆる喜びの源泉の核心に巣くっていた虫がその正体をすっかりあらわして、私たちは憂鬱な形而上学者になってしまう。

——ウィリアム・ジェイムズ『宗教的経験の諸相』(桝田啓三郎訳、岩波文庫)

一九七三年一二月、雨降りのどんよりした日、『サイコロジー・トゥデイ』誌に寄稿していた哲学者のサム・キーンは、カナダのブリティッシュコロンビア州バーナビーにある病院の廊下を足早に歩いていた。医師から余命数日と言われた末期がん患者にインタビューするためだ。キーンが病室に入ると、死を間近にしたその男性は少し皮肉っぽく言った。「きみはぎりぎりで間に合ったよ。これで私が死について書いてきたことすべてをテストできる。人がどう死ぬか……人がどう死を受け入れるか、それを示すチャンスというわけだ」

病床にあったのは、文化人類学者のアーネスト・ベッカーだった。ベッカーは学者としての人生を、「人はどうしてその行動を取るのか」という古来の疑問の真相に迫るために、人類学、社会学、心理学、哲学、宗教、文学、そして大衆文化から得た洞察をまとめ上げる本の執筆にささげてきた。

本人が「初めての円熟した作品」と表現した新著『死の拒絶』(平凡社)でベッカーは、人間の活動はおもに、死を拒絶し超越しようとする無意識の努力によって引き起こされると推論していた。彼はサム・キーンに言った。「自分は基本的に無力だというつらい自覚と、避けられない死に対する恐怖から身を守るために、私たちは名声と文化を築くのだ」。そしてベッカーは死の床で、自分のライフワークは、こちらを振り返ってにやりと笑っているどくろを受け入れることだったと説明した。

アーネスト・ベッカーは一九七四年三月六日、四九歳で亡くなった。多くの先見の明ある人々と同様、ベッカーも早すぎる死をとげた。二カ月後、『死の拒絶』はピューリッツァー賞を受賞している。

さかのぼって一九六〇年代後半、ベッカーはインテリの反逆児だった。学生には絶大な人気があり、彼の講義には学生たちが群がった。しかし同僚や大学の理事たちは、学会だけでなく世論や大衆文化の隅々からアイデアを引き出して結びつけ、純粋学問や政治の正統性に挑んでくる学際的思想家を、あまり快く思っていなかった。

そのためベッカーは一種の大学放浪者となり、シラキュース大学(一九六〇~六三年)からカリフォルニア大学バークレー校(一九六五年)に移ったが、そこの人類学部が彼との契約更新を拒んだあとには、学生たちが彼の給料を払うと申し出ている。サンフランシスコ州立大学(一九六七~六九年)を経て、研究の本拠地をブリティッシュコロンビア州バンクーバーのサイモンフレーザー大学(一九六九~七四年)に見つけ、そこで『意味の誕生と死(*The Birth and Death of Meaning*)』の第二版、『死の拒絶』、そして没後出版された『悪からの逃走（*Escape from Evil*）』を執筆した。

数年後の一九七〇年代後半、本書の著者三人はカンザス大学の実験社会心理学の博士課程で出会った。三人が共通して、人間の行動を導く根本的動機づけの解明に関心があることがすぐにわかった。そして研究と議論の結果、二つのごく基本的な人間の傾向に的を絞ることになった。第一に、私たち人間は自尊心（自尊感情）を守る。第二に、私たち人間は自分の集団のほうがほかの集団より優れていると主張することを強く望む。

当初はこのプライドと偏見の根底に何があるのか、まったくわからなかったが、一九八〇年代初めに教授になったころ、たまたまベッカーの著書に出会った。それはわれわれにとって、まるでロゼッタストーンのような啓示だった。深い哲学的な散文に素人でもわかりやすい言葉を織り交ぜて、ベッカーは死の恐怖がどうして人間の行動を導くのかを説明していた。彼はわれわれが長年研究し教えてきたが完全には理解していなかった、重要な社会心理学的現象の多くに光明を投じていた。なぜ私たちはそんなに必死に自尊心を求めるのか、なぜ自分と異なる人たちを恐れ、嫌い、ときに抹殺しようとするのか、突如、その理由を理解する方法が見つかったのだ。

若い情熱に満ちあふれていたわれわれは、一九八四年の実験社会心理学会で、わくわくしながらベッカーの考えを仲間の社会心理学者に話した。人は死の恐怖を管理するために意味のある意義深い人生を求める、というベッカーの主張を足がかりとして「恐怖管理理論」と名づけたものを紹介したのだ。ところが、われわれの理論は社会学、人類学、実存主義哲学、そして精神分析学に影響を受けていると話したとたん、聴衆の心が離れはじめた。そしてマルクス、キェルケゴール、フロイト、ベッカーの考えまで行くと、著名な心理学者たちは会議室の出口へと突進していた。

われわれは困惑したがくじけずに、アメリカ心理学会の主力誌『アメリカン・サイコロジスト』に論文を送った。数カ月後にフィードバックが返ってきた。「存命・故人を問わず、心理学者は誰もこの論文に興味をもたないことは疑いの余地がない」と、かなり簡潔な一方通行の批評もあった。しかしわれわれは根気よく編集長に連絡し、なぜわれわれの考えに価値がないのか、繰り返し説明を求めた。われわれの質問に答えが出されないまま、当初の編集長の在任期間は終わり、ついに、二番目のもっと同情的な(あるいはわずらわしいと思った)編集長が、われわれの取り組める課題を出してきた。「あなたがたの考えにはある程度妥当性があるかもしれませんが、証拠を提出できなければ、真剣に取り合ってもらえないでしょう」。それを聞いてはじめて、われわれが大学院で受けた実験社会心理学の教育は、まさにそのための準備だったのだと気づいた。

われわれはこれまでの四半世紀を、死の恐怖が人間の営みに与える影響の調査に費やした。まず、われわれ自身の教え子で調査を行なった。その後、この理論に反応が出てくると、世界中の同僚が研究に加わった。いまや恐怖管理理論は心理科学者だけでなく他分野の学者によっても広く研究されており、ベッカーの想像をはるかに超えた結果が次々と生み出されている。

ウィリアム・ジェイムズが一世紀前に提唱したように、死はまさに人間のありようの芯に巣くう虫であることは、いまやきちんと証明されている。私たち人間は死ぬという自覚は、人生のほぼあらゆる領域で思考、感情、そして行為に、深く広い影響をおよぼす——意識にのぼっていようがいまいが。

人類史上つねに、死の恐怖は芸術、宗教、言語、経済、そして科学の発達を導いてきた。エジプトにピラミッドを建て、マンハッタンの世界貿易センタービルを破壊した。世界中で争いを引き起こしている。もっと個人的レベルでは、死すべき運命の認識のおかげで私たちは高級車を好み、健康に悪いほど肌を焼き、クレジットカードを限度額まで使い、狂ったような運転をし、敵と戦いたがり、たとえそのためにテレビ番組で動物のヤクの尿を飲まなくてはならなくても、つかの間でも有名になりたいと願う。死のせいで私たちは自分の体を不快に感じ、セックスについて相反する感情をもつ。死は避けられないという認識のせいで、もし対処のやり方を変えなければ、私たち自身があっさり消滅する結果にもなりかねない。

死の恐怖は人間の行動の主要な原動力のひとつだ。本書をとおして、この恐怖はほとんどの人が認めているよりはるかに強く、人間の行動に影響をおよぼすことを示していこうと思う。実際、その影響力はあまりに大きいので、「どうして人はその行動を取るのか?」という疑問に取り組もうとする努力は、死の認識を主要因として組み入れない限り、まったく的はずれである。

この本でわれわれは恐怖管理理論とその研究を、人類学や考古学のようなほかの分野の関連する研究結果と併せて提示する。さらに歴史上の事例と現代の事例で要点をわかりやすく説明する。研究についての表現では学術用語を避け、面倒な専門的細部は最小限にするよう努めた。重要な実験の説明に臨場感をもたせるため、個々の被験者を仮名で登場させ、彼らの視点からも語っている。

第Ⅰ部では、恐怖管理理論の基本理念と、恐怖管理の二本柱である文化的世界観と自尊心を紹介する。第Ⅱ部では、「どうして私たちの祖先に死の問題が生じたのか?」そして「彼らはそれについて何をしたのか?」という疑問に取り組む試みとして、古代史を掘り下げる。第Ⅲ部では、死すべき運命の暗示が、さまざまな個人的および対人的な活動に与える影響を考察する。そして最終章で、現代世界の理解と死の現実への対処に、私たちの研究がもつ意味合いに関して、いくつか考えを述べる。

ベッカーの知的な旅を引き継いだわれわれの包括的目標は、自分が死すべき運命にあるという認識が、人間の最も高潔な探求と最も卑しい探求の両方の根底にあることを明かし、どうすればその洞察を個人の成長と社会の進歩につなげられるかを検討することである。

第I部　恐怖管理とは何か

第1章

人間は死の恐怖管理を求める

揺籠は深淵の上で揺れ、常識が教えるところによれば、我々の存在は二つの永劫の闇の隙間から微かに漏れる光にすぎないという。

——ウラジミール・ナボコフ『記憶よ、語れ：自伝再訪』（若島正訳、作品社）

一九七一年のクリスマスイブ、一七歳のジュリアン・ケプケと母親のドイツ人鳥類学者のマリアは、ペルーのリマから飛び立った飛行機で、九〇人のほかの乗客とともにアマゾンのジャングル上空を飛んでいた。二人はジュリアンの父親で優秀な動物学者のハンス＝ヴィルヘルム・ケプケとともにクリスマスを祝うため、プカイパ市に向かうところだった。そのとき突然、稲妻が旅客機の燃料タンクを直撃した。機体はバラバラになり、煙と胴体と灰と化す。人がほとんど住んでいない広大な雨林の上空三〇〇〇メートルでのことだ。

飛行機から放り出されたジュリアンは、ふと気づくと大空を飛んでいた。あたりは静まりかえっている。シートベルトで座席に固定されたまま、空中を落下していくのを感じる。ジャングルの林冠がこちらに向かってグルグル回転してくるのが見える。地上に向かって突進している。待っているのは確実な死のようだ。墜落してくる彼女を分厚い森林の枝葉が受けとめる。彼女は気を失った。

意識が戻ったとき、彼女はまだくっついていた座席のシートベルトをはずし、あたりを手探りした。靴が片方、それに眼鏡がなくなっている。鎖骨をさわると折れている。片脚に深い切り傷を負い、腕にもけがをしている。近視の目の片方は腫れてつぶれているし、もう片方の目もわずかしか開かない。ひどい脳震盪《のうしんとう》のせいで目まいがする。しかしショック状態のおかげで痛みは感じない。何度も繰り返し母を呼んだ。返事はない。どうやら歩けそうだ。だから彼女は歩いた。

一一日間、ジュリアンはカイマンワニ、タランチュラ、毒ガエル、電気ウナギ、淡水エイがうようよしているアマゾンのジャングルを、よろよろとさまよった。土砂降りの雨、ぬかるみ、酷暑、群がって刺してくる虫のたえまない猛攻に耐える。そしてついに小川を見つけた。父親に教わったこと――たいていの人は河川のそばに住む傾向があること――を思い出し、彼女はその小川をたどってもっと広い川に出た。ピラニアとエイが出没する水中に入り、ゆっくりと泳ぎはじめ、川下へと漂っていった。

ショック状態が彼女を救った。あまり空腹を覚えず、心理的に「綿に包まれている」ように感じる。しかし噛んだり刺したりする虫の大群には苦しめられた。木の下で休もうとしても、眠るのはほぼ不可能だ。うじ虫が彼女の傷口に棲みついている。虫刺されのあとがひどい感染症になっている。アマゾンの太陽の下で川を漂ったせいで、出血するほど日焼けしている。それでも何も感じず、どんどん進んだ。

そしてようやくモーターボートを見つけた。彼女は冷静沈着に、小さなタンクのガソリンをうじ虫にかけ、その大半を殺した。数日後、ボートの持ち主が自分たちの小屋のそばで彼女を発見し、七時間かかる最寄りの町まで連れて行った。

彼女はその墜落事故の唯一の生存者だった。

人間の芯に巣くう虫

九死に一生を得た人々の驚くべき話は、誰でも聞いたことがあるだろう。たとえば、ドナー隊（訳注：一八四六年にアメリカ東部からカリフォルニアを目指し、険しい雪山や砂漠地帯で多くの命を失った開拓民集団）やタイタニック号の生存者、ドレスデンの無差別爆撃や広島と長崎の原爆投下を生き延びた人々。そのような話は、生きものはすべて自己保存を指向する生物学的システムをもって生まれているという事実を浮き彫りにしている。何十億年のあいだに無数の複雑な生命体が進化し、生殖して自分の遺伝子を将来世代に伝えられるくらい長く生き延びるために、それぞれ独特のやり方で適応してきた。魚にはエラがあり、バラの木にはトゲがあり、リスは木の実を埋めて数カ月後に取り出し、シロアリは木を食べる。あらゆる種の生きものが根本的な生物学的責務を着実に実行する方法の多様性には限りがないようだ。その責務とはすなわち、生き続けることである。

あなたが物置のなかで飛びまわるコウモリを発見し、やっつけるためにテニスラケットを手に、その暗い空間に入ったら、きっと大乱闘を繰り広げることになる。なぜなら、その生きものは生き延びるために闘うからだ。ミミズでさえ激しく死に抵抗する。釣り針に餌をつけようとしたことがある人なら、誰もが証言するだろう。二つに裂かれても、ミミズは生き続ける。釣り針につけられそうになると、激しくもがく。針を突き刺されると、あなたの手の上に糞をする。

しかし、私たち人間はコウモリやミミズとちがって、自分は何をしようと遅かれ早かれ死との闘いに負けることを知っている。そう考えるとひどく不安になる。死ぬのが怖いのは、自分の体が腐り、悪臭を放ち、塵《ちり》になるからかもしれない。愛する人を残して去ることになるからかもしれない。大切なことをやり残すことになるからかもしれない。あるいは、喜んで自分を抱きかかえてくれる慈悲深い神は待っていないと、ひそかに疑っているからかもしれない。しかしこれらの懸念すべての根底にあるのが、例の基本的な生物学的責務である。ジュリアン・ケプケなどの生存者たちが身をもって知ったように、人は生き続けるためには、ほとんどどんなことでもやる。それでも、その望みは必ず挫折することを知りながら生きているのだ。

どうして私たちはこんな苦境に陥ったのだろう？　私たち人間は、生き延びるという基本的責務を継承しているが、ほかの生命体とはいくつかの決定的なちがいがある。純粋に身体的な観点から見ると、人間はあまり印象的ではない。とくに大きいわけでも、とくに感覚が鋭いわけでもない。チーターやオオカミやウマより動きが遅い。爪はもろくて切れ味が悪いし、歯は焼きすぎたステーキより固いものを噛み切るようにはできていない。

しかし、あらゆる人間が血筋を引いているアフリカのヒト科の小集団は高度に社会的で、その子孫の大脳皮質が進化したおかげで、人類はやがて知能がきわめて高くなった。その発達が協力と分業を助長し、最終的に私たちの祖先を道具、農業、調理、住居、その他さまざまな役立つものの発明へと導いた。子孫である私たちは数を増やして繁栄し、その文明が世界中に根づいている。

人間の脳の進化は、二つのとくに重要な人間の知能につながった。それは高度な自意識と、過去・現在・未来の観点で考える能力である。特定の時空に存在するものとして自分を意識しているのは、知られている限り、私たち人間だけである。これは重要な特徴だ。ガチョウやサルやウォンバットとちがって、私たちは一連の行動を選ぶ前に、自分の現状について、過去と未来の両方と併せて慎重に考えることができる。

この自分自身の存在に対する意識のおかげで、人には高度な行動の柔軟性があり、それが生き続けるのに役立つ。もっと単純な生命体は、周囲に対して決まった反応を即座に示す。たとえば、蛾は必ず光のほうに飛ぶ。蛾のその行動は、ふだんは飛行や捕食者回避に役立つが、光の源がロウソクやキャンプファイヤーの場合には命取りになりかねない。私たち人間は蛾とちがって、進行中の感覚経験の流れから注意をそらせることができる。否応なく炎に引き寄せられずに、本能だけでなく学んで考える能力も駆使して、さまざまな行動を選ぶことができる。状況に対する別の反応とその潜在的影響についてじっくり考え、新たな可能性を想像することができる。

自意識は一般に人の役に立っている。生き延び、生殖し、遺伝子を将来世代に伝える能力を高めてきた。自意識は気分もいい。私たち一人ひとりは、オットー・ランクのすてきな言葉を借りれば、「宇宙の原初の力の一時的な代行者」だという事実を熟考できる。人はみな最初の生物の直系子孫であり、ゆえにその親戚であるだけでなく、地球上にこれまで生きてきた生物とも、将来的に生きる生物とも、縁続きである。生きていることも、同時にそれを知っていることも、なんとうれしいことだろう。

しかし、私たち人間は自分が存在することを知っているからこそ、いつの日か存在しなくなることも知っている。死はいつ来てもおかしくないし、私たちはそれを予測することも止めることもできない。これは明らかにうれしくないニュースだ。たとえ運よく毒虫や噛みつく獣、ナイフや弾丸、飛行機の墜落や自動車事故、がん、地震による攻撃をかわせたとしても、永遠には生きられないことを、私たちは理解している。

この死の認識は人間の知性の不都合な面である。考えてみれば、死の認識は私たち一人ひとりに衝撃的な苦境をもたらす。壮大なジョークのようにさえ感じられる。一方では、人はあらゆる生物に共通する生存への強い欲求をもっている。しかし他方で、人はとても利口なので、この基本的探求が最終的にむなしいことを認識している。私たちは自意識があることの高い代償を払っているのだ。

恐怖とは、差し迫った死の脅威に対する、自然で一般的には適応的な反応である。人間を含む哺乳類はみな恐怖を経験する。インパラが自分に襲いかかろうとするライオンを見ると、脳内の扁桃核が辺縁系に信号を送り、闘うか、逃げるか、すくむか、いずれかの反応を引き起こす。同様のプロセスは人にも起こる。命の危険が迫っていると感じる――車がスピンして制御不能になる、ナイフを持った路上強盗に遭遇する、胸が締めつけられる、疑わしいしこりができる、飛行機に乗っていてひどい乱気流に遭う、群集のなかで自爆テロが起こる――と、必ず恐怖に駆られる。闘うか、逃げるか、すくむか、いずれかに追い込まれる。そしてパニックが起こる。

そして、私たちの状況の真に悲劇的な部分はここからだ。私たち人間だけが、拡大した高機能の大脳新皮質のせいで、迫りくる危険がないのに、この恐怖を経験する可能性があるのだ。偉大なベルギー人作詞家のジャック・ブレルが強調するように、死は「老いた放蕩者のように待ち受けて」いて、心の暗がりのなかに潜んでいる。この認識は私たちを、存在することの恐怖がいつまでも続く状態におとしいれるおそれがある。

詩人のW・H・オーデンが、この人間独特の難問を雄弁にとらえている。

朝の野うさぎは幸せだ、
猟師が目を覚まして考えることを読めないから。
秋を予測できない木の葉は幸運だ。
砂漠の砂をひたひた洗う水たまりで急成長し、

息を詰まらせて激しく苦しんでいるクラゲはじつに幸運だ。
だが、人間はどうすればいいのか、そらんじて口笛を吹けるというのに、それをミズナギドリの鳴き声と同じように、死にさえぎられるときを知っている人間は？
自分の知識から身を守るほかに、人間に何ができるだろう？

このたえずつきまとう、身のすくむような潜在的恐怖は、人間のありようの「芯に巣くう虫」である。この死に対する恐怖を管理するために、私たちは自己防衛しなくてはならない。

「文化的世界観」と「自尊心」の役割

幸い、私たち人間は頭のいい種である。この究極の存在の危機を理解するまでに知性が進化すると、人は同じ知性を使って、その破滅を招きかねない死の恐怖を食い止める手段を考え出した。共通の「文化的世界観」――実在の本質を自分たちに説明するためにつくり出す信念――は人々に意義を感じさせ、宇宙の起源を説明し、この世での価値ある行動の青写真を見せ、そして永遠不滅を約束する。

人類の黎明期以降、文化的世界観は死を恐れる人間たちに大きな安心を与えてきた。古今東西、圧倒的多数の人々が宗教に導かれて、自分の存在は肉体が死んだあとも、なんらかのかたちで続くのだと信じてきた。人の魂は天国まで舞い上がり、そこでいまは亡き愛しい人たちと再会し、創造主の愛情深い輝きに浴すると信じている人もいる。死の瞬間、人の魂は生まれ変わって新しいかたちに移行すると「知っている」人もいる。さらには、人の魂は単純に別の見知らぬ存在のレベルに移るのだと確信している人もいる。どの場合も、人はどのみち自分が文字どおり不死（不滅）なのだと信じている。

私たちの文化は、象徴的な不死という希望も与える。私たちは自分が死んだあともずっと続く、自分より大きな何かの一部であるという感覚だ。だからこそ人は懸命に、意味のある集団の一員になって、芸術や科学の創造的な仕事を通じて、または自分にちなむ名前のついた建物や人を通じて、あるいは子どもに伝える財産や遺伝子を通じて、はたまた他人の心に残る自分の記憶を通じて、とにかく世界に影響を与え続けようとする。自分の愛した故人や崇拝した故人を自分が覚えているのと同じように、人も自分を覚えていると考える。私たちは自分の仕事によって、自分を知っている人によって、墓となる記念物によって、自分の子孫によって、象徴的に「生き続ける」のだ。

　こういう文化的な死の超越のおかげで、人は自分が永続する世界の重要な貢献者だと感じることができる。自分は死んだとたんに存在しなくなる無益な動物にすぎないと考えずにすむ。文字どおりの不死と象徴的な不死を信じることで、肉体の死を免れられないと知っていることから生まれる、恐怖の潜在力を管理することができる。

　このことから、恐怖管理理論の中心理念が導き出される。私たち人間はみな、自分が死を免れないことを知っているという問題に対処するために、二つの基本的な心理的資源《リソース》を求める。第一に、文化的世界観に対する信念を持続する必要がある。それが人々の現実認識に秩序と意義と永続性を吹き込むからだ。人はふだん自分たちの文化的世界観を当たり前に思っているが、実際にはそれは人々が膨大なエネルギーを費やして築き、維持し、守っている、壊れやすい人間の構築物である。人は自分の存在が危ういという認識につねに瀕しているので、人間の命はこのうえなく重要で永続するものという考え方を強化するために、自分たちの文化における政府・教育・宗教の制度や儀式にこだわる。

　しかし、生命一般をそういうものと考える必要があるだけではなく、自分自身の命もそういうものと考える必要もある。世界観によって開かれた文字どおりの不死と象徴的な不死への道を行くには、自分は文化の貴重な一員だと感じる必要がある。したがって、恐怖を管理するのに不可欠な第二の資源は、一般に「自尊心」と呼ばれる個人的重要性の感覚である。文化的世界観と同じように、自尊心を達成して維持する方法も多種多様だ。スーダンのディンカ族では、長い角を持つウシをいちばんたくさん所有する男が最も高い評価を受ける。パプアニューギニアのトロブリアンド諸島では、男の価値は姉妹の家の前に築いて腐るままに放っておくヤムイモの山の大きさで測られる。多くのカナダ人にとって、マスクをかぶった敵が守るネットに、スティックでゴム製のパックを打ち込むのがいちばんうまい男が国民的ヒーローと見なされる。

自尊心への欲求に人はみな駆り立てられる。激しく駆り立てられる。自尊心は日常生活の水面下にひそむ恐怖の前兆から守ってくれる。自尊心のおかげで私たち一人ひとりは、自分が消し去られる運命にある有形の生物ではなく、不朽の重要な存在であると信じることができる。世界観の正しさを肯定することと、個人の価値を実証すること、この対をなす衝動が相まって、人間だけが感じる不可避の死に対する恐怖から人々を守っている。そして同じ衝動によって、人間が歴史上実現してきたものの多くが、突き動かされてきたのだ。

自分の死すべき運命を知っていることが、人の営みにきわめて重要な役割を果たすという考えは古くからある。キリスト教の聖書、ユダヤ教の律法、イスラム教のコーラン、そして古代仏教の経典にも見られる。二五〇〇年前、ギリシャの歴史家トゥキュディデスは『ペロポネソス戦争の歴史（*The History of the Peloponnesian War*）』で、死の問題を長引く暴力的衝突の主原因と見ている。ソクラテスは哲学の課題を「死に方を学ぶこと」と定義している。ヘーゲルにとって歴史は「人間が死について行なったこと」の記録だった。この二〇〇〇年、このような考えは哲学者（セーレン・キェルケゴールやフリードリヒ・ニーチェなど）、神学者（たとえばパウル・ティリッヒやマルティン・ブーバー）、精神分析的および実存的心理学者（ジークムント・フロイトからオットー・ランク、ロバート・ジェイ・リフトンまで）、そしてもちろんソフォクレスからシェイクスピアやフィッリップ・ロスまで、あらゆる作家による不朽の文学作品にも取り上げられてきた。

しかし科学的心理学の領域では、死の問題はあまり注目されていない。いまも多くの心理学者が、相変わらず驚くほど無関心だ。人間性、心、文化、宗教、戦争、歴史、意識などの問題に光を当てようとする、現代の有力な社会科学の学術書を徹底的に調べたら、死は重要でないばかりか、ほとんど存在しないという結論になるだろう。

その原因はおそらく、死との関係がおよぼす影響は、厳格な科学的手法で理解したり検査したりすることができないという、一般的な考えにあるのだろう。心理学がまだ本物の科学として真剣に受け止めてもらえるよう奮闘していたフロイト後の時代、心理学者は、大ざっぱで範囲の広い考え、とくに無意識の思考や感情が日常的行動に与える影響にかかわる考えを警戒していた。

われわれは実験社会心理学者として、このことに疑問を感じた。なぜ、そういう考えを科学的に組み立て、しかるのちにその真価を問うことができないのか？　ひょっとすると、科学的手法を展開して、人々が正確にどうやって潜在意識にある死の恐怖に対処するかを説明できるかもしれない。

われわれが始めたのは、被験者の一つの（実験）グループには自分の死すべき運命を思い起こしてもらい、別の（対照）グループにはそうしない研究である。実験グループの被験者は死を思い起こすと、文化によって獲得した信念を維持する努力を強めるかどうか知りたかったのだ。開始は一九八七年、アリゾナ州トゥーソンの二二人の地方裁判所判事を対象に、この考えを試した。そのときから事態はおもしろくなっていく。

マイケル・ガーナー判事を紹介しよう。われわれの初めての科学的実験を手助けしてくれた人物だ。

死を思うだけで、判事の決断が変わる

売春婦の事件を検討して保釈金を決定することは、ガーナー判事にとっていつものことだった。彼は朝出勤し、執務室で机の前にすわり、前夜に起こったよくある不正行為を記録したファイルに目を通す。飲酒運転、万引き、風紀紊乱《びんらん》行為。次に彼は、キャロル・アン・デニス事件の売春婦のメモが入っているファイルを開いた。

警察の記録と売春婦の供述によると、その二五歳の女性は午後九時半過ぎ、目抜き通りで逮捕された。ショートパンツにハイヒール、ホルタートップ姿のデニスは、街角に立って客を誘っていた。ピックアップトラックを運転する三〇代の男性が車を止め、ウィンドウを下ろした。二人とも、通りで待ち伏せしている覆面パトカーに気づいていなかった。

供述によると、デニスは手錠をかけられ、パトカーの後部座席に押し込まれた。そのあと留置所まで連行され、売春目的の客引きの罪で訴えられた。彼女は定住所を証明できなかったので、保釈されるのを待っている。

ガーナー判事はファイルを閉じてため息をついた。前にもこれと同じような事件をいくつも見てきた。この種の違反に対する保釈金の標準は五〇〇ドルだ。次に彼は別のフォルダーに目をやった。そこに

は同僚の判事がガールフレンドのために記入してくれと頼んできた、性格質問表が入っている。彼女は「性格、態度、保釈金決定」に関する、教授の学術的研究を手伝っているのだ。

質問表のなかに二問の「倫理態度性格調査」が入っている。その調査で、われわれはまず判事に、「自分自身の死を考えたとき、心のうちに生じる感情を簡単に説明してください」と質問した。「あまり考えていないが、私がいなくなってさみしい思いをする家族のために、とても悲しい気持ちになると思う」と彼は書いた。

次の問いはこうだ。「あなたの肉体が死ぬとき、そしてあなたが肉体的に死んだ状態になったとき、自分に何が起きると思うか、できるだけ具体的に書き出してください」

彼は「痛みのトンネルに入ったあと、光のなかへと解き放たれると思う。体は埋められ、やがて地中で腐るが、私の魂は天国に昇り、そこで救い主に会うことがわかる」と書いた。

あと二つ三つの質問に答えたあと、判事は事務員と数分間おしゃべりをして、それから仕事を再開するために執務室に戻った。

キャロル・アン・デニスの保釈金を決定する前に、自分の死すべき運命について考えたガーナーをはじめとする判事たちは、どう反応しただろう? 質問表に記入しなかった対照グループの判事たちは、五〇ドルという平均的な保釈金を課した。ところが、自分の死を思い起こさせられた判事は、キャロル・アン(ちなみに実在の人物ではない)に、はるかに懲罰的な保釈金を強いた——平均で四五五ドル、標準的な金額の九倍以上である。自分の死について考えた判事たちによって、正義の天秤は倒されてはいないにしても、傾けられたのである。

判事というのは、事実にもとづいて事件を評価する、きわめて理性的な専門家のはずだ。そして実際に被験者の判事たちは、死についての質問に答えることが自分の判決に影響する可能性はありえないと主張していた。それならどうして、ほんの少し死について思い起こしたことで、彼らの決断がこれほど極端に——しかも本人が知らないうちに——変わることがありえたのか？

われわれはこの実験を考案したとき、一般的に判事というのは、そもそも善悪について確固たる考えをもっている人たちだと想像し、キャロル・アン・デニスの行為は彼らの倫理的感性を害すると考えた。実験結果からわかるのは、自分の死すべき運命について考えた判事は、自分たちの文化に規定されたとおりの正しいことをしようという反応を示したことである。その結果、彼らは死について思い起こさせられなかった同僚たちよりも、精力的に法律を守った。売春婦と疑われる人物に対して極端に高額の保釈金を決定することによって、彼女が単なる軽い叱責だけでなく、倫理的犯罪に「ふさわしい」罰も受けるために、確実に裁判に姿を現すようにしたのだ。

死を思い起こさせることは、私たちの価値観にかなう生活をしない人たちに対する、よりネガティブな反応を起こすだけではない。その価値観を守る人たちに対する、よりポジティブな反応も生じさせる。ある研究では、危険な犯罪者を警察に通報した人に対して被験者が推奨する金銭的報酬が、死を思い起こさせることで三倍になっている。そして死を思い起こさせることの影響がおよぶのは、不道徳だと非難される人や、高潔さを評価される人に限られない。信念の正しさや文化の善良さに対する自信を強めたいという、一般的な欲求も高める。そのため、人は死を思い起こさせられたあと、自分の大切な信念を強める人やものに対して寛大に反応し、その信念に疑問を投げかける人やものを拒否する。

判事を被験者とした調査のすぐあとに行なった別の研究で、われわれはアメリカ人の学生たちに研究室に来てもらった。対照グループの人たちには、中立的なこと――具体的には、食べものについての考えや食べる行為が心のうちに引き起こす感情――を、簡潔に説明するよう求めた。実験グループの人たちには、ガーナー判事に尋ねたのと同じ、あまり気持ちのよくない死に関係する質問をした。

数分後、各グループに『ポリティカル・サイエンス・クオータリー』誌に掲載されていたものだと（うそを）言って、二つのインタビュー記事を読んでもらった。ひとつはアメリカの政治制度を断固支持する教授へのインタビュー、もうひとつは激しく非難する教授のものである。親米の教授はインタビューのなかで、アメリカは問題を抱えていると認めている。経済格差は問題であり、政府は外交政策でミスをしたと言及する。しかし全体として「この国では、私が言っていることの価値を最終的に判断するのは国民であり、政府ではない。だからこそ、この国は自由に生きられるすばらしい場所なのだ」と締めくくる。

これに対して反米の教授は、アメリカのさまざまな美徳のうちいくつかを認めるが、エリートの権力の悪影響や「アメリカが外国で行なう道徳観念のない営利追求行為」を強調している。そして「わが国の外交政策に倫理観はまったく関係ない。したがって、アメリカは世界の民主主義と自由の推進者であるという考えは、まったくのいんちきである」と結論づけている。彼は現政府を暴力で倒すことは適切であるとさえ言っている。

被験者の学生は全員、親米の教授が言いたいことに好感をもった。反米の教授より知識があって誠実だと感じている。しかし、最初に自分はいずれ死ぬことについて考えた人たちのほうが対照グループより、親米の教授をはるかにポジティブに評価し、反米の教授をはるかにネガティブに評価した。

われわれがこの研究の道を進みはじめて以降、五〇〇以上の研究と統計が、文化的世界観は人をさまざまなかたちで、死の不可避を知ることの恐怖から守ることを実証している。人は死を思い起こさせるものと向き合ったとき、自分の信念に反対する人や背く人たちを批判したり罰したりし、その信念を支持する人や擁護する人たちに称賛や報酬を与える。被験者が死を思い起こさせられる方法はさまざまだ。死についての質問に答える方法のほか、むごたらしい事故の映像を見たり、死についての文を書いたり、葬儀場や墓地のそばに立つだけということもあった。興味深いことに、信念を擁護する彼らの反応は、死を思い起こさせられることとのみ相関している。これは重要なことだ。なぜなら、社会的排斥、試験の不合格、強い痛み、自動車事故での手足の喪失といった、ほかのネガティブな出来事を思い起こさせられても、自分の死すべき運命を思い起こさせられるのと同じ効果は生まれないのだ。

われわれは本書をとおして、死の恐怖を管理する努力が、ほぼあらゆる人間の営みにどう影響するかを明らかにする。実際、死すべき運命についての懸念は、昼ごはんに何を食べるか、ビーチでどれだけ日焼け止めを塗るか、最後の選挙で誰に投票したか、買い物についての態度、心身の健康、誰を愛し誰を憎むか、日常生活から重要なことまですべてに影響する。

しかし、この恐怖は人がもって生まれるものではない。赤ん坊はあまりに幼いので、乳を与えられ、寒い思いさえしなければ、それ以上は求めない。ではなぜ、どのように、人間の子どもは意義と自尊心の象徴的世界に組み込まれ、それを擁護するようになるのだろう？　そしていつ、どのように、死が心理的イメージに入ってくるのだろう？

第2章

文化的世界観によって守られる

物事の成り立ちとは秩序体系である。……正しいことはわかりきっていて、ごく自然に自動的に受け入れられるので、人は受容行為が起こったことを自覚しない。……私たちができるだけ広範にわたる物事の成り立ちを探すのは、真実をつかもうとしてではなく、その成り立ちが包括的であればあるほど、不安を払いのけられることが見込めるからだ。自分の命を宇宙の成り立ちにとって意味のあるものにできるなら、私たちは不死を確信して生きることになる。

――アレン・フィーリス『物事の成り立ち』

人はおむつを濡らし、おしゃぶりを吸う生きものとして人生をスタートするが、そのときのことを覚えていない。自分の名前は知っているが、その名前を教わったことは思い出せない。それでも、一年か二年の前後はあるにせよ、五歳を過ぎてからの生活をかなりはっきり記憶している。お気に入りのペット、オモチャ、先生、友だち、熱心すぎるおばの迷惑な抱擁、シュートを決めたこと、サマーキャンプ、ハロウィーンでお菓子をねだったこと。最終的に人はみな、個人としてだけでなく、もっと広い社会的状況の一部としての自分自身を認識するようになる。より広い意義と象徴のある世界において、ブラジル人、ナイジェリア人、メキシコ人、イタリア人、レバノン人、中国人、オランダ人、日本人、あるいはアメリカ人になる。

「五歳の子どもからいまの自分までは一足飛びだが、新生児から五歳の子どもまでは恐ろしいほど距離がある」と、レフ・トルストイは言っている。人はどうやって、泣いたりアーウー言ったりするだけの新生児から、名前と国籍があって、自分たちの文化に意義を求める大人に変わるのだろう？　どうしてこの変化によって、人は世の中でしっかりやっていけるようになるのだろう？　どうやってこの恐ろしいほどの距離を越えるのか、その旅路に死についての懸念がどう影響するのか、そしてそのあと何が起こるのか、考えてみよう。

タオル地の母親、針金の母親

幼い時期は心理的安心感を確立するためにとても重要だ。それがうまく行かないと、大人への旅はひどくつらいものになるおそれがある。

シプリアンの例を考えよう。一九九〇年四月にルーマニアのカルペニシュで生まれた、健康でかわいい男の赤ん坊だ。じつは生みの母親のアリンは、彼がこの世に生まれることを望まなかった。彼は四番目の子どもだった。ルーマニア政府はニコラエ・チャウシェスクの独裁的権力のもと、避妊も中絶も禁止していたが、アリンとその家族は、自分たちの小さな農場で育てるニワトリと猫の額ほどの裏庭で栽培するわずかな野菜で、ぎりぎりの生活をしていた。貧乏のどん底にいた彼女と夫は、新しい息子を育てることはできないと決断した。そこで生まれたばかりの息子を国の孤児院に置き去りにして、自分たちとほかの子どもたちでなんとか暮らしていくという、過酷な務めに戻った。

シプリアンのように孤児院に押し込まれたルーマニアの赤ん坊は約一七万人いて、そこはひどい動物園のような場所だった。赤ん坊はほとんど食べものを与えられず、おむつもたまにしか替えてもらえない。外の新鮮な空気を吸うために連れ出されることもない。収容されている部屋は、尿と体臭がぷんぷんにおう。数十人の子どもに対して保育士が一人か二人なので、見捨てられた赤ん坊はいちども抱かれることがない。遊ぶためのオモチャもない。不潔なベビーベッドに縛りつけられることが多いので、ハイハイすることも歩くことも覚えない。話すことを覚える代わりに、自分の頭をベビーベッドの金属柵にたたきつける。一九九二年の夏、養父母がブカレストに引き取るころまでに、シプリアンは「発育障害」になっていた。つまり、成長と発達が止まっていたのだ。身体的には委縮した栄養失調の二歳児であり、精神的にはもっとひどかった。

それでも、シプリアンは数少ない幸運な子どものひとりだった。新しい両親はキャメロンという新しい名前をつけて、彼をアメリカに連れて行った。新しい家族は彼に愛情と気づかいを示した。彼は甘やかされ、きちんと食事を与えられ、歩くことを覚え、体重も年齢の標準まで増えた。しばらくのあいだ、彼は正常で健康に思われた。しかし四歳になったころ、奇妙な行動を取るようになる。「芝生の上を歩くのを怖がりました」と父親のダニエルは回想している。「エナメル靴に執着するようになりました。それにリスみたいに食べものをほっぺたに詰め込むのです。しょっちゅう暴れて、叫び痙攣を起こしますし、ものを壊すのです。社会的手がかりを理解しません。彼のどこが悪いのか、私たちには見当もつきませんでした」

キャメロンが五歳でセラピーを受けるようになってようやく、ダニエルと妻は何がかわいい息子を苦しめているのか、理解するようになった。キャメロンは「反応性愛着障害」という深刻な精神状態に陥っていたのだ。それは最初の養育者――ふつうは母親――と親密なきずなを結ぶ機会に恵まれず、心に傷を負った子どもに見られる症状である。キャメロンの障害は、赤ん坊にはどうしても必要な心理的安心感を得られなかったことが原因だった。

その安心感は赤ん坊にとって、乳や温もりと同じくらい必要不可欠なものだ。しかし、そのような感情を小さな人間が抱くのはたやすくない。グッピーは生まれながらに泳ぎ、食べ、捕食者を避けることができる。子犬と子猫は二カ月ほどで完全に乳離れして独立する。それに引きかえ人間の新生児は、あらゆる生きもののなかで最も未熟で無力だ。子宮から出たばかりの人間は、自力で頭を上げることも寝返りを打つこともできない。子どもは親と強い情緒的きずなを結ぶと、生き延びて成長するために必要なものを得られると確信する。どうしてそうなるのだろう？

二〇世紀の大半、心理学者は赤ん坊が親を愛する理由はひとつしかないと信じていた。親が食べものをくれることである。ジークムント・フロイトによると、乳は喜びを生み、そのおかげで赤ん坊は母親への愛着を形成し、母親への愛情を育む。基本的にフロイトは、赤ん坊はこの喜びを感じさせてくれる人を愛するのだと考えていた。のちに行動心理学者のB・F・スキナーは、幼少期のきずな形成はすべて強化次第だという理論を立てた。何度も繰り返し乳を持って現れる人なら誰でも、赤ん坊の愛着と愛情を受ける。なぜなら、その人と食べものが確実に結びつくからだ。

フロイトの弟子のオットー・ランクは、赤ん坊が愛着を形成する理由についてのこの考え方に異論を唱えた。彼だけでなくハリー・スタック・サリヴァンやメラニー・クラインのような精神分析医も、その情緒的きずなは、愛され守られているという感情によって築かれると主張した。しかし、愛着についてのこの別の考え方が広く受け入れられるようになったのは、一九五〇年代後半に、ハリー・ハーロウが一連の有名な実験を行なってからのことだ。ハーロウはアカゲザルを生まれてすぐ生物学的母親から引き離し、二体の生きていない「母親」と一緒に檻のなかで育てた。一方の母親はむき出しの針金でできたもの、もう一方は柔らかいタオル地で覆われたもの。サルは針金の母親に取りつけられた哺乳瓶からミルクを飲んでいても、ほとんどの時間をタオル地の母親にしがみついて過ごした。

別の研究で、サルは二つのグループに分けられた。一方は針金の母親からミルクを与えられ、もう一方はタオル地の母親から与えられる。どちらのグループのサルも同じ量のミルクを飲み、同じスピードで成長したが、初めての恐ろしい状況に遭遇したときの反応がまったくちがった。檻のなかを歩きまわっていて、不意に太鼓をたたく機械仕掛けのテディーベアが現れると、タオル地の母親と一緒にいるサルは母親のところに駆け寄って、しっかりしがみついた。そのあとどうやら安心したようで、思いきって前に出て周囲を探検した。興味深いことに、もう一方のグループのサルは、「メタル母」のもとに戻るのではなく、地面に体当たりしたり、前後に体を揺らしたり、自分の体をまさぐったりして、明らかな苦痛の叫びをあげた――ルーマニアの孤児院でネグレクトされた子どもたちの行動ととてもよく似ている。

子ザルはタオル地の母親を安心の基盤として利用しているのだと、ハーロウは主張している。柔らかい母親との心安らぐ触れ合いによって最初の恐怖がおさまると、彼らは自信を取り戻した。私たちは食べものをくれるから親を愛するのではない、と彼は結論づけた。親とのスキンシップが慰めとなる安心を与えてくれるから、親を愛するのだ。

ハーロウが実験を行なっているころ、精神科医のジョン・ボウルビィが「愛着理論」という対になる考えを展開していた。この理論の基礎になったのは、ボウルビィの精神分析訓練、霊長類の進化と動物行動学に関する知識、そして第二次世界大戦中に親から引き離された子どもたちの研究である。赤ん坊が生き延びるつもりなら、すぐ反応してくれる養育者に情緒的に愛着する必要がある、とボウルビィは述べている。生まれたばかりの人間は無力で弱いため、とくに不安になりがちで、愛着している人と文字どおりにでも比喩的にでも引き離されることは、彼らにとって究極の脅威となる。したがってボウルビィによると、赤ん坊にとって「基本的信頼感」、つまり自分は安全で健康だという感覚を、生まれた年に育むことはきわめて重要なことなのだ。そしてそれを実現するには、彼らを大事に思う人々が、どこにいても、何についても、助けてくれると思えなくてはならない。

乳児の安心感の源

ランク、ハーロウ、ボウルビィらの研究のおかげで現在、乳児期初期の心理的安心感のおもな源は、親の愛情と庇護であることがわかっている。赤ん坊を抱きしめてあやすと、彼らは安心を感じて探検する勇気をもてる。床の上をはいまわり、手の届くあらゆる場所を楽しそうに調べる。だからこそ、もうすぐ親になる人たちはたいてい自宅を「子どもに安全《チャイルドプルーフ》」にする。

幸運にも愛情深い家庭に生まれるなら、生まれたての赤ん坊であることはすばらしい。母親の温かい胸にすり寄れば、甘い栄養がもらえる。くるまれ、抱きしめられ、授乳され、あやされる。おしっこやうんちをしたときには、濡れたおむつを柔らかく乾いたものに替えてもらえる。生まれたばかりのときは、ただ存在するだけで、目を輝かせて自分をうっとり見ているすてきな人たちから、愛情と慰めが降り注がれる。うまくオモチャをつかんだり、食べものを床に落とすよりたくさん口に入れたりできれば、それは親にとって最高に幸せなことなのだ。もう少したって、初めての一歩を踏み出したり、「ママ」とか「パパ」に近い音を発したり、テニスボールを犬の頭に跳ね返らせたりすると、大人のファンの顔には誇らしさと愛おしさが表れる。

よちよち歩きの幼児になると、この種の楽しい反応を親から引き出すのには、少し努力が必要になる。ママやパパが気に入らないことをやるときはなおさらだ。幼児は土を口に入れることもある。トイレではなく金魚鉢におしっこをするかもしれない。ころがるボールを追いかけて通りに出るかもしれない。そしてまちがいを正されるのは楽しくない。ママにお菓子売り場で何かつかもうとしている手を引っ込めさせられたり、犬のしっぽを引っ張ろうとしているのを止められたりすると、明らかに不満を感じて、金切り声をあげて泣き叫ぶ。

親に気に入られたままでいるためには、子どもは自分がやりたいことをやらず、やりたくないことをやるようにならなくてはいけない。文字どおり、それが生死にかかわる場合もある。家族の水泳プールの飛び込み台からころげ落ちると、家族の遺伝子プールから早すぎる離脱をすることになりかねない。子どもが危険な行為や不快な行為、あるいは社会的に容認されない行為をひかえるよう、理屈で説得されるほど大人になるずっと前に、親は好ましい行動を促すのに承認を、好ましくない行動を思いとどまらせるのに否認を使う。子どもがやってほしいことをやったとき、子どもをほめて褒美を与える。親の承認によって子どもは安心を感じ続ける。しかし子どもは必ず不適切なふるまいをするものであり、そうなった場合、親は叱る、タイムアウトをする、体罰を与える、あるいはまったく承認しない、といった反応を示す。小さな子どもは、このような不安になるほど厳しい大人の行動に直面すると、腹を立て、心配し、ときに怖いと感じる。

育まれる自己イメージを絶妙に描写するジェイムズ・ジョイスの『若い芸術家の肖像』（講談社文庫など）で、主人公の少年のスティーヴンはおびえてテーブルの下に隠れる。なぜか？　少年が「大人になったらアイリーンと結婚する」と宣言したからだ。じつはアイリーンは近所に住むプロテスタントの家庭の子どもだ――厳格なカトリックのスティーヴンの家族は忌み嫌っている。プロテスタント教徒と結婚したがっていることをあやまらなければ、「ワシが来ておまえの目をくり抜く」とダンテおばさんが警告する。恐怖に身をすくめる少年は、この脅迫を呪文のように頭のなかで繰り返す。

あやまれ
目をくり抜く
目をくり抜く
あやまれ

安心の基盤によって攻撃される、あるいは見捨てられることほど、ひどいことがありえるだろうか？　これほど幼くても、家族が期待するように行動しなければ、優しさと承認を与えられないこと、それどころか残酷に攻撃されることを、スティーヴンは学ぶ。

このようにして、時がたつにつれ「良い」子は庇護や幸福と結びつけられ、「悪い」子は不安や弱さと結びつけられる。だからこそ、人はみな自尊心――自分は善であり貴重だと感じること――を必要とするのであり、だからこそ、自尊心は死の恐怖を管理するために欠かせないのだ。

物事の成り立ちを吸収する

子どもは愛着を抱き、社会に適応しながら、物事の文化的成り立ちも吸収する。たいていの子どもは五歳までに、文化的世界観をすっかり定着させる。ただし、キャメロンは最初の基本的信頼感を経験しなかったために、なかなかそれができなかった。それでもキャメロンはやはり幸運だった。心理カウンセリングと特別支援学校の助けを借りて、集中訓練プロセスで追いつくことができた。すばらしい先生たちが読み書きや算数だけでなく、いろいろと難しい気分変動を管理することも教えてくれた。

それと同時に、彼は愛情深い家庭で育てられるという、ごくふつうの恩恵にも浴していた。キャメロンの両親は政治的に穏健な中産階級の人で、勤勉であること、地域社会に貢献すること、そして自分たちより不運な人々を助けることを信条としている。両親は彼に歌を歌ってやり、『おやすみなさいおつきさま』や『ビロードのうさぎ』を読み聞かせた。キャメロンは自分の親戚や先生、教会の人や友だちの名前と、植物や動物や無生物の名前も覚えた。周囲の世界を探検しようとした。ディズニーの映画を鑑賞し、ディズニーワールドで乗り物に乗った。公園で曲がりくねったすべり台をすべり、ビーチで波と鬼ごっこをした。両親は彼が踊ったり歌ったりしているときがいちばん幸せだと気づくと、レッスン料を払ってやった。

キャメロンは忠誠の誓いを唱えることと、アメリカ国歌を歌うことを覚えた。カブスカウトの隊で、アメリカ国旗の正しいたたみ方を習った。日曜には両親に教会に連れて行かれ、そこで日曜学校に出席して、先生からモーセやキリストの話を教わった。イースター（復活祭）には教会に行く前にキャンディー入りの卵（イースター・エッグ）探しをした。年一回のクリスマスページェントに参加し、サンタと写真を撮った。サンタは驚いたことに彼の願いを聞いて、クリスマスの朝には彼がとくに欲しかったオモチャをたくさんくれた。結婚式は人々が愛情を祝うもの、葬式は死んだ人に別れを告げるもの、卒業式は学校を終える人たちのものであることを学んだ。誕生日は時間の経過を祝うためだが、その時間の経過を彼はアメリカ文化が切り刻んだかたちで、すなわち次から次へと進行する年のなかで繰り返す月、日、時、分、秒の秩序ある連なりとして、知覚するようになった。

親に学校や教会や精神科医に連れて行かれるたびに、映画を観たり両親が話しているのを耳にしたりするたびに、キャメロンは何が良くて何が悪いかについてのメッセージを受け取った。世界は黒と白に簡単に分けられる。シンデレラとバットマンは良い。クルエラ・ド・ヴィル（訳注：アニメ映画『101匹わんちゃん』に登場する悪女）と西の魔女は悪い。運動は良くて、喫煙は悪い。一〇まで数えるのは良くて、我慢できないときに金切り声を出したりかんしゃくを起こしたりするのは悪い。自分の親戚は良くて、テロリストは悪い。キャメロンは善悪や正邪を区別するようになると、前より気持ちが落ち着いてきた。知っていることに安心し、だんだん自分をコントロールしていると感じるようになった。親が彼に教えようとしたことを、社会が強化したからだ。

キャメロンの両親は息子が成長するにつれて徐々に、たいていは意識的に、ときに無意識に、物事の成り立ちを自分たちが理解しているとおりに伝えた。自分たち自身の世界観と、自分たちの善悪の認識を伝えた。彼らの世界観は、キャメロンが現実について学んだほとんどすべてのことに影響していて、彼は学んでいることを自分のものとして取り込みはじめた。

そして自分の文化的世界観に対するキャメロンの理解は、表象、国旗、大統領の写真など、いたるところで目に入るアメリカ社会の一般的価値観を示すイメージやものによって強化された。気づけば人々は国旗に敬礼し、歴史的な人物や出来事のために建てられた記念碑を訪れている。良き市民の名前は、道路標識や高速道路から華麗な政府庁舎まで、あらゆるものに刻まれていて、そのすべてが最重要の政治的な物事の成り立ちを裏づけている。高層ビル、公園、学校、通り、公共の建物には、社会的な物事の成り立ちを実証し支持した、裕福な篤志家の名前がついている。教会には十字架、シナゴーグにはダビデの星があって、宗教的な物事の成り立ちを証明している。これらすべてがキャメロンの現実認識を強めた。

要するに、キャメロンの両親も、彼の周囲の人やものもすべて、彼に現実について特定の説明を与え、それをキャメロンはあらゆる子どもと同様、ただ従順に受け入れるだけでなく、熱心に信奉したのだ。子どもが文化に規定されたとおりの良い人間になり、高く評価されていると感じることを覚えると、もともと両親の愛情と庇護によってもたらされていた心理的利益が拡大する。私たち人間はいくつになっても、生き延びて成長するためにその安心感が必要なのだ。なにしろ恐怖は計り知れない。

いかに子どもは死を知るか

自分が何を怖がっているのかきちんと自覚していないうちから、秩序や目的や意義をもたらす世界観への信頼は、子どもが恐怖を管理するのに役立つ。これは死の問題とおおいに関係がある。

子宮の温かく心地いい水から押し出された赤ん坊は、痛み、飢え、寒さ、発疹など、さまざまな問題に悩まされる。乳幼児は自分が何を、なぜ、怖がっているのか知らなくても、自分の生存に対する多くの潜在的脅威に対して、苦痛の反応を示す。子どもはだいたい一歳半から二歳までのあいだに自意識をもつようになると、自分の小ささや弱さへの理解が芽生えはじめるせいで、現実の危険にも想像上の危険にもおびえるようになる。暗がり、知らない人、大きい犬、怪物、幽霊などを怖がる。彼らの視点からすると、すべてが現実的に生存を脅かすものなのだ。

三歳くらいまでに、自意識の残忍な召使い――死の自覚――が姿を現しはじめる。岩は永遠にそのままのように思えるが、生きものは永続せず、死んだら消える可能性がある。子どもは通り道でうじ虫まみれのリスに出くわすかもしれない。おばあちゃんが布に覆われて、家から運び出されるのを見るかもしれない。初めて飼った金魚やかわいがっていた犬が死ぬ。たぶんママとパパはきちんと葬式をして、ワンコを裏庭に埋葬するだろう。

死を意識するようになってまもなく、子どもは自分も死ぬかもしれないとわかってくる。自分自身の存在を考えるうちに、自分も存在しなくなるかもしれないと理解するようになる。そのうち、子どもに特有の不安が、存在しなくなることへの一般的な不安に融合するにつれ、彼らは小さなハムレットになる。

たいていの人は幼いころに悪夢を見た記憶がある。悪夢と夜の恐怖は、子どもが弱さと死を知りはじめていることの鮮明な兆候である。ある人が次のような悪夢を五歳くらいのときに繰り返し見たことを覚えている。

ひとつだけの大きな目が充血している血まみれの紫色の生物が、ベッドの下から現れる。私は飛び起きて、寝室のドアをぴしゃりと閉める。なんとか廊下に逃げるが、ひとつ目の怪物はよだれを垂らしながら追いかけてくる。私は居間を横切り、ソファを飛び越え、キッチンまで這い進む。激怒した怪物はうなり声をあげ、緑色のネバネバを吐きながら、さらに近づいてくる。私はナイフを取ろうと思うが、時間がない。パニック状態で、掃除用具を入れる戸棚に隠れて息をひそめる。突然、戸棚の扉があいて――

この夢を見るたびに、彼は恐怖にふるえ、冷や汗をかいて目を覚ました。しかし、父親が身をかがめて「だいじょうぶ、悪い夢を見ただけだよ。おまえはいい子だ。パパが守ってあげるから」と言ってくれるか、ママとパパが隣の部屋で寝ていると気づくだけで、すぐに安心した。両親はいつもそこにいるように感じられた。子どものころ、人はみなそのような悪夢から目覚めてほっとする。怪物はもう追いかけてこない。自分は安全で、ママとパパに愛されていて、すべて問題ない。

悪夢のなかでは、誰かまたは何かがベッドの下に隠れているとか、窓から侵入してきているとか、いきなりどこからともなく現れるという感じはよくある。そのような恐怖は、命の不安定さと弱さに気づきはじめていることの表れだ。ほとんどの人は、子どものころの恐ろしかった瞬間を覚えているが、自分が小さくて弱いという感覚や、消滅するという脅威、死は避けられないという認識、そしてそれに続く恐怖につきまとわれていたことを思い出す人は少ない。それでも、三歳の子どもでも死について知っていて不安に感じ、大人になって頼るようになる恐怖管理戦略の初歩レベルを用いはじめることが実証されている。

一九六〇年代後半から一九七〇年代前半にかけて、イギリスの教育心理学者シルヴィア・アンソニーが、母親に協力してもらって子どもにインタビューする研究を行なった。すると、幼い子どもでも死を心配していることがわかった。三歳のジェーンが、死んだ人は「お花みたいに春になったら戻ってくる」かどうか尋ねると、正統の宗教を信じていない母親は、死んだ人は同じように戻ってはこないけれど、赤ん坊として戻ってくるかもしれないと答えた。ジェーンはこの答えを心配した。なぜなら彼女は変化が嫌いで、祖母の「ナン」が年老いてきているのがいやだったからだ。

「ナンは死ぬの？」と少女は訊いた。

「ええ」と母親が答える。

ジェーンは悲しそうにワッと泣きだし、繰り返し言った。「でも、あたしは死にたくない。あたしは死にたくない」

子どもの認知能力が成長するにつれ、死に対する理解が深まり、恐怖を管理するやり方が周到になっていく。五歳のリチャードの母親によると、お風呂のとき、「彼は湯船で潜ったり浮かんだりしながら、絶対に死なないと大げさに言い張っていました。『ぼくは死にたくない、ぜったい。死ぬのはいやだ』」

アンソニーは次のような五歳のセオドアと母親のやり取りを記録している。

セオドア「動物にも終わりが来るの？」
母親「そう、動物にも終わりがくるわ。生きているものみんなに終わりが来るのよ」
セオドア「ぼくは終わりたくない。地球上の誰よりも長く生きたい」

別の研究では、研究者が八歳から一〇歳までの子どもにインタビューして、いちばん怖いものや心配なことを尋ねた。子どもの母親にもインタビューを行なった。母親はだいたい、自分の子どもは病気になったり死んだりすることより、ヘビや悪い成績のほうを怖がると言ったが、子どもたち自身は、ヘビや悪い通知表よりも病気や死のほうが怖いと言った。子どもはたいていの人が認識しているよりもはるかに深く、はるかに早い時期から、死について悩んでいることがわかる。

自分は絶対に死なない

偉大な発達心理学者ジャン・ピアジェによると、子どもによる死の理解は一般に、認知発達の段階にともなって変化する。幼い子どもは当初、死を眠りに似た動きの停止と見なすことが多い。「ぼくは夜には眠るけど、朝には目が覚める」とか、「おばあちゃんは年をとっていて、古いリクライニングチェアでお昼寝をするけれど、いつも目を覚ます」と考える。誰もが昼寝や夜の眠りから目を覚ますし、長く眠っていてもいつかは起きる。そのため、子どもは死んだ人が縁起のいい時節に生まれ変わると期待することもある。死んだ生きものを生き返らせようとして、水をかける場合もある。

子どもは死を逃れるために、さまざまなごまかしもする。まずは、単純に死について考えることを拒否する。三歳のジェーンは死について気づきはじめたとき、死んだ人はまた目を開けるかどうか、話したり、食べたり、服を着たりするのかどうか、心配そうに母親に尋ねた。母親の報告によると「そんな質問をして泣いている最中に突然、『あたし、お茶を飲むわ』と言いました」。同様に、五歳のリチャードに母親があなたはまだずっと死なないと話すと、少年はにっこり笑って言った。「わかった。ぼく心配だったけど、いまは元気になったかも」。それから、「買い物に行って何か買う」夢を見たいと言った。

このような注意をそらす戦術は、大人が自分自身の死について考えるときに起こることと、驚くほどよく似ている。大人も死について考えるのをやめようとし、日常の関心事で気を紛らわすという反応を示す。研究によると、死を思い起こさせられたあと、大人も「心配ないよ、元気出して」と考えたがる。そして大人が死の考えに対して、心安らぐ食べものや贅沢なものに注意を向けるという反応を示すのは、ごく一般的である。「ランチを食べて、買い物に行こう！」

さらに、子どもは永遠に子どものままでいようとする。「死ぬのは年とった人だけ。ぼくは年寄りじゃない。だから、子どものままでいる限り、ぼくは死なない」と自分に言い聞かせる。けっして大人にならないピーター・パンは、児童文学に出てくるこの方策の典型例である。いまは亡きエンタテイナー、マイケル・ジャクソンは、自宅の「ネバーランド」では永遠に大人にならない少年であり、現実世界でこの手を使った実例として記憶に残っている。

子どもの話で死は悪役に体現されることが多い。意地悪な魔女、小鬼、トロール、人食い鬼などは、その姿や顔に死の恐怖が表現されている。そういう悪役たちは、抽象的で想像しにくい死の観念を具体的で扱いやすいものにする。人間の姿かたちを与えると、死は避けやすくなる。死が人であるなら、自分自身あるいは魔法使いの優れた機転や力によって、説得したり、交渉したり、一杯食わせたり、負かしたりすることができる。五歳から九歳の子どもは、自分がつかまらないくらいすばしこければ、または賢ければ、死は避けられるものと考える。

実際、多くのおとぎ話で子どもの主人公はたいてい上手に死を逃れる。グリム兄弟やアンデルセンの物語のあらすじを考えてみよう。死の脅威があふれているが、子どもたちはほとんど死なない。『オズの魔法使い』で、ドロシーは邪悪な魔女の手による確実な死を逃れる。ピノキオは木の操り人形から本物の男の子に変わり、ハリー・ポッターの巧みな魔法は彼を仇敵ヴォルデモートの攻撃から救う（その名はフランス語のヴォル・デ・モル、つまり「死からの逃走」に由来する）。

死を否定する戦略を補足するのは、人間的な究極の救済者を信じることである。子どもから見ると、親はとても大きくて全能に思える存在であり、自分の体や心が必要とするときは必ず来てくれる才能がある。したがって幼い子どもが、生きるか死ぬかの問題をとりなす全能の存在の物語を信じるのも自然なことだ。白雪姫も眠れる森の美女も、実際には死んでいない。守り、救う、父親のような庇護者の愛情によって助けられるのを待っているだけである。イエスは十字架の上でひどく苦しんだが、本当は死ななかった。神がとりなして、彼を天国に連れて行った。そうすることで神はあなたを、ママとパパを、おばあちゃんとおじいちゃんを、あなたが愛する人全員を、永遠の死から救うのであり、みんなは死んだあと天国で再会する。

親から安心を与えられ、文化の物語から勇気を与えられた子どもたちは、自分個人の不可侵をはっきりと確信できる。幼い子どもが突然、自分は絶対に死なないと叫ぶのを聞くのは、けっして珍しいことではない。われわれの子どものひとりも、六歳のとき、それほど自信満々ではなかったが、それでも希望をもっていた。「ぼくの三つのお願いは、死なないこと、世界一のお金持ちになること、それからビデオゲームを全部手に入れること」

親から社会的な権威や制度へ

子どもは成長するうちに、やがては、死が不可避で取り消せないことを認識できるくらいの判断力を得る。ある日、歩道で踏みつぶされた虫がもうもがかないことに気づく。地中の箱のなかのおじいちゃんは、居間のイスでやっていたように昼寝をしているのではない。がんにかかって「眠らされる」必要のある犬は、すぐには起きない。

突然、あなたは恐ろしい真実を理解する。死は、年とった人、不運な人、意地悪な人に、ときどき降りかかる運の悪い事故ではない。あなたは気づく。遅かれ早かれ、死は自分も含めてすべての人に起こることなのだ。あなたがこの世の舞台を気どって歩いているあいだに、幕は必ず下りるのであり、あなたの最終的な運命は、道路わきではねられて内臓が出てしまっているリスや、あなたが怖がっている骸骨と同じなのだ。

この気づきは重大である。「子どものころの私にとって、死の概念を自分自身の存在にも当てはまる状態として認めることほど難しいことはなかった」と、詩人のウィリアム・ワーズワースが書いている。そのような思いは「涙にあまる深い」ものである。この瞬間、あなたは完全に人間になる。

子どもは自分が、そして母親と父親も、いつまでたっても弱くて、結局は限りある存在なのだと理解すると、心の平静さを保つよりどころを両親から文化へと移す。確実に死ぬ運命にあるのであまりに頼りない両親や祖父母やペットよりも、神々や社会的権威あるいは社会制度のほうが、確実で変わらないように思える。

イスラエル人の同僚の（故）ヴィクター・フロリアンとマリオ・ミクリンサーによる研究は、子どもに芽生える死の気づきが親から文化への移行を推進する経緯についての、この説明を裏づけている。二人はイスラエル人の七歳の子どもと一一歳の子ども、二つのグループを対象に調査した。各グループの半分は、二六問の死に関係する自由回答形式の質問をされる。「死んだ人は自分に何が起こっているかわかっているのでしょうか？」とか、「誰もがいつかは死ぬのでしょうか？」というような質問だ。

次に、すべての子どもが年齢も性別も自分と同じ子どもの写真を見せられる。写真それぞれに、その子どもの名前と出生地が付されている。イスラエル生まれの子どもの写真もあれば、ロシアからの移民の子のものもある（イスラエルでは、ロシアからの移民は文化的アウトサイダーという固定観念がある)。被験者の子どもたちは写真それぞれについて、どれだけその子と一緒に遊んで仲良しになりたいか、点数をつける。

この研究の結果によると、七歳の子どもはまだ心のよりどころを文化に移していない。幼い子どもたちは死について質問されたあと、イスラエル人とロシア人、両方の子どもの写真にネガティブに反応した。彼らは死を怖がったが、その恐怖を管理するのにまだ文化を用いるにはいたっていなかったのだ。

ところが一一歳の子どもは話がちがった。この年長の子どもたちは死について質問されたあと、同じイスラエル人の子どもと友だちになりたがり、ロシア人と友だちになるという考えを拒絶した。要するに、一一歳の子どもは自分の死ぬ運命を思い起こさせるものに対して、大人と同じ反応を示している。死は不可避で不可逆であることを認識していて、自分たちの文化に永続的な心の忠誠を誓ったのだ。

国旗と十字架

一一歳のイスラエルの子どもたちで観察されたパターンは、以前からずっと、さまざまな国の大人にも見られる。すでに第1章で明かされたように、アメリカ人は死を思い起こさせられると、アメリカ合衆国を称賛する人に対してよりポジティブな反応を示し、非難する人に対してよりネガティブな反応を示す。同様に、死を思い起こさせられたイタリア人のほうが、イタリアをより好意的に見ていて、同じイタリア人に対してより強いきずなを感じている。さらに、商店の前でインタビューされたドイツ人は、とくにドイツ製のものを好む傾向を示さなかったが、墓地の前でインタビューされた人たちは、ドイツの食べもの、ドイツの車、ドイツの観光地のほうを外国のものより好む傾向を示した。

完全に文化を受容しているアメリカ人の若者、スティーヴのことを考えよう。彼のフェイスブックを見れば、スティーヴにはいろいろな面があることがわかる。ロックバンドでギターを弾き、良い息子であり、甥であり、兄であり、孫であり、高校を卒業していて、すべての人の平等の権利を信じる無党派層で、大学生で、教師になる計画がある、といった具合だ。大半の若い成人と同様、スティーヴは忠誠心の対象を親から周囲の文化に乗り換えた。所属したい集団に新たに愛着して、自分の信念体系を固め、強める。そうすることでスティーヴは、子どものころから募らせてきた死の恐怖に対する心のよろいを強化しているのだ。

では、あなたはスティーヴで、アメリカの有名大学で心理学を勉強しているとしよう。ある講座の一環で、研究に参加するよう言われる。指定された時間に研究室に行くと、実験のテーマは性格と独創性の関連だと研究者から教えられる。「軍の兵士に対して、さまざまな性格調査が行なわれています」と研究者は言う。「カリフォルニアの砂漠での軍事訓練中、研磨液から砂を濾過したり、斬新な大工道具をつくったりするような課題に、兵士は一般的な軍の備品を独創的に使っているのが観察されています。兵士を母集団とする予備所見では、性格と独創性の相関が示されており、私たちとしては、こんどは一般人のデータを取りたいと考えているのです」

「さあ、どうぞ」と研究者は続け、あなたに書類の束を手渡す。「ある程度の時間をかけて、質問表に記入してください。終わったら廊下に出てください」

あなたは実験条件下にある。性格についてのちょっとした質問に答え、そのあと第1章で紹介した判事が答えたのと同じ、不快な質問を出される。「自分自身の死を考えたとき、心のうちに生じる感情を簡単に説明してください」、「あなたの肉体が死ぬとき、そしてあなたが肉体的に死んだ状態になったとき、自分に何が起きると思うか書き出してください」

質問表を書き終えると、別の部屋に連れて行かれる。そこにはテーブルの上にたくさんのものが置いてある。ココアミックスの箱、プラスチックの管二本、細いロープ、クリップ、方位磁石、輪ゴム、網、ガラスの広口瓶、黒い染料が入ったコップ、釘、砂の入ったコップ、小さい国旗、頑丈な十字架。

研究者は砂に黒い染料を注ぐ。そしてあなたの課題を話す。砂と黒い染料を分ける方法を考え出すこと。なぜなら「兵士は一般的なものを使って砂と有害物質を分けた」からだ。そして十字架を壁にかけること。なぜなら、ものを壁に取りつけるのは「軍務によくある仕事だが、いつもハンマーが利用できるとは限らない」からだ。

あなたは一分間、課題について考える。そのあと、国旗を使えば砂から染料を濾すことができるし、十字架を使って釘を壁に打ちつけることができると気づく。しかしこの考えにはあまり気が進まないし、緊張する。なにしろあなたは小さいときから、このような象徴的なものに敬意を払うよう教えられてきた。こんなふうに使うのは冒涜のような気がする。しかし、本当のところほかに選択肢がないことを悟る。ほかのものでは役に立たない。あなたはのろのろと国旗を手に取り、ガラス瓶の上にかぶせて、そこに黒く染まった砂を注ぎ、インクを濾して瓶に落とす。経過時間は六分。

これが終わると、あなたは次の課題に向かう。のろのろと十字架と釘を取りあげ、壁に向かう。数秒間ためらい、どうしてこの神聖なものをそんな雑事に使おうとしているのか考える。「これは冒涜だ」とあなたは考え、深いため息をつく。そしてのろのろと、釘を打ちつけはじめる。経過時間は六分。

対照条件として、ほかに三つの実験バージョンがあった。ひとつのバージョンでは、学生は死についての質問ではなく、テレビの視聴についての無難な質問に答えた。ほかの二つのバージョンでは、学生は死について、あるいはテレビについて質問されるが、テーブルの上には国旗ではなくてただの白い布があり、十字架に加えて固い角材が置いてある。この条件では、学生は文化的象徴を不適切に使わずに問題を解決できる。

予想どおり、白い布と角材は濾過と釘打ちの問題を、すばやく、楽に、ストレスなく解決してくれた。事前に死について考えるよう言われたグループの学生でさえ、問題を感じなかった。さらに、無難な質問に答えてから国旗と十字架を使わなくてはならなかった学生も、うまくやった。対照条件では、それぞれの課題を行なうのにかかった時間は、平均で三分だった。しかしスティーヴのように、死について考え、文化的に神聖なものを冒涜しなくてはならなかった人たちは、二倍以上長くかかっている。それだけでなく、問題がとても難しくて、解決しようとするのにかなりの緊張を感じたと話している。

この研究結果は、文化の象徴が死の恐怖を食い止めるのに役立つことを立証している。実際、特別な意味をもつ目に見えるシンボルや手で触れられる象徴がなければ、文化的信念もはかなくて持続しないだろう。

ウィリアム・カーニーは、一八六三年七月一八日、第五四マサチューセッツ志願歩兵連隊に従軍し、サウスカロライナ州チャールストンのワグナー砦を攻撃し、そこで負傷した。のちにカーニーは、北軍が突撃するあいだ、アメリカ国旗を地面につかないようにしておくという単純な行為によって勲章を受章している。あとでカーニーは謙遜して言った。「おれは自分の任務を果たしただけだ。大事な旗は絶対に地面に触れなかった！」

大切な信念を脅かされる

物事の文化的成り立ちが死の恐怖を払いのけるのに役立つなら、大切な信念に疑問が投げかけられたらどうなるのだろう？　死の考えが意識に忍び寄るのだろうか？

あなたは晴れた夏の日に、友だちと昼食をとるために、通りをぶらぶら歩いているとしよう。歩きながら、あたりの景色と音を楽しんでいる。セール用のラックを外に出している婦人服のブティック、著者による朗読会を告知している書店、ドラッグストア、保険会社、そしてスターバックス・コーヒーショップを通り過ぎる。スターバックスの前を通りながら、おいしそうなコーヒーの香りに気づくが、すぐに忘れてしまう。

そのあとすぐ、赤ん坊を抱いている女性が目に入り、赤ん坊を見てにっこりする。

そのまま歩いて行くと、二人が話しているのが目に入る。一人はクリップボードを持っている。「おっと、請願書に署名してくれと言ってきそうな人はほかにいないな」とあなたは考える。通り過ぎるとき、会話の断片が聞こえてくる。

「頭に浮かんだ最初の単語を、ここに書いてくれればいいんです」と、クリップボードを持った女性が言う。彼女は自分の話を聞いている相手にクリップボードを渡す。その人はにこにこしている。

あなたは興味をそそられ、しばらく立ち止まって、彼が答えを書いてクリップボードを返すのを見ている。「ありがとうございます！」と彼女は言う。

あなたは好奇心に駆られる。「何をしているんですか？」と気軽に尋ねる。

「私は大学院生で、連想に関する研究を手伝っているんです」と彼女は元気よく言う。「単語の穴埋めをしてくれるようにお願いしています。ご協力いただけますか？」

「いいですよ」とあなたは言う。
単語は次のようなものだ。

COFF□□
SK□□L
GR□□□

どんなときも、まっさきに意識に浮かぶ考えがある。たとえ意識下でも直近の経験によって、その経験に関係する考えがより身近になる。ごく身近な考えはすぐに頭に浮かぶ。いわば、意識に近いところにあるのだ。あなたはたまたまスターバックスのそばを歩いたので、単語の空欄を次のように埋めるだろう。

COFFEE（コーヒー）
SKILL（わざ）
GRIND（挽く）

しかし、あなたが通りを行く途中で、スターバックスではなく葬儀場の前を通りかかっていたとしよう。その場合、空欄を次のように埋める可能性が高い。

COFFIN（棺）
SKULL（頭蓋骨）
GRAVE（墓）

われわれは二〇の穴埋め単語を用意したが、そのうちの六個は、死に関係する単語にも死に関係のない単語にもなるものだった。そして死に関係する穴埋めをする人ほど、その意識の縁に死の考えがつきまとっているのだと、われわれは考えた。この手法がうまくいくかどうか確認するために、例の死に関する記述問題に答えた数分後に、単語穴埋めをしてもらった。案の定、自分が死ぬことについて書いた人たちのほうが、対照条件の人たちよりも、死に関係する単語をつくることが多かった。

しかし、人の大切な信念を脅かすことも、死の考えを意識に近づけるだろうか？　それを解明するために、アルバータ大学のジェフ・シメルらは、二つのまったく異なる信念体系をもつグループ——創造論者（訳注：創造論とは宇宙や生命などの起源を聖典「創世記」にある「創造主なる神」に求める考え）のカナダ人と進化論者のカナダ人——を研究室に連れてきた。被験者は全員、進化論生物学者のスティーヴン・ジェイ・グールドによる論文からの一節を読む。

その文のなかでグールドは、創造論者の見解を直接否定する化石記録からの証拠を引用している。具体的には、五〇〇〇万年前に生きていた「歩くクジラ」と呼ばれるアンブロケトゥスのことだ。この生物は泳ぐだけでなく歩くこともできて、クジラが陸生から海生の哺乳類へと進化したことを立証している。「白紙になんでも自由に描いていいと言われていたとしても、アンブロケトゥスほどふさわしい、あるいは説得力のある、理論的な中間形態は描けなかっただろう。口先のペテンで白を黒に、黒を白にできる独断論者はどんなものにもけっして納得しないが、アンブロケトゥスこそ、創造論者が理論的にありえないと断言した動物である」

この一節は、多様な種をつなげる中間形態や失われた環《ミッシング・リンク》はないのだから、進化論は誤りにちがいない、という創造論者の中心的主張を切り捨てている。これを読んだあと、全員が単語穴埋めを行なった。すると、自分たちの核となる原理を厳しく否定する証拠を突きつけられた創造論者は、死に関係する単語をたくさん書いた。

この研究結果は宗教的信念に限られるものでない。別の研究では、カナダ人被験者がカナダ人またはオーストラリア人の一般的価値観をけなすエッセイを読む。反カナダのエッセイは「カナダをぶっつぶせ」というタイトルで、「みんなカナダが嫌いだ。私が嫌う理由をいくつか挙げる」という文で始まる。カナダの食べもの、医療、そしてスポーツを馬鹿にする攻撃が続く。「アメリカでは、ホッケーは注目度もファンの数もモンスタートラック・レースと同じくらいだ。……ホッケーに関心があるのはカナダ人だけ。アメリカにホッケーチームはあるかって？　ある。アメリカにはプロのボウリング選手も、ビリヤード選手も、ポーカー・プレーヤーもいる。たいしたことのないスポーツをするプロ選手は大勢いる……ホッケーのように」

そのあと単語穴埋め問題が与えられる。自国を激しく非難されたカナダ人のほうが、同じようにオーストラリア人を意地悪く攻撃するエッセイを読んだ人たちより、死に関係する回答をたくさんつくった。進化論者とカナダ人にとって、自分の世界観の中心的信条に対する疑念を誘発されることで、芯に巣くう虫が意識に近づいたのである。

心安らぐ錯覚

これまで、人間の赤ん坊が誕生してから長い旅に乗りだし、広い意義と象徴の世界で文化を受容した個人になるまでの経緯を見てきた。そして、人が周囲の環境を自分たちの文化の考える現実に合うように修正しようとする膨大な努力を考えれば、子どもが大人の説明するとおりに世界を知覚するのは意外ではない。それどころか、文化的な信念や価値観や理想は、公共の建物を飾る十字架や国旗から、仮面をかぶったヒーローが地球を脅かす悪者をやっつける映画まで、そこここのシンボルや象徴によって具体的に強化されなければ、なかなか長続きしないだろう。

物事の成り立ちは非常に深く根づいているので、私たちが考え、感じ、行なうことのほとんどすべてが、それによって決まる。私たち一人ひとりに、世界についての知識と説明を与えるだけでなく、人の意識にのぼる経験の基本的枠組みにもなっている。たったいま、二〇一四年一〇月一〇日金曜の午後一時五五分、本書の著者で心理学の教授が、アメリカ合衆国にあるオフィスにすわって、この重要な本を書いている。これより意義のあることがありえるだろうか？　しかし、もしその文化的価値観とそれがもたらす意義を外からのぞきこんだとしたら、さまざまな営みが淡々と流れていくなかで、プラスチックのかけらを叩いている温血動物が見えるだけである。その営みの流れは遅かれ早かれ必ず、心臓発作か、がんか、自動車事故か、老衰によって遮断される。読者であるあなたにとって、いまはどういうときだろう？　何曜日か、何月か、何年かが、何を意味するのか？　すべては、混沌としたものに秩序を、はかないものに永遠性をあてがえるように、文化が提供する意識的経験の錯覚の枠組みではないのか？　今日が木曜日なら、また木曜日が来て、そのあとまた木曜日が来ることは、どんなに心安らぐ錯覚だろう。

そんなことを言うと、あなたはなぜいまこの本を読んでいるのかが問題になる。ひょっとすると、われわれは書くのをやめるべきで、あなたは読むのをやめるべきかもしれない。しかし、われわれはやめないし、あなたにもやめないでほしい。なぜなら、二〇一四年秋にわれわれアメリカ人心理学者が、存在の危機に人々がどう対処するかを説明している文化的ドラマに戻りたいからだ。そして頭の切れる知識探求者であるあなたは、人間のありようと、それがどう人間の行動を駆りたてるか、洞察しようとする意義深い探求にたずさわっているのである。

文化的象徴をすべて取り去ったら、人はみな、知覚と感情と出来事をたえまなく次々と浴びせられ、ときに死の恐怖の波に打ちのめされ、最終的にその経験が突然終わる、一般的な生物にすぎない。しかし、意義が深く根づいている世界において、人はそれをはるかに超えている。それでも、物事の成り立ちだけでは備えは十分でない。自分は自分の信じる世界に立派に貢献していると思えてはじめて、人は十分な安心感を得られる。

では次に、この自尊心を求める必死の努力に目を向けよう。

第3章

自尊心が壊れるとき

一見陳腐な「自尊心」という言葉は、人間の適応のまさに中核をなす。その言葉が表すのは、身勝手や単なる虚栄心ではなく、生死にかかわる問題だ。自分の価値の質的感覚は、人間の行動にとって基本的前提である。……たらふく食べるだけのヒヒとちがって、人間はおもに自尊心を栄養としている。

——アーネスト・ベッカー『意味の誕生と死』

サンフランシスコのバルボア高校一年のフランシスコ・ヴァラスケスは、髪をつんつんとがらせ、サングラスをかけたイケメンだ。それに、昼時までにひどくおなかがすく。学食に漂うオレガノを散らしたチーズたっぷりのペパロニピザと塩味フライドポテトのにおいに、気が狂いそうになるが、彼にはそういうおいしいものを買うお金がない。それでも、照り焼きチキンなど政府援助による無料給食を食べる資格はあった。にもかかわらず、彼とその友人のほとんどは、昼休みに何も食べないと決意した。

実際、フランシスコだけではない。サンフランシスコの学校で、資格のある生徒のうち無料ランチを食べていたのは、わずか三七パーセントにすぎない。なぜだろう？

補助金を受ける食事は栄養価があるものと連邦法で定められているので、ピザ、フライドポテト、ソーダ、キャンディーのようなジャンクフードは、学食の別の場所で売られている。無料給食を食べる学生は十分な栄養を摂取できるが、すぐに気づかれて、裕福な仲間から白い目で見られる。バルボア高校生徒会長のルイス・ガイストが説明するように、政府援助を受けることは「自分のステータスを下げる」ことになる。なぜなら、昼食は「同級生に好印象を与える絶好の機会です。……カッコいい靴をはいて、カッコいい服を着ている生徒は、『自活できない』ことを示す食べものと結びつけられたくないわけです」

フランシスコとその友人たちにとって、自分のイメージを養うことのほうが、自分の体を養うことより重要だった。それにしても、彼らはなぜ、自尊心を守るために食事を抜くのだろう？　それを解明するためには、自尊心の本質を掘り下げる必要がある。

自尊心とは何だろう？

自尊心とは、たいていの人が表面的にしか理解していない概念である。自分に肯定的な感情を抱き、自分は価値ある人間だと信じている、ということだ。しかし、実際のところは何を意味するのだろう？「私が自分に肯定的な感情を抱くのは、仕事で高く評価されているし、誠実で献身的なパートナーであり親でもあって、たいがい正しいことをしようとするからだ」と、あなたは言うかもしれない。しかし、このような自尊心のよりどころは、深いところの内なる自分から、完全にでき上がって出現するわけではない。むしろ、物事の文化的成り立ちが定める役割と価値観の反映と言える。何がやるべき「正しい」ことなのか、どんな社会的役割に価値があるのか、どうすれば自分の役割を適切に果たせるか、そういう認識はあなたの世界観で決まる。したがって自尊心は、自分は有意義な世界の価値ある参加者だという感覚である。この個人的重要性の感覚は、私たちの心の奥底にある恐怖を食い止めるものなのだ。

何に価値を置くかは文化によってさまざまなので、ある時代のある場所で自尊心をもたらす特性や行動が、別の時代や別の場所ではそれを傷つけるかもしれない。アメリカでは、一三歳のユダヤ教徒の男児はたいてい、「バル・ミツバ」で大人になる。これは聖典「モーセ五書《トーラー》」の一節を暗唱したあと、ヒップホップ音楽に合わせて踊ったり、デザートをおなかいっぱい食べて祝う、かなり盛大な儀式である。パプアニューギニアのサンビア族の男児も、同じように大人になるために笛の儀式に参加するが、この儀式では笛を吹いて、同じ部族の年上の少年や年長者にフェラチオをする。サンビア族とユダヤ系アメリカ人の男児が突然入れ替わったらどうだろう。一方の文化のメンバーにとって重大なプライドのよりどころが、他方の文化のメンバーにとってはまったく無意味な、あるいは屈辱的な経験になるさまを、目の当たりにすることになるだろう。なぜなら、行動や成果が自尊心を生むのは、それを価値あるものと見なす文化的価値観を受け入れている場合に限られるからだ。

人が「正しい」ことや「適切な」ことを当たり前の事実と察するのは、その認識が共有されているからにほかならない。周囲のみんなが笛の儀式の重要性を信じているなら、それが物事のあるべき姿であることに疑いの余地はない。自分の行動に対する他人の反応は、自分が文化の基準を満たしているかどうか、ひいては、自分は人が自分に望む価値ある人間であるかどうかを示している。

前章で見たように、自尊心と心理的安心感のつながりの種は、幼少期にまかれる。良い子でいて良いことをするのは、親の愛情や庇護と結びつくが、悪い子になって悪いことをするのは、親の愛情や庇護を失う可能性があるため、心配や不安と結びつく。のちには文化が、良いことをする人に大きな報酬を、悪いことをする人に罰を、今世だけでなく、たいてい来世でも約束することによって、その結びつきを強化する。

文化的な役割と価値観に――「医師」、「弁護士」、「建築家」、「芸術家」、「最愛の母」、どう呼ばれるにせよ――かなう生き方をすると、私たちは確実に象徴的存在にはめ込まれ、そのアイデンティティのおかげで、はかない生物学的存在の限界を超越することができる。このように、自尊心は誰にとっても精神的強さの基盤である。

なぜ自尊心は不安を和らげるのか

確固たる高い自尊心をもつ人のほうが、安定した自尊感情をもたない人より、身体的にも精神的にも健康であることを明らかにした研究が何百とある。自尊心のない人は、不安だけでなくさまざまな心身および人間関係の問題に悩む。この膨大な証拠は、自尊心が心理的安心感をもたらすという考えと一致するが、自尊心と不安のような測定変数が互いに関連しているとき、因果の矢印がどちらを向いているのか確信できない。自尊心が低いから不安になるのか、それとも不安だから自尊心が低くなるのか？

一九七〇年代、社会心理学者はこの難問を解明しようと、自尊心が傷ついたときに何が起こるかを調べはじめた。ある研究では、被験者は知能テストの結果が良くなかったと告げられた。当然、このうれしくない知らせは彼らの自尊心を損ない、不安と守勢と敵意を強めた。もちろん、これは意外ではない。しかし逆も真なのか？　人の自尊心を高めることは、その人を不安から守るのだろうか？

答えを求めて、われわれは「性格と精神的に重い刺激に対する反応の関係についての研究」と題した実験の参加者を募った。被験者は全員、数週間前に記入した質問表への回答をもとにしたとされる、個別の心理プロファイルのようなものを受け取る。このプロファイルは、ほぼ誰にでも当てはまるようにつくられているが、受け取った人の性格に関する非常にポジティブな評価か中立的な評価、どちらかを伝えるように考えられている。中立的な評価には「あなたには性格的な弱さもあるが、全般的にそれを補うことができる」、「あなたの願望には少し非現実的なものもある」などと書かれている。一時的に自尊心を高めるために考えられたポジティブな評価には、「あなたは性格的な弱さがあると感じているかもしれないが、あなたの性格は基本的に強い」、「あなたの願望は、大部分がごく現実的である」などと書かれている。

次に、被験者の半分を不安にさせるために、『死の顔』という陰惨なドキュメンタリーの短い映像を見せた。この映画は四〇カ国以上で上映が禁止されているもので、ベトナムでのナパーム弾攻撃、第二次世界大戦の戦闘シーン、死体解剖、死刑囚の電気処刑などのショッキングな映像が出てくる。残りの被験者には、死と関係のない穏やかな映画から自然の風景の映像を見せる。

そのあと、全員が不安と自尊心を測定する質問表に記入する。当然、ポジティブな性格評価を受け取った被験者は、中立的な評価を受け取った人より、高い自尊心を報告した。そして想像がつくとおり、中立の評価を受け取った人は、『死の顔』の映像を見た場合のほうが、穏やかな映像を見た場合より、大きな不安を報告している。しかし、一時的に自尊心を高められていた人たちは、生々しい死の描写を見たあとでも、自然の映像を見た人たちと同じで、不安を報告しなかった。

この実験は、少なくとも自分がどう感じているかを話すときには、自尊心が不安を和らげることを示している。しかし口で言うだけなら簡単だ。高い自尊心が、本当は穏やかではないのに穏やかだと主張するよう導いているのかもしれない。もし自尊心が本当に不安をブロックするなら、不安にともなう生•

理学的反応も減じるのではないか？

「今日は来てくれてありがとう、ジョージ」と、実験者役のマークが言う。もっともらしく白衣を着ている。「これは気分、認知刺激と身体刺激、そして生理的反応の関係についての研究です。これからあなたが認知刺激と身体刺激を受けているあいだ、あなたの生理的反応を測定させてもらいます」

マークは生理的覚醒を測定する小さなマシン、フィジオグラフに向かい、二つの小さな電極をジョージの指に、大きな金属板を手首につける。それからマークはジョージに質問表の冊子を渡し、録音された実験指示が聞こえてくると話したあと、実験室を出ていく。

「私は心理学部のシェルドン・ソロモンです」と録音された声が言う。「この研究で与えられる認知刺激は、ソーンダイク・アナグラム検査です。これは信頼できる有効な言語知能測定法です。最近のデータで、ソーンダイク検査での点数が将来のキャリアにおける成功を予測することがわかっています。ソーンダイク検査は二〇問のアナグラムで構成されています。五分間で、できるだけたくさんのアナグラムを解いてください」

最初のいくつかのアナグラムはとても簡単だ。「LELBはBELL、FIRTUはFRUITになる」とジョージは考えた。「BLTAEやNORGAはよくわからないけど、KASTEは確かにSTEAKだ」

五分後、録音の声がまた流れる。「終了してください。実験者が実験後半の準備のために戻ってきます」

マークが実験室に入り、ジョージの答えを採点する。「大変よくできましたね、ジョージ。正解が一八問です。いままでこの実験で一六問以上正解した人はいませんよ。これであなたは九〇パーセンタイルに入ります」

「心理学専攻にしては悪くないな」とジョージは考えた。実験者は実験の次のパートのためにコントロール室に戻った。

録音の指示が続く。「この指示が終わると、九〇秒の待ち時間があり、そのあいだ、身体刺激がないときの生理的反応を測定できるように、あなたの前に備えつけられた黄色いライトが点灯します。待ち時間のあとに実験時間になり、そのあいだ、あなたの前に備えつけられた赤いライトが点灯します。実験時間中に使う刺激は、あなたの手首につけた金属板による電気ショックです。ショックはかなり痛いかもしれませんが、組織損傷が残ることはありません」

「英文学専攻にするべきだったかも」とジョージは不安に思いながら考えた。「そうすればこんないやな実験に参加する必要はなかった」

「ショック発生器からランダムな間隔で送られる電気ショックを、一回から六回、受けることになります」と録音の声は続ける。「ショックはランダムに発生しますから、実験時間のいつ来るかわかりません。時間の始めかもしれませんし、時間の終わりかもしれませんし、その時間に等間隔で来るかもしれません。いまから待ち時間が始まります」

黄色い光がつくと、ジョージは自分の手が汗ばみはじめていることに気づいた。ショックを待ちかまえながら、実験前に署名した同意書に、望むならいつでも出て行ってかまわないし、それでも研究に参加した功績を認められると書いてあったことを思い出す。それでも「我慢できるさ」と考えた。そのとき赤いライトが点灯し、九〇秒間ついたままだ。

その一分半は永遠に思えた。そして赤いライトが消え、ショックをまったく受けていないのに、実験は終わりだと録音の声が告げたとき、ジョージはほっとすると同時に少し驚いた。「ショック発生器が壊れたのかもしれない。さもなければ、コントロール室のマークが僕のかわりにショックを受けたのだろうか。だったらありがたいけど」

マークは実験室に戻り、電極をはずし、この実験の目的は自尊心の高揚が脅威に対する不安の生理的指標に与える影響を測定することだ、とジョージに話す。マークは説明する。「一般的に、人は不安であればあるほど、汗をかきます。あなたの指につけた電極は、微小電流があなたの皮膚をどれだけ速く横断するかを測定します。汗は電気の伝導を加速するので、汗をかけばかくほど、電流は皮膚を速く横断するのです」

裏話はこうだ。被験者の半数は、(われわれが研究のためにでっち上げた)ソーンダイク・アナグラム検査の成績について、フィードバックを一切受け取らなかったので、彼らの自尊心は変化しなかった。残りの被験者はジョージを含めて、自分が言語知能テストでとくに優秀だったというフィードバックを受け取る。ジョージは本当に一八問正解したが、ほかの人もほとんどみんな同じ成績で、平均点は一六から一八のあいだだった。一八点は実験中の最高点だったというのも、ジョージが九〇パーセンタイルに入るというのも、真実ではない。ジョージの自尊心を一時的に高めるために脚色されたのだ。

さらにマークの説明によると、被験者の半分は実験後半の身体刺激が赤い電球の光波から発すると告げられた。残りの半分はジョージのように、電気ショックを受けると覚悟していた。「色つきの電球を見守るのはなんでもない。一方、電気ショックはかなりの不安を引き起こすことになるが、あなたのようにテストでいい成績だったと言われた人は例外だろう、と私たちは考えました」とマークは続ける。「しかし、誰も実際にはショックを受けませんでした。なぜなら、ショックを覚悟することは実際にショックを受けるのと同じくらい強迫的であることが、これまでの研究でわかっていたからです。とにかく、今日はご協力いただきありがとうございました」とマークは言って、ジョージを実験室から出口へと案内する。「どういたしまして」とジョージは答えた。「電気ショックを受けるという考えはいやでしたが、この研究はすばらしいです。どんなことがわかるんでしょうかね」

実際、結果は驚異的だった。アナグラム課題についてのフィードバックを受けなかった被験者は、色つきの光を見ると予想していた場合より、電気ショックを受けると覚悟していた場合のほうが、かなり多く汗をかいたが、これは意外ではない。ところが、ジョージのように自尊心を高められた被験者は、電気ショックを覚悟しているあいだの汗がかなり少なく、色つき電球を見守った被験者と同じくらい汗をかかなかった。

これは、不安と結びつく生理的覚醒を自尊心が抑制することを示す、強力な証拠である。自尊心は単なる精神的な抽象概念ではなく、人の体のなかで深く感じとられている。自尊感情が死の考えに対する防衛反応を弱めることを示した研究もある。第1章で見たように、死を思い起こさせられた人は、世界観を守るために、自分たちの文化を批判する人に対してとくに厳しくなるのが一般的だ。しかし、もともと自尊心が高いアメリカ人や自尊心を高められたアメリカ人は、自分の死を思い起こさせられたとき、反米感情を表す人に対してネガティブな反応を示さない。自分の信念や価値観と対立する人や考えへの敵対的反応を、自尊心が和らげる。自尊心があると、本来なら自分を動揺させるようなものにも、もっと冷静に向き合う。

さらに、自尊心が損なわれると、死の考えが頭に浮かびやすい。思い出してほしい。キリスト教原理主義者は、進化を支持する証拠を突きつけられたときのほうが、穴埋め単語で死に関係する単語をたくさんつくり、カナダ人は誰かに国をけなされると、より多くの死に関する単語で穴埋めをした。自尊心への脅威も同じ効果がある。最悪の自分を表現するように言われた被験者のほうが、最高の自分を表現するように言われた被験者より、たくさん死に関する単語をつくった。知能テストとされるもので点数が低かった人や、キャリアの目標が非現実的だと言われた人のほうが、死に関係する単語をたくさんつくることを示した研究もある。要するに、自尊心は人を根深い肉体的な死の恐怖から守ることが、研究によって実証されているのだ。

意義あることに尽くす

エドワード・(テッド)・ケネディ上院議員は、兄たちほど秀でていなかった。四人兄弟でいちばん見込みがないと思われていた。三人の兄はみな英雄や殉職者として亡くなっている。海軍飛行士のジョセフ・ジュニアは、二九歳だった一九四四年八月一二日、ヨーロッパ上空で戦死した。テッドの良き助言者でアメリカ大統領になったジョンは、四六歳だった一九六三年一一月二二日、ダラスで暗殺された。民主党大統領候補指名争いに立候補したロバートは、四二歳だった一九六八年六月六日、ロサンジェルスで暗殺された。

ロバートの死の一年後、一九六九年七月一九日深夜、マサチューセッツ州チャパキディック島で、テッドが道を誤り、運転していた車が橋から海へ転落した。同乗者のマリー・ジョー・コペクニは溺死し、テッドは事故現場から逃亡した罪を認める。

彼は死をよく知っていた。

一九七九年、テッド・ケネディは自身の政党の大統領だったジミー・カーターに対立する民主党候補者として、大統領選に出ることを決めた。彼は三人の兄より長く生きていて、彼らの地位を引き継ぐ準備が整ったと感じていたのだ。しかしチャパキディック島のスキャンダルが、事実上、候補指名争いで勝利するチャンスをつぶした。

五〇歳近いケネディにはいくつか問題点があった。しかし彼は自分の専門領域を築こうと、恵まれない人々の福祉を擁護した。この「上院のライオン」は貧困者、保険未加入者、高齢者、障害者、子ども、移民、難民、その他あらゆるアメリカ社会の「不可触民」のために、休むことなく闘った。命が尽きるまで、彼らの福祉のために吠えたて、爪を立て、そうすることで、ほぼまちがいなく、どの兄がやったよりもはるかに多くのことを弱者のためになし遂げた。

二〇〇八年五月、ケネディは悪性脳腫瘍と診断された。そのときから二〇〇九年八月に死去するまで、医療改革に身をささげた。「これは私の人生の目標です」と、二〇〇八年の民主党全国委員会で語っている。「歴史のために、これをきちんとなし遂げなくてはなりません」。そしてそのとおりに、ケネディ上院議員は人生最後の一五カ月間で、すべてのアメリカ人が手ごろな料金の医療を受けられるようにする方向に、議会を後押しする努力を強めた。テッド・ケネディは、人の生き方の中心原理を示す好例である。つまり、人は意義あることのために懸命に努力することによって、死すべき運命と闘うのだ。

死ぬ運命を前にして、人がより高い自尊心を求めて努力することは、研究によって裏づけられている。自尊心が運転能力と強く結びついているイスラエルの兵士たちは、自分の死について考えたあとのほうが、シミュレーターで速く運転した。別の研究では、自分の価値の根拠を身体的強さに置いている人は、死について考えたあとのほうが強く握手をした。自分の価値の根拠を体の健康に置く人は、運動しようという意志が強くなったと報告し、自分の価値の根拠を美しさに置く人は、自分の容姿への関心が高まったと報告している。

もちろん、人々がジムでトレーニングしたり、鏡の前で髪を直したりするとき、自分の価値を感じようとしているとは必ずしも思っていない。エクササイズマシンのことや自分の髪形のことを考えている。しかし自尊心への欲求はつねに働いていて、表面的な自覚の下で、恐怖を防ぐ盾を保つよう促しているのだ。

コウモリやミミズのように、人も肉体の死に直面したときには必死で闘う。しかし私たち人間は、それよりはるかに先を行く。死ぬ運命をほんの少し暗示されるだけでも、この世に自分のしるしを残そうと努力する。どんな小さなかたちでも、自分の価値を証明しようと奮闘する。上司からの承認、友人からの褒め言葉、あるいは通り過ぎる見知らぬ人からの肯定的なうなずきでさえ、自分に価値があるという感情を高めることができるが、否認、批判、そして無視に直面すると、押し寄せる不安に後ずさりする。自分の価値を証明しようとするこのたゆまぬ奮闘努力は、詩人のディラン・トマスが言う「死に絶えゆく光に向かって憤怒」（鈴木洋美訳、松浦暢編著『映画で英詩入門』平凡社に所収）する、さまざまな方法のひとつなのだ。

自尊心が壊れるわけ

「自尊心が［人間の］有力な動機であることに疑いがあるとしたら……それを晴らす確かな方法がひとつある」と、アーネスト・ベッカーは言う。「人は自尊心をもたないとき、行動できず、機能を停止することを示すのだ」。なぜ、自尊心の獲得と維持は難しいのだろう？　自尊心が欠けているときは何が起こるのか？

自尊心の崩壊には、おもに二通りある。第一に、個人または集団が、自分たちの文化的世界観に対する信頼を失うことがありえる。そのような幻滅は、経済的混乱、テクノロジーや科学の革新、環境の激変、戦争、天災、あるいは迷惑な他文化の侵入によって、引き起こされるだろう。たとえば、最初のヨーロッパ人が到着する前、アラスカのユピック族は、奥深い慣習、伝統、および霊的信仰に導かれて栄えている文化に属していた。その民族および個人の行動規範は、ユーヤラク（「人間のあり方」）と呼ばれるものによってはっきり決められていて、いかなる状況にあっても、一人ひとりがどう行動すべきかを教えていた。しかしヨーロッパ人が、人口の大半を殺すことになった銃と病原菌と鉄をたずさえて侵入し、キリスト教徒の世界観をユピックに押しつけると、先住民族は自分たちのアイデンティティを失った。呪医が病気になって死亡し、それとともにエスキモーの先祖の魂とユーヤラクの規範も消滅した。ユピックが信じていたものすべてが消えていき、彼らの世界全体が崩壊した。

このような大惨事は、土着文化が植民地化にさらされた世界各地で起こった。しかし、文化的信念への信頼が損なわれる状況はほかにもある。アメリカでさえ、不安定な経済、教会やスポーツ界のスキャンダル、そして政治の二極化の結果として、そのような崩壊のまっただなかにあるのかもしれない。これを書いている時点で、一〇人中七人のアメリカ人が国はまちがった方向を向いていると考え、一〇人中八人が国家の統治方法に同意していない。アメリカほど宗教性の強い国でさえ、礼拝出席者は着実に減っている。都市部を中心とする公立学校は荒れている。「私たちは神を失った」と、ウェスタン・ニューイングランド大学の社会学者、ローラ・ハンセンは『アトランティック』誌の記者に語っている。「私たちはメディアに対して［信頼を］失った。ウォルター・クロンガイト（訳注：「アメリカの良心」と呼ばれたジャーナリスト）を覚えているだろうか？　文化に対しても失った。心を動かされる映画スターを挙げられない。なぜなら映画スターのことを知りすぎているからだ。政治に対しても失った。なぜなら、政治家の生活について知りすぎているからだ。すべてに対して、あの基本的な信頼感と自信を失った」

自分の根幹をなす信念への自信を失うと、実用的な現実の青写真がなくなるので、人は文字どおり「幻滅」する。そのような地図がないと、どんな行動が適切か、あるいは望ましいかを判断する基盤がなく、自尊心への道筋を描くすべがなくなる。

物事の文化的成り立ちに対する信頼が傷ついていなくても、人は自分がその成り立ちの重要な要素だと感じる必要がある。それがかなわないことは、原因が社会における生得的地位であれ、自身の失敗であれ、非現実的な文化的期待であれ、自尊心に苦しむ第二の理由である。一五〇〇年以上前に始まったヒンズー教の信仰によると、「可触」のカーストは、原初の存在の異なる部位から出現したとされている。バラモンの聖職者と教師は口から、クシャトリヤの王と戦士は腕から、ヴァイシャの商人は腿から、スードラの労働者は足から、それぞれ生まれたという。アチュート、つまり「不可触民」は、原初の存在によって拒絶され、汚くて不純と見なされ、血や排泄物や死んだ動物や汚れなど、「不純」なものと体を触れさせなくてはならない仕事を強いられる。

不可触民は自分の影が高いカーストの人に触れると殴打されていた。地面を汚さないように、唾を吐くためのバケツを持ち歩いていた。自分が近づくことを合図するために、鈴を身につけていた。現在、不可触民への差別は厳密には非合法だが、彼らに対する偏見や虐待は後を絶たない。二〇〇三年、不可触民のギルダリラル・マウリャが村の井戸を使う法的権利を行使しようとしたあと、彼の農場は略奪され、家は焼きはらわれ、妻と娘はなぐられた。「動物のほうが私たちよりましな扱いを受けている」とマウリャは言う。「こんなのはおかしい……。なぜ神は私をこんな国に生まれさせたのだろう？」

文化の主流派に白い目で見られる社会的役割を負う人々にとって、自尊心をもつのは難しい。不可触民はおそらく最も有名な例だが、ここアメリカでも、汚名を着せられた集団はたくさんある。多くの白人アメリカ人がいまだに、アフリカ系アメリカ人は犯罪者で怠け者だと思っている。多くの男性は女性を、ひどく感情的なセックスの対象としてしか見ていない。共和党支持者の多い「赤」の州と民主党支持者の多い「青」の州は、互いを中傷し合う。どんな文化にも、劣等とされる人に割り当てられる社会的役割があるようだ。見下すことを社会が認めている集団がいることは、高い社会的地位を与えられた人にとっては気分がいいことだが、軽んじられている人々はたいてい、自分に自信をもとうと必死になる。

最後に、平均的な市民には達成できない価値基準を文化が推し進めるときも、自尊心は急落する。たとえば、現代アメリカ社会で高く評価されない多くの職業的役割を考えてみよう。もしあなたが大手スーパーチェーン、セイフウェイのパン職人だったら、自分は『料理の鉄人』に出演する著名なデザートシェフではないし、セイフウェイのパン職人はほかに全国に何千人もいて、みんな自分と同じ制服を着て、同じレシピを使っていることを知っている。一七世紀のヨーロッパの村のパン職人だったら、毎日食べるパンをあなたに頼っている人たちは、あなたの腕前をきちんと認めてくれる。もし甘い香りのする食パンや、おいしいバターロールをつくるのがとくに得意なら、村一番のパン職人としての評判が周囲の村まで広がって、あなたは責任感と誇りを感じるだろう。しかし現在、セイフウェイのふつうのパン職人には、職人技や独創性を発揮する余地はあまりない。アメリカ人はだいたい、彼らのケーキデコレーションの才能をそれほど評価しないし、顧客はベテランのパン職人を使用人のように扱う。支払われる給料にも、あまり感謝の意は表されていない。

アメリカ社会はとくに、ほとんどの人には達成できない属性や成果を高く評価する。富の文化的価値や、それをもたないことの屈辱は、うんざりするほど富を賛美するコマーシャリズムのせいで、大勢の人々の不安の種になっている。

一九九〇年代に流れたアメリカン・エキスプレスのテレビコマーシャルが伝えるメッセージを考えてみよう。コマーシャルに映しだされるのは、憂鬱な雨の降る晩に、娘が学校の演劇に出演するのを見るために、家に帰ろうとしている裕福なビジネスマンだ。フライトがキャンセルになると、彼は別のファイトのファーストクラスの席をアメリカン・エキスプレスのカードで予約するが、うろたえるほかの大勢の旅行者たちは、空港で足止めを食らうしかない。着陸後、例のビジネスマンはATMで下ろした現金の束をつかみ、バス停で土砂降りの雨にたたかれて意気消沈している旅行者の群れの前を走り抜けて、リムジンに飛び乗り、劇が始まる時間ちょうどに学校に到着する。コマーシャルは視聴者に「メンバーシップには特権がある」ことを思い出させて終わる。メッセージはシンプルだ。行く必要がある場所に、ほかの人は行けないときに送り届けてくれる、ぜいたくな交通手段を買えるだけの可処分所得があれば、あなたは固有の価値のある人間になれる。それを実現するには、アメリカン・エキスプレス・カードが必要だ。

戯曲家のアーサー・ミラーは、この種の文化的模範の悲しい暗部を、一九四九年の戯曲『セールスマンの死』に描いている。主人公のウィリー・ローマンは、優秀な巡回セールスマンになろうと、生涯をとおして努力してきた。しかし老いと無気力が始まると、彼のアイデンティティは徐々に消えはじめる。最初に彼を雇った人物の息子から解雇を告げられる。優秀なスポーツ選手なのに学業不振の息子、ビフに望みを託すが、ビフも人生の落伍者だ。どうしても自尊心を保ちたいウィリーは、自分が自殺して、ビフが生命保険金二万ドルの受取人になれば、自分の価値も家族の資産も高まると考える。「彼の懐に二万ドルが入ったらどんなにすばらしいか、想像できるかい？」ウィリーは楽しげに夢見る。彼はみずから引き起こした自動車事故で、悲壮な最期を遂げる。

アメリカ人女性にとっては、若さあふれる美しさがいまだに自尊心の主要な決定要因となっている。若い娘たちは自分自身をバービー人形と比較し、ミュージックビデオや雑誌ではしゃいでいるやせぎすで胸の大きな若い女性とくらべる。「あの人たちはすごくきれいで完璧」と、ある女子高校生が最近行なわれたメディアと自己概念の研究で述べている。「ほんとうにすてきなボディだし、髪も完璧、ボーイフレンドも完璧、人生も完璧、お金持ちで、なんでも持っている」。現実には、最近の女性モデルの平均体重は、標準的な女性より二三パーセント少なく、その年齢と身長で健康的な体重より二〇パーセントも少ないのだ。モデルの写真はきまって手を加えられ、目を大きく耳を小さくして、髪の生え際をきれいにして、歯並びを整えて歯を白くし、首やウエストや脚を修正している――人間離れしたプロポーションのイメージをつくり出すために。不可能なことが基準であるなら、たいていの女性はそれに足りず、したがって自分を過小評価する運命にある。

モデルほどやせている女性はほとんどいないし、いつまでも若い人はいない。ビル・ゲイツやドナルド・トランプほどの莫大な資産をもっている男性はごくわずかだ。そして有名な作家、映画スター、ミュージシャン、スポーツ選手になる男性も女性も子どもも、ほとんどいない。そのような非現実的な価値基準を踏まえると、アメリカでは不安定な自尊心がふつうなのも不思議はない。アメリカ人の一〇人に一人が鬱病にかかり、大勢が不安や摂食障害や薬物依存に苦しんでいることも、けっして意外ではない。このような問題の少なくとも一部は、自分に価値があると感じる基準として、ほとんど達成不可能なものを推進する文化の直接的影響にある。

自尊心は心の奥底の不安から守ってくれるので、人はそれを得るためにほとんどなんでもやる。自尊心の追求は、人が人生で求めるほぼあらゆるものの原動力である。ウィリアム・ジェイムズはこう語っている。

人間の自己とは、体や精神力だけでなく、衣服や家、妻や子ども、先祖や友人、評判や仕事、土地や馬、ヨットや銀行口座など、自分のものと呼べるすべてをひっくるめたものなのだ。そのすべてが同じ感情を引き起こす。増えて栄えれば勝ち誇った気持ちになり、減って消えれば落胆を感じる。

残念ながら、物事は私たちが望むとおりに運ぶとは限らない。人はみな、さまざまな失敗、批判、拒絶、そして困惑を経験し、それが肯定的な自己概念という保護用化粧板に穴を開ける。そして人は自分の尊厳を救うための罪のないちょっとしたうそを自分自身につくことによって、自分の弱点から生じるはずの不安から自分を守る。たとえば、テストの点が悪いのは、教授が引っかけ問題を出したからだし、口説いたのにフラれたのは、まちがって好きになった相手の軽薄な好みを表している、という具合だ。さらに、手に入らないものはそれほど欲しくないのだと、自分を納得させる。あの高給の仕事をすることになれば、自分の主義を捨てざるをえない。あの賞を取っていたら、退屈な授賞式のあいだずっとすわって、延々ともったいぶったスピーチを我慢しなくてはならなかっただろう。

自尊心への欲求は、成功願望さえもしのぐことがある。失敗した場合に既成の言いわけとして使えるように、成功を阻む障壁を用意する。「もちろん、今朝の僕のプレゼンテーションは大失敗だったよ」と学生は自分に言い聞かせるだろう。「友だちと夜通しパーティーをしていたんだから。あのテストでDを食らっても驚きじゃない。授業を半分サボって、わざわざ宿題のリーディングなどやらなかった」

それでもほとんどの人は、自己欺瞞を用いることにはもっと慎重だ。自分の弱点を突きつけられてすぐは、その衝撃を弱めるために言いわけをするが、しばらくして冷静に考え、調整しようとする。人生の浮き沈みをうまく切り抜けるには、自己欺瞞と公正な客観性の微妙なバランスが必要なのだ。

しかし、そのようなバランスの実現は、しっかりした愛着を形成できない人にはことさら難しい。これまで見てきたように、愛着は安定した自尊心の基礎なのだ。冷淡な親、鈍感な親、あるいは要求が厳しすぎる親は、自尊心を妨げる障壁をつくって、人を一生無能にするおそれがある。部内者と勝ち組を高く評価する文化のなかで、部外者や負け組と見なされると、朝起きて、シャンとして、学校や仕事に行くのが難しくなる。そして本当に悪いことが起こることもある。仕事や人間関係を失うと、確固とした自己概念さえも揺るぎかねない。

低い自尊心が起こす問題

低い自尊心と関連のある問題は枚挙にいとまがない。体調不良、鬱状態、怒り、敵意、自殺願望、精神病、アルコールや薬物への依存、未成年の喫煙、危険な性行為、自殺未遂、摂食障害、自傷、ギャンブル依存症、買い物依存症、不正行為。自尊心が傷つけられた経緯や理由にかかわらず、結果は同じだ。自尊心の低い人は強い不安に苦しめられ、その不安を和らげるためにできることをする。

意義と自尊心の喪失を補うのに、まったく新しい世界観を選ぶ人もいる。マイケル・ジョンは福音主義キリスト教徒になることによって、まったく新しいアイデンティティを見つけた何百万人のひとりだ。ユダヤ教徒の家庭で育ったマイケルは、高校で髪を長く伸ばし、カリフォルニア州ハンボルト郡に移り住んだ。大量のマリファナを栽培したあげく、麻薬容疑で逮捕され、刑務所に入れられ、そこで聖書とキリストに出会って「生まれ変わった」。出所したマイケルはオハイオのキリスト教コミューンに入り、いまでもそこに住んでいて、「いまは神の愛に包まれてとても満足している」と語っている。マイケルのような人々は、そのように改宗したあと、人生に以前より大きな意義を感じ、自尊心が高まり、死の恐怖が弱まったと報告している。

低い自尊心に対処するため、反抗的な態度をとる人もいる。ギャング、カルト、過激派に逃避する。みずから異端者となり、主流からはずれる。事実、反体制文化の集団やカルトはたいてい、独自の精緻な信念体系と価値観をもっている。彼らは「主流」を超えるというより、新しいものをつくり出すのであり、「内情に通じた」人たちに、示すべき「真実」を見いだせるだけの社会的コンセンサスを与える。堕落した制度、不公正な制度、あるいは抑制的な制度を拒絶することによって生まれる特別な正義感を、みずから内にため込んでいく。そのような集団はだいたい無害だ——建設的な社会変化を刺激するのに役立つことさえある——が、恐ろしい害をもたらしかねない集団もある。ストリートギャングのブラッズとクリップス、集団自殺事件を起こした人民寺院やヘヴンズ・ゲート、オウム真理教のことを考えてほしい。

韓国生まれのチョ・スンヒは、長く精神の健康に問題を抱え、社会から孤立していた人物で、自尊心を傷つけられたことへの反逆が、単独行動の事件にもなりうることを実証した。チョはバージニア州の中学と高校で、いつもいじめられ、からかわれていた。英語の授業で音読するように言われると、しばしぶ韓国なまりで読みはじめる。クラスメートによると、「彼が読みはじめたとたんに、クラスのみんなが笑いだし、指さして『中国に帰れ』と言いました」。

二〇〇七年四月一六日の朝、彼は自分の通うバージニア工科大学の学生寮に乗り込んだ。そして彼がストーカー行為をしていたと思われる若い学生のエミリー・ヒルシャーと、彼女を助けようとした寮監のライアン・クラークを殺した。そのあと自室に戻り、別の銃とたくさんの銃弾に加えて、自分の考えを詳しく示したビデオと資料を持ち出した。そしてバージニア工科大を出て、暴言を吐いたビデオと資料を近くの郵便局からNBCニュースに送ったあと、キャンパスに戻り、工学部の建物に侵入して、教室にいた教職員と学生に発砲し、さらに三〇人を殺したあげく、拳銃自殺した。

おまえらは顔につばを吐きかけられ、喉にゴミを押し込まれるのがどんな気持ちかわかるか？……侮辱されるのがどんな気持ちかわかるか？……おまえらは欲しいものをすべて手に入れた。おまえらガキどもはベンツでは足りなかった。おまえら気取り屋は金のネックレスでは足りなかった。信託ファンドでは足りなかった。ウォッカとコニャックでは足りなかった。……おまえらはすべてを持っていた。

全国メディアをとおして自分の考えを表明しようとするチョの努力は、認められたい、自信をもちたいという、彼の願望を裏づけている。しかし彼が望んだのはそれだけではない。自尊心と不朽の名声――この点にはあとでもう一度触れる――を求めて、自分は弱者を代弁する殉教者だと主張し、キリストにさえなぞらえている。そして自分が不滅になることを望んだ――最も多くの人を殺した学校銃撃犯として。

いくら自尊心が低くても、ほとんどの人は大量殺人犯にはならないが、低い自尊心が非行や暴力的反社会行動と関係していることを、研究が裏づけている。ニュージーランドで行なわれた数千人の青年を対象とした大規模な調査で、一一歳での低い自尊心が一三歳での反抗、うそつき、いじめ、けんかの高い発生率を予示していた。

ナルシシストでも自尊心が高くない人

自尊心は人生の成功や大きな成果を保証するものではない。それには生来の能力、優れた教育、高い意欲と献身、不屈の努力が必要だ。しかし自尊心は心理的安心感の鍵である。これまで見てきたように、不安を和らげ、死の考えに対する防衛反応を弱め、立ち直りを早め、心身の健康と健全な人間関係を育む。

本物のしっかりした自尊心をもつ人は、どういう行動をするのだろう？　まず、落ち着いていて、長期間にわたり自尊心測定で高得点をあげる。ある日は高い自尊心を示し、次の日には自尊心が低くなるということはない。車で赤信号を無視して走るとか、誰かを殺すというような極端な出来事がない限り、この全般的な肯定的自己観はなかなか揺るがず、日によって大きく変動することもない。変化が来れば受け入れ、自分を他人と比較することにあまり時間を費やさない。会ってみると、情緒が安定していて満たされているように見え、自信があるわりに謙虚で、他人や大義のために貢献していることが多い。

偉大なチェロ奏者のヨーヨー・マは、この種の本物の自尊心をもつ人の代表例のように思われる。尊敬されている――実のところ崇拝されている――が、それが自己崇拝に転じることはなさそうだ。自分をチェロのような楽器、音楽が流れる「血管」と考えるほうを好む。「仕事があってよかった」と、まるで幸せなウェイターのように言ったことがある。「どこかで求められ、必要とされるチャンスがあることに、日々感謝している」

本物の自尊心をもつ人をそうと気づかないこともあるかもしれない。なぜなら、そういう人は有名とは限らず、注目されようとがんばっているとも限らないからだ。しかしこの種の安定と分別を体現している人は世の中にいる。しっかりした自尊心をもつ人は、大きくて強いオークかセコイアの森のようだ。根が地中にしっかり張っているので、風を受けてたわむことができる。おおっぴらに愛し、自分を笑い、いまを楽しむ。自分はたくさんまちがいをしてきたと知っていて、それを認めるが、そのことをくよくよ考えない。自分を思いやる気持ちが十分あるので、まちがいは学ぶ機会だと理解している。飛行機に乗り遅れても、チケットカウンターにいる人に意地悪などせず、別のチケットを買って、次の飛行機を待つ。会話のなかでは、自分についてよりも相手についての話に関心をもつ。

しかし、子どものときに安定した自尊感情を抱くことがなく、死の恐怖を鈍らせようと、過剰な自慢と自己防衛のための極端な歪曲に頼るようになる人もいる。これが高慢だが壊れやすい自己イメージにつながり、一時的な安心感は得られるが、つねに再確認が必要であり、ほんの少しの反撃にも傷つきやすい。

誇張された非現実的な自己概念は、一般にナルシシズムと呼ばれる。ジークムント・フロイトが（ドイツの精神科医ポール・ネッケに続いて）この人格のタイプを、水面に映る自分の姿に見とれたまま、やせ細っていった神話の登場人物、ナルキッソスにちなんでそう呼んだ。ナルキッソスはとてもハンサムだったので、誰もが彼を愛し、欲しがったが、彼はあまりに高慢で他人を愛せなかった。ある日、ナルキッソスは澄んだ泉に立ち寄り、水を飲もうと膝をつく。そして水面に見えたものに恋をした。彼はそれまで自分が水に映った姿を見たことがなかったのだ。その像にキスしようとするが、向こうはキスを返してくれない。やがて彼は自分自身の映った影に恋していることに気づき、自分の愛はけっして求められないと知りながら、泉に映った影に恋焦がれて、やせ細って死んでしまう。

心理学者はどうやって、しっかりした高い自尊心とナルシシズム性人格障害のそれとを区別するのだろう？　最も高く評価され、広く使われている自尊心の基準、ローゼンバーグ自尊心尺度には、「少なくとも他人と同等のレベルで、私は価値ある人間だと思う」、「自分には良い資質がたくさんあると思う」、「全体として自分に満足している」などの文が含まれている。このような文に同意すればするほど、その人の自尊心は高いが、自分が他人より優れているという思いや、敬服される必要性は訴えない。それに引きかえ、ナルシシズム性人格検査には、「心から注目の的になりたい」、「チャンスがあれば目立とうとしがちである」、「自分が受けてしかるべき敬意を強く求める」、「自分が望むどんなことでも人に信じさせることができる」、「人に対して権限をもちたい」といった表現が示される。このような表現に同意すればするほど、その人はナルシシストである。この尺度の得点が高い人は、「完璧」、「名声」、「天才」のような言葉が、正しく自分を表現すると考える傾向もある。

ナルシシストは自尊心検査で自分を高く評価することもあるが、彼らの自尊心は大きく変動し、「私」や「自分」のような言葉と、「憎しみ」、「悪」、「ごみ」などの——心理学者が「暗黙の」、あるいは無意識の、自己評価尺度として使う——言葉と、すぐに結びつける。一方、本物の自尊心のある人は、意識的と無意識と両方の自尊心尺度で高い得点をあげる。このようにナルシシストは、意識的には「自分の心のなかの伝説的人物」だが、同時に、無意識という心理的根幹の奥深くでは、本当は自分を好きではない。堂々とした見てくれの裏に、深い自己不信と自分に価値がないという思いが潜んでいる。

　非現実的なほど強い誇大感と低レベルの自尊心のせいで、ナルシシストは自己観が脅かされると、暴力と攻撃に走る傾向がある。自分の価値の現実的感覚による呵責《かしゃく》を受け流す精神力がないので、傷つけられたプライドを取り戻すために、他人に食ってかかる。研究によると、ナルシシズム性は高いが自尊心の高くない人は、とくに、自分をばかにしていると感じる人に対して、攻撃的な行動をする可能性が高い。ナルシシストの自尊心は、いじめなどの反社会的行動と関連していることを示す研究もある。

　さらに、ナルシシストは過剰に競争心が強く、同じ仕事で成功している人をうらみ、なんらかの点で他人が自分より明らかに勝っていると落ち着きを失う。そして、なんとしても非現実的な自分のイメージを固守するために、誇張した自己イメージを否定するような経験を慎重に避ける。たとえば、自分は優秀なランナーだと思っているナルシシストは、毎日、近所の気楽なジョガーと一緒にトラックに行くだろう。彼がわざわざ行くのは、ジョガーたちに彼のほうが速く走れることを確実に知らせるためであり、彼らのあこがれを誘おうとがんばるが、熱心なオリンピック選手が立ち寄るときには、おそらくトラックに近づかない。自分よりできる競争相手と向き合うと、自分の技量のイメージを実際よりよく見せることにならず、地元民のそばを疾走するときのようにお世辞を言われることもない。一方、確かな自尊心をもつランナーは、自分の成果に誇りを感じるが、勝つことより自己鍛錬のほうに関心がある。ぜひともオリンピック選手と一緒に走りたがるだろう。そうすることで、刺激を受け、彼らから学び、自分の技量を正確に把握することができる。

自尊心を育てる方法

死が避けられないことを知っている自意識のある動物として、私たち人間は「パンのみにて生くるものにあらず」である。古代ギリシャのパルテノン神殿を支える頑丈で優美な柱のように、自尊心は精神的強さの基盤となる。自尊心から得る心の栄養は、毎日のパンから得る体の栄養と同じくらい必須なのだ。

自尊心がなければ、隔離されて針金の母親によって育てられたハリー・ハーロウのかわいそうなサルと同じだ。たえず恐れ、新しい予期せぬ出来事におびえ、体調が悪くなり、自滅的で攻撃的な爆発を起こす。逆に自尊心に支えられていると、勇気づけられ、熱中できる――その結果、心理的逆境と身体的困難の両方を払いのけられる。電気ショックを使ったわれわれの実験で、自尊心は心理面だけでなく深い生理的レベルにおいても、恐怖に対する強力なワクチンであることが示された。そして多くの人々が、ミミズやコウモリが生き続けるために闘うのと同じように、自尊心を守るために闘う。なぜなら、私たち人間にとって、自尊心は死に対する象徴的な盾だからだ。

そこで疑問が生じる。自尊心を獲得するために何ができるのか？

ひとつの策は、多様な自己概念を育むように促すことだ。なんだかんだ言って、人それぞれにはさまざまな面がある。同じ人が、アメリカ人で、キリスト教徒で、弁護士で、共和党員で、父親で、ゴルファーで、インディアナ大学スポーツチームの後援者で、ボランティア消防士であることもありうる。アイデンティティの異なる側面は、異なる社会的役割に対応し、それぞれに独自の関連した基準がある。その基準のなかには、特定の個人にとってほかより達成可能なものもある。たしかに、事務所のほかの弁護士のほうが報酬請求できる時間が多くて、あなたのゴルフの腕前は嘆かわしいが、あなたはすばらしい父親であり、狭い場所での消防車の運転では頼りになるやつで、教会では高く評価されている理事である。人はみな、立派な面もあればそうでもない面もある。心のよりどころをさまざまな分野にもっていると、自分に肯定的な感情を息長く抱くことができる確率が高くなる。どの分野が自分に合っているかを知ることも重要だ。音痴の人は、プロのオペラ歌手になりたいと願うべきではない。

もうひとつのアプローチは、無視されたり排斥されたりしている人のための、社会的役割と機会の構築を促進することだ。脳性麻痺で認知障害がある自閉症の一九歳のアメリカ人、ケンドール・ベイリーの例を考えてみよう。ケンドールは、ふつうの学校や団体スポーツではうまくやっていけなかった。しかし水泳を始めてから、彼の人生はぐっと上向いた。平泳ぎを——一生懸命——練習し、パラリンピック公認のレースで勝つようになったあと、彼の自尊心は急上昇した。やがて彼は世界屈指の障害者平泳ぎ選手になった。パラリンピックはケンドールをはじめ大勢の身体障害者に、前世代の障害者には得られなかった自尊心を獲得するチャンスを与えている。

一〇〇歳以上の人が大勢集まっている世界中のコミュニティを対象にした最近の研究で、そこの高齢者は広いコミュニティの一員として大切にされているように感じていることがわかった。私たちは老人から多くを学べる。その意味では、若者からも学べる。

この章の冒頭に出てきたバルボア高校で、フランシスコ・ヴァラスケスと彼の友人たちはおなかをすかせていたが、タイ、インド、ミャンマー、香港から来たティーンエージャーや、アメリカ生まれの中国人は、喜んで無料の照り焼きチキンを食べていた。ミャンマー出身の友人と一緒にすわっていた、インド出身の最上級生のアムルタ・バヴサルは、恥ずかしいと思わないと言っている。「とくに問題ありません。料理はおいしいです」

本書ではこれまで、心の平静を保てるかどうかは、自分が有意義な世界に価値ある貢献をしていると信じ続けることにかかっている理由と経緯を見てきた。しかし、どうして私たち人間は、そのような防衛手段に依存するようになったのだろう？　歴史の歩みのなかで、どういうふうにして世界観が構築されて、自身の避けられない死の運命というゆゆしき問題に対処できるようになったのか？　第Ⅱ部では、人間の進化と歴史を調べることによって、このような疑問を探っていこう。

第II部　文化の根源

第4章

儀式・芸術・神話・宗教の成り立ち

文化や歴史、宗教、科学は、宇宙の中で私たちが知るいかなるものとも異なっている。これは事実だ。あたかも、いっさいの生命がある点まで進化し、私たちのところで九〇度向きを変え、まったく別の方向に爆発的に発達したかのようだ。

——ジュリアン・ジェインズ『神々の沈黙：意識の誕生と文明の興亡』（柴田裕之訳、紀伊国屋書店）

私たちはどうして、現在のような自尊心を求める文化的動物になったのだろう？　人間のDNAの九八・四パーセントはチンパンジーと共通だが、霊長類からヒトへの進化の軌跡で、何か根本的なことが起こったにちがいない。心理学者のジュリアン・ジェインズが述べているように、類人猿の知能と、宗教、芸術、科学、テクノロジーのような人間特有の文化の産物を発展させるために必要な成熟した意識のあいだには、「はなはだしい隔たり」がある。人類の進化の軌跡を再構築しようという努力は、必然的にいくぶん思弁的ではあるが、初歩的な恐怖管理が人類史の流れを変えたとうまく主張できるだけの証拠はそろっていると、われわれは考えている。

死の認識は、初期人類に芽生えた自意識の副産物として生まれたものであり、同時に死を超越するための適応が起こらなければ、発展しうる精神機構としての意識の土台をむしばんでいただろう。つまり、おびえて混乱した私たちの祖先は、心理的に奈落の底に突き落とされ、進化の過程で絶滅した生命体の山に捨てられていただろう。しかし私たちの祖先は、自分たちが生死を掌握していると感じられる超自然世界をつくり出すことによって、現実に対して「はっきりノーと言う」ことを巧妙にたくらんだ。そうすることで「はなはだしい隔たり」を飛び越え、認知力の限界を突破することができたおかげで、人類の爆発的進化が起こったのだ。

想像力の豊かな霊長類

人類は六〇〇万年前から四五〇万年前のあいだに、ほかの霊長類から枝分かれしたということで、進化論者の意見は一致している。主要な革新的進化のひとつは二足歩行である。化石人骨のルーシーで知られるアウストラロピテクス属の猿人は、三五〇万年前に直立二足歩行していたが、脳が小さく、道具は使用していなかった。なぜ二足歩行が始まったのかは不明だが、ひとたび始まると、そのおかげで原人はさまざまな地形を移動できるようになり、資源を手に入れやすくなった。おそらくいちばん重要だったのは、二足歩行のおかげで原人が両手を自由に使って周囲のものを探り、操れるようになったことだ。

二五〇万年前、ルーシーの子孫が石の道具をつくりはじめた。これが二〇〇万年前のホモ・ハビリス出現の地ならしをした。その脳はアウストラロピテクス属の猿人より一・五倍も大きい。考古学者のスティーヴン・ミズンによると、そのあとヒト科の家族や社会の構造変化が次々に起こったという。未熟な赤ん坊にしがみつかれる授乳中の母親は、狩りをすることも、助けなしに大きな捕食者から逃げることもできないので、私たちの祖先は効率的に捕食者を撃退し、肉を含めた食べものを手に入れるために、大きな集団で生活するようになった。しかし防御して肉を手に入れるには、オスは大きく危険な動物をごく粗雑な武器で殺すために協力し、死体をねらう腐食動物と競い合わなくてはならない。

しかしそのような協力は、支配力をもつオスだけがメスとセックスをする典型的な霊長類コミュニティでは難しかっただろう。生物人類学者のテレンス・ディーコンによると、発明の才のある祖先が、原始的な結婚指輪の先駆けのようなものを用いていたかもしれないという。そのようなシンボルの助けを借りて、性的魅力のあるオスは特定のメスとその子どもを世話しながら、狩りと腐肉あさりではほかのオスと協力することができた。このことが、死を招きかねない性的動機による衝突を最低限に抑え、社会の調和をぐっと高めたのかもしれない。

シンボルは独自の認知的メリットももたらした。その代表格が言語である。私たちに最も近いチンパンジーでも、先日小川のそばで見かけたライオンの群れをどうすればいいのか話し合うことはできない。次の木曜の日没時にどこに移動すべきかを考えることもできない。私たちの祖先はシンボルを使って、直接感覚に作用しているのではないイメージを熟考することができたので、過去から学び、将来を計画することができた。

シンボルは、直接対面を超えた社会的きずなを育むのに役立つ。霊長類と同様、ヒト科の祖先は入念な社会的毛づくろい《グルーミング》を行ない、互いの角質や虫や汚れを取り除き合うことで、(明らかな健康へのメリットに加えて) 集団のまとまりと協調を促進した。しかし集団が大きくなるにつれ、このような互いに背中をかき合う毛づくろいを実行するのは難しくなっていく。初歩的な言語は体の毛づくろいの代用として始まり、最初はおもに社会的役割を果たしていたのかもしれない。

シンボルと初歩的言語は次に自己概念の発生を引き起こしたと、ミズンは主張する（そして一世紀前にフリードリヒ・ニーチェが『悦ばしき知識』〔ちくま学芸文庫〕で触れている）。コミュニケーションはおそらくほとんどの集団内の他者と関係していたので、私たちの祖先は自分自身と他者を区別する方法が必要だったため、代名詞のようなもの、つまり「彼女」、「彼」、「あなた」――そして「私」を考えついた。ベッカーによると、人称代名詞の「私」は、各個人に自分自身を「明確に指す呼称」を与えることによって、自意識を「結集させる象徴」としての役割を果たした。正確にいつのことだったかはわからないが、言語の発達に促されて、私たちの祖先の一部が完全に自己を意識するようになった。

心理学者のニコラス・ハンフリーは、自意識は社会生活への適応として生まれたと主張している。自分がどう感じるかを考えられる人は、他人がどう感じるかを想像することができるので、周囲の人に望みを伝え、彼らの行動を予測するのに有利な立場にあった。そして言語によるコミュニケーションの能力が向上するにつれ、私たちの祖先は、さらに自己を意識するようになった。「［シンボルを］考案する人間は、同時に自分自身を鋭く意識するようになる人間である」とニーチェは強く主張している。これがさらに高度な言語の発達を刺激し、その結果、言語と自意識の高まりの動的循環が生まれた。

このような社会的行動と認知能力の変化は、およそ二〇〇万年のあいだに起こったことであり、およそ五〇〇万年前にはまた脳のサイズが大きくなった。そのあと二五万年前から一〇万年前のあいだに、私たちヒト科の祖先は、現代のホモ・サピエンスへの奇跡的な飛躍を遂げた。それは複雑な考えの精巧な連鎖を組み立てて伝え、入り組んだ物語を話すことができる、高度な言語能力を身につけた新しい種である。

シンボルを使い、自己を認識し、言語を巧みに操り、身体構造的に現代的な人間は、ますます有益なことをするために、社会的相互作用、自然の歴史、そして専門的技術の知識を構築できるようになった。「この川を渡る最善の方法は何か？」について、自分の考えを他人と交換し、精緻化することができる。彼らは過去の経験を熟考するだけでなく、将来の可能性を想像することもできる。まだ存在しないものを想像することができて、夢を現実に変える大胆さもあった。このように言葉とシンボルで表された想像上の未来にもとづいて戦略を練り、決断を下し、設計し、計画する能力は、地球上のほかの生物には、当時もいまもないものである。

私たちの祖先は、二足歩行をして、自分の状態をみずから観察する、想像力豊かな霊長類になり、オットー・ランクの言葉を借りれば「非現実を現実にする」ことができるようになった。生きていること、そしてそれを知っていることは、なんとすばらしいことだろう。何が気に入らないというのか？旱魃《かんばつ》、飢饉、悪疫、そして飢えたライオンに臓物を抜かれるのは気に入らないことだった。溺死することや首をはねられることは気に入らなかった。幸運にもこのような惨事をすべて免れられても、活発で元気だった家族が時間の経過とともに、昔の面影をわずかに残すだけで病弱になり頭も弱くなるのを目の当たりにして、その変化に照らして自分の避けられない将来を考えるのは、気に入らないことだった。要するに、死は気に入らないことだったのだ。

なぜヒトは「超自然世界」を考え出したのか

シンボルの使用、自意識、そして将来を考える能力は、私たちの祖先にとってこのうえなく役立った。しかしこのように非常に適応的な認知能力は、死すべき運命に対する絶えざる恐怖の可能性も生んだ。何十億年をかけて、なんとしても生き延びるために闘おうとする進化によってつくり上げられた生命体が、自分がその闘いに負ける運命であることに気づいたとき、何が起こったのだろう?

「ありのままの事実として、その気づきは受け入れられない」と、哲学者のスザンヌ・ランガーは主張し、こうつけ加えている。「この世での短い人生は必ず死で終わるのだという考えを、人は受け入れずに拒絶する……これほど理解しやすいことはなかろう」。その結果、私たちの祖先は死の恐怖と闘うために、自分の想像力と創意工夫の能力を駆使した。彼らはすでに高度な知的能力を用いて、世界がどう動いているかを問い、それに答えていた。しかし実際的な生き方の問題の解決は、死と向き合ったときにはほとんど役に立たず、慰めにもならない。山や星は永遠に続くようだが、命あるものは自分たちではどうにもならない力に支配されていて、すべて終わることを、私たちの祖先は理解したのだ。

生物学者のアジト・ヴァルキ(遺伝学者の故ダニー・ブロワーの共同研究者)の主張によると、圧倒されるような死の恐怖は、「進化を行き詰まらせる障壁であり、生存と生殖の適応に必要な活動や認知機能を抑制する」ものだったという。自分は死ぬという先行きにおびえる人々は、大きい獲物をしとめる確率を高めるために狩りで危険をおかしたり、配偶者を求めて競い合ったり、子孫をきちんと世話したりしそうにない。そこで私たちの祖先は、最高に適応的で巧妙な、想像力に富んだ飛躍をとげた。すなわち、超自然世界をつくり出したのだ。そこでは死は不可避でも取り消し不能でもない。いちばん説得力のある話をこしらえた原始人の集団が、死の恐怖をいちばんうまく管理することができる。その結果、環境のなかでうまく力を発揮する能力が最も高く、したがって遺伝子を将来世代に残す可能性が最も高かった。

超自然世界への信念が、死すべき運命を知る前に発展した場合もあるかもしれない。パスカル・ボイヤーやポール・ブルームのような進化心理学の研究者によると、超自然世界への信念が生まれたのは、人間は生きものに心や意図があると考える傾向があるからだという。この考え方によれば、私たちの祖先は自分自身の感情、欲求、意図などの主観的経験を、周囲にあるものに投影したのだ。木々や岩は力と目的をもって彼らに話しかけ、雨と稲妻は目に見えない神々の言語であり、オモチャでもあった。この意見は非常にもっともらしい。たとえその考えが正しいとしても、そのあと私たちの祖先に死すべき運命の認識が芽生えはじめたとき、これらの原始的な超自然思想は死を超えて存続する感覚を生むので、死の恐怖を鎮めることを目的としたもっと精緻な信念体系の土台となったことはまちがいない。

ロシアのウラジミール郊外に、保存状態のよいスンギル遺跡がある。二万八〇〇〇年前に人が居住していた場所で、住居、炉床、貯蔵穴、道具製作場がある。複数の凝った墓の跡も発見されていて、二人の子どもと六〇歳の男性のものもある。遺体はそれぞれペンダント、ブレスレット、貝殻のネックレスで飾られ、四〇〇〇個以上の象牙のビーズがあしらわれた服を着せられている。職人がそのビーズを一個つくるのに一時間かかっただろう。子どもは頭を突き合わせて埋葬されており、二本のマンモスの牙で側面を守られている。スンギルの住民たちは、それほどの法外な時間と労力をささげてこのような凝った埋葬所をつくることによって、自分たちがつくり出した象徴的な超自然世界は、現世のいまここにある実際的事柄に優先することを示しているようだ。それだけでなく、その墓所は来世信仰をも示唆している。何もない虚空への旅なら、なぜわざわざ着飾るだろう。

そのような超自然世界の概念は、およそ四万年前、人類学者が上部旧石器時代革命、あるいは創造的爆発と呼ぶものの出現とともに整ったと思われる。この時代は、芸術、身体装飾品、埋葬、そして凝った副葬品が、さまざまな社会で同時に出現している。精巧なテクノロジーが同時に出現し、野営地や住居がより複雑になり、特殊な石刃と骨角器が一般的になった。超自然への信念の具体的発現と、顕著なテクノロジーの進歩が同時に起こったことは、超自然界で死は回避され最終的に超越されるという自信に支えられてはじめて、意識をともなう高度な認知能力が私たちの祖先の役に立ったという考えと合致する。

儀式――行動による願掛け

私たちの祖先は自分たちの信念を互いに支え合ったが、目に見えない世界がほんとうに存在するという具体的なしるしも必要としていた。儀式、芸術、神話、そして宗教は、知られているあらゆる文化の要素だが、それらが相まって、人々は超自然的な現実認識を構築し、維持し、具体化することができたのだ。ベッカーの説明によると、人間は信じられないものを信じられるようにすることによって、「自分は有形の世界をしっかり掌握している気になり」、そのおかげで「肉体の衰弱と死を超越したのだ」という。

まず儀式が生まれて、最終的に芸術、神話、宗教の発展につながったと主張する学者もいる。儀式はどのように進化したのだろう？　儀式を表すギリシャ語の「ドロメノン」は「なされたこと」という意味である。資源がすでに利用できるのであれば、儀式は必要なかった。流れる川の土手にいて喉の渇きを覚えている人は、雨乞いの踊りをする必要はない。体をかがめて飲めばいいだけだ。食べものが豊富にある場所では、木や茂みから摘み取ればすむ。しかし自然は協調的とは限らない。私たちの祖先が喉の渇きを感じるとき、そばに水があるとは限らなかったし、飢えているときに食物があるとも限らなかった。捕食者はいつ襲ってくるかわからない。自然の冷淡さを前にしたときのそんな無力を知って、私たちの祖先は自分たちが生き延びる確率を高めるために何かをする必要があった。

古典学者のジェーン・エレン・ハリソンの主張によると、人間は不確かな状況のなかで、たとえそれが動物のようにころげ回ったり、うなり声をあげたりすることであっても、自分の不安や悲しみを和らげるために行動しなくてはならなかった。しかし個人のむき出しの感情の爆発が儀式になるには、一定の形を与えられ、他人がまねできるようになる必要がある。敵の部族の男に夫を殺された女は、やみくもに腕を広げ、こぶしを握って真上に突き出していただろう。彼女の友人がその動きをまねて、弧を描くようにする動きで洗練し磨きをかけたかもしれない。そして二人の怒れる女が互いの動きをまねし合いながら、一緒に動いたかもしれない。ひとりの女の深い感情を表現したいという切迫した欲求として始まったものが、変形して二人の踊りになり、その伝染しやすい感情に感化されたほかの人々が、一緒になってまねをして、自分自身の感情の爆発を踊りにする。悲しげな嘆きのうち、人の心を引きつける言葉、あるいは慰めになる言葉が、強調のために音の高低をつけて繰り返され、拡張されて、すすり泣きが復讐を求める歌に変わる。

踊りと歌の組み合わせが、最初の儀式だった可能性は高い。ミズンによると、サルが対立を鎮めて感情を表現するために用いる発声にはリズムとメロディがあり、初期人類は何もできないほど未熟な赤ん坊とその母親とのきずなを強めるために、この傾向に磨きをかけたのかもしれない。たとえ動きや音には、きっかけとなる出来事と直接的または論理的なつながりはなく、それを変えるために何かできるわけではないにしても、私たちの祖先は世界中の現生人類と同様、リズミカルな動きや音楽も、協調的行動によって築かれる社会的結束も、心地よいと感じたのだ。

そして儀式は単なる慰めではなかった。悲惨な状況を変えるためでもあった。なぜなら、儀式の本質は行動による願掛けだからである。私たちは起こってほしいことを行動で示す。誰もがそれをごく自然に行なっている。たとえば、ティーンエージャーが運転して赤信号に向かって加速している車に同乗しているときには、架空のブレーキペダルを踏む。ガター（両脇の溝）に向かっていくボールを誘導しようと、ボウリングのレーンの中央に向かって体を傾ける。

ヨーロッパでは呪術的な踊りが二〇世紀に入っても一般的だった。ルーマニアのトランシルバニア地方では、麻が高く伸びるように農民が畑で高くジャンプした。ドイツとオーストリアの小作人は、亜麻の背丈を伸ばすために、テーブルから後ろに向かって踊ったり跳んだりした。マケドニアの農民は畑の植えつけのあと、鋤を空中に放り投げ、それを受け止めてから叫ぶ。「鋤と同じくらい高くまで作物が伸びますように」

儀式はほぼ確実に、過去の成功から生まれている。大猟や戦勝のあと、誇り高く晴れやかな狩人や戦士がたき火の周りで、感謝する群衆に向けて自分たちの経験を再現する。しかし狩りや戦いがいつも成功するとは限らないから、そういう危険な試みのスタートに同じ行動による願掛けをしよう、というわけだ。クマ狩りの成功を待って、あとでクマのように踊ることで祝うのではなく、手ぶらで戻ることがないように、狩りの前にクマのように踊ったのである。

人間の文化の基礎となる

歌、踊り、象徴的な事前再現は、願いをかなえるのに役立つように思えたが、もっと困難な状況がもっと極端な行動を求める場合もあった。聖水、酒、新鮮な食べもの、神聖な動物、はては人間にいたるまで、象徴的または実際的な価値あるものをささげる儀式は、すべてではないにしてもほとんどの初期文化の中心だった、と考古学者は主張している。ひどい嵐や洪水で村が破壊された場合、私たちの祖先は、神々——超自然界と自然界を監督し牛耳っているとされる擬人化された存在——が自分たちに腹を立てていて、自分たちは悪いことをしたのだと思っていた。神が怒っているのなら、さらなる死を回避したければ血が求められる。古代の人々が神々は自分たちと同じように願望と感情をもっていると信じていたことを考えると、価値あるものを神に差し出すことは、謝罪と譲渡両方のしるしだった。

いけにえは基本的に取引である。神が親切に狩りの成功や健康な子どもを授けてくれたのなら、その親切に報いて、将来助けてもらえる可能性を高めるのは当然のことだ。貴重な資源を惜しみなくささげることは、権威と権力の象徴でもあった。いけにえの儀式で神との取引の責任をきちんと果たすことによって、生死を掌握しているという感覚、超自然的存在がこの世で自分たちを守り、来世で歓迎してくれるという感覚を、人間は得ることができた。ベッカーの説明によると、「生きているものをささげることは、命の川に目に見える生命力を加える。……いけにえは目に見えない世界との交わりを確立する手段であり、力の流れのうえに円を描いて、その流れを渡るための橋を架ける」。いけにえは、多くを生き延びさせるために、少数を死なせたのである。

初期人類は、植物と動物が一年の異なる時期に現れたり消えたりすることに気づいていて、新しい命を歓迎したり、死を阻止したりするために、季節ごとの儀式を行なった。たとえば、紀元前のヨーロッパの五月祭は、新しい年のための作物の植えつけの時期に行なわれていた。少年少女がたくさん芽の出た木の枝を村に運んできて、村に緑と命の息吹を行きわたらせる。ドイツ中部のチューリンゲンでは、「死の追放」と呼ばれる儀式が伝統的に三月一日に行なわれていた。子どもがつくったわら人形に古い服を着せて、川に投げ込む。そのあと子どもたちは村に戻り、卵などのごちそうをもらえる。ボヘミアでは、子どもたちが似たようなわら人形を村から運び去って燃やしていた。人形が燃えているあいだ、子どもたちは歌う。「私たちは死を運び去り、命を連れて帰る」。このような儀式は楽しみのためではなく、生き延びるためのものだった。

そして死の儀式はとくに重要である。ガーナのファンテ族の例は周到だ。成人男性の死は「アブスアパニイン（故人の母方の親族で最年長の男性）」によって正式に宣言され、彼はそのあと「スピ（故人の父方の親族の長）」に「告知の飲みもの」を差し出す。スピは飲みものを受け取り、「キエレマ（優れた太鼓奏者）」にメッセージを村全体に広めるよう命じる。父方の親族の男性は全員集まって、故人の業績を詳しく話し、葬儀の細かいところを計画する。一方、アブスアパニインは遺体の水浴と身支度を監督し、遺体は家族の家に盛装して安置される。そのあとキエレマが男性の行列を家族の家まで案内する。故人に追悼の言葉が送られ、棺に旗がかけられる。埋葬の日には歌と踊りがささげられ、太鼓が鳴り響き、献酒が注がれる。埋葬の八日後、その先のさらなる儀式の日付が告知される。それは故人が先祖になるための儀式であり、そのあと故人は、宇宙の原始の力と生きている親族のあいだをとりもつ、慈愛に満ちた仲介者としての役割を果たすのだ。

歴史を通じて現在までずっと、そのような儀式のおかげで人々は愛する人の喪失に耐え、日常生活を続けられるくらいに、自分自身がやがて死ぬことへの恐怖を鈍らせることができている。

儀式は人間の文化の基盤となる行為である。儀式は行動による願掛けとして、生命を維持し、死を防ぎ、宇宙を掌握する力を与える。愛と戦争での成功を保証する。私たちが何者であるかを決定する。人は儀式によってはじめて成人になる。儀式は人がいつ結婚するかを決定する。正式に儀式で——医師、検死官、または牧師によって——宣告されるまでは、完全に死んだとさえ見なされない。そして、もし人生で何かがうまく行かなくても、私たちには逃げ道がある。問題の原因は、願掛けや祈りがどういうわけかまちがいだった、あるいは失敗だったことにある。儀式のやり方が不適切だったにちがいない。さもなければ、既存の儀式に別のステップを加えるか、まったく新しい儀式をつくり出す必要があるのだ。つまり、儀式は自然の作用に取って代わり、私たちがそれをコントロールしているという幻想を育むことによって、既存の恐怖を管理するのに役立つ。

芸術の意義

一九九四年一二月の日曜の晩、エリエット・ブリュネル、クリスチャン・イレール、ジャン＝マリー・ショーヴェの三人の週末洞窟探検家で素人考古学者が、フランス南部アルデシュ県の洞窟群を探検していた。三人はたまたま、ある洞窟の入り口を見つけ、その周辺を掘り進めた。すると突然、洞窟の内側からかすかな空気の流れを感じた。そして煙を使って、空気が噴出している小さい穴を発見し、小柄な女性のブリュネルが這って入れるくらいに広げた。彼女は地中にもっと大きな穴を発見する。男性二人も岩をどけて彼女に合流し、そして三人は大きな割れ目に鎖はしごを下ろした。九メートルほど下りると、ドーム形の天井から鍾乳石が垂れ下がる、広い湿った空間が広がっていた。懐中電灯であたりを照らし、そこに見えたものに彼らは驚嘆する。

壁一面に、短いたてがみの馬が走る美しい姿が描かれていたのだ。濃灰色やセピア色や黄土色でとても正確に表現されているので、懐中電灯の揺らめく光に照らされると三次元のように見える。ライオンの群れが突進する野牛の群れを狩っている。サイ、クマ、ライオン、マンモス、その他の恐ろしい獣たちが、起伏する石灰岩の壁で踊っている。片隅に見えるのは、黒っぽい陰部を勃起した男根にまたがらせている女性のようだ。床には、裸足の人間の足形と、絶滅した動物の化石化した遺物が見られる。

現在ショーヴェ洞窟と呼ばれている場所で発見された三〇〇点ほどの絵画は、三万二〇〇〇年前から三万年前に描かれたものだった――知られているなかで世界最古の洞窟画である。画家（あるいは画家たち）は、壁の湾曲を巧みに作品に組み込んでいるので、馬などの動物の首が、思い切り伸びていて筋骨たくましく見える。「じっくり見ているうち、自分の面前にあるのは偉大な画家の作品だと気づいた」と、フランス人で先史時代芸術の権威であるジャン・クロッテが指摘している。「無名のレオナルド・ダ・ヴィンチの作品を見つけたようなものだ。有史以前もいまと同じように、偉大な芸術家は稀有だった」

ショーヴェ洞窟は、かなりスリリングなものを生んだ。有史はるか以前に生きていた最古の祖先の目をとおして、直接見ているという感覚だ。ショーヴェ洞窟を訪れたオーストラリア先住民はその壁画を見たとき、きわめて重要な儀式での役割を果たしたにちがいないと考えた。考古学者のデイヴィッド・ルイス＝ウィリアムズによると、洞窟画全体が（つまり絵画もそれが描かれている洞窟も）宇宙を表現しているのであり、死を超越した超自然の次元を構成し、人間の意識の異なる状態を象徴している。

私たちの祖先も私たちと同様、雲が馬や鳥やクマやウサギの形になることがあり、月には顔があると気づいていた。儀式的な太鼓演奏、歌、踊りの助けを借りて、彼らは新たな感覚を味わい、疲れきるまで歌って踊ることによって、ある種の自然な強い高揚感を経験する。向精神剤を摂取して、幻覚を起こす。そういう驚異的な、不可解な、すばらしい、そして恐ろしい経験と感覚を、私たちの祖先は科学的説明なしにどうして理解できただろう？　彼らは解釈をシャーマンに頼った。そしてそのシャーマンの多くは、自身が独立した画家だったか、あるいは教皇ユリウス二世がミケランジェロに指示したのと同じように誰かの指示を受けた画家で、ショーヴェなどの洞窟にあるような天地のイメージをつくり出したのかもしれない。

このような絵画には、ふつうに目覚めて意識があるときの経験を表象する地上的世界が見られるものが多い。そしてその下に、逃げたり落ちたりする夢や幻覚にもとづいた、暗くて湿った地下世界がある。上には天の霊界があって、飛んだり浮かんだりするイメージを表している。洞窟画には、点や平行な曲線の繰り返し、異様な混種の生きもの（半分人間で半分動物の姿）、空中に浮かんでいるような動物や岩肌から出入りしているような動物も描かれている。壁に点々とついている祖先の手形は、まるで「私たちはここにいた」と言っていて、その目印を追ってあの世の霊界においでと、見る人を誘っているかのようだ。ルイス＝ウィリアムズの主張によると、私たちの祖先は洞窟まで、長いだけでなくしばしば遠回りの旅をして、そこで人心を引きつける絵画を見ることによって、おそらく歌や祈りの助けを借りながら、「［超自然世界を］具体的なものにして、宇宙のなかにきっちり位置づけた。それは人々の頭や心にだけ存在するものではなかった」。このような洞窟を訪れることによって、人は時間と宇宙を「旅し」、死の向こうにある超自然界を経験したのである。

実際、最近の研究によって、そのような超自然的行為は死の恐怖を管理する役に立つことが裏づけられている。人は自分の死すべき運命を考えたあとのほうが、飛べることについて空想している。さらに、自分の死すべき運命を思い起こさせられた人も、緑が生い茂った山の上を飛ぶ自分を想像したあとのほうが、死についての考えが意識の縁につきまとうことが少なかった。

芸術も儀式と同じように、超自然界の具体的なしるしを示すことによって、信じられないものを信じられるようにするのに役立った。ジョージ・バーナード・ショーが思いを巡らしているように、「芸術がなければ、現実のそっけなさでこの世は耐えられないものになるだろう」。超自然世界を表現する芸術は、知られているあらゆる文化の特徴であり、死を超越する超自然的な現実認識を築き、維持するための基本である。

神殿のあとに都市や農業が生まれた？

洞窟内で絵を描いた時代から数千年後、人類は記念建造物を建てはじめた。とくに古くて興味深いもののひとつが、トルコ南東部、ギョベクリ・テペと呼ばれる遺跡にある。その時代にしては感嘆すべき建築物であり、古代人にとっての死と来世の重要性を証明している。一万二〇〇〇年ほど前、狩猟採集民が丘の上に、七つの同心のストーンサークルをつくったのだ。彫刻の施された石柱が円形に並べられていて、ストーンヘンジで発見されたものに似ている。イノシシ、キツネ、爬虫類、ライオン、ワニ、ハゲワシ、それに昆虫やクモなど、動物をかたどった美しく細かい三次元の彫刻が、石灰岩でできた高さ九メートルから三〇メートルのT字形の柱二〇本を飾っている。この構造物は車輪が発明されるより前、農業さえ始まっていないときにつくられている。

ギョベクリ・テペでは、人間の住居や植物栽培の痕跡は発見されていないが、ハゲワシの翼と混ざった人骨が発掘されている（ハゲワシは動物の彫刻のなかでもとくに目立っている）。骨は赤い顔料で覆われていて、儀式的な埋葬の残骸のようだ。発掘者たちは、裸の女性の彫刻や、ハゲワシに囲まれた断頭された死体の彫刻も発見している。

彫刻を施された柱はそれぞれ重さ一〇トンから二〇トンあるので、その巨大な柱を切り出し、採石場から引きずってきて、この場所に立てるのには、少なくとも五〇〇人の労働者が必要だったと、考古学者は考えている。どうして彼らは先史時代にこれほどの驚異的な建設の偉業をなしとげることができたのか？　なぜ、その人たちはギョベクリ・テペを建造したのだろう？　労働者はどうやって動員され、送り込まれたのか？　柱と刻まれた動物は何を意味したのか？　私たちはこの不可思議な場所をどう理解すべきなのか？

ドイツ人考古学者のクラウス・シュミットは、遺跡を研究したあと、ギョベクリ・テペに農業や住居の証拠がまったくなかったことを踏まえて、この遺跡が死の礼拝の中心であり、死者が神々や来世の魂に囲まれて休むために横たえられ、彼らを守るために動物が柱に刻まれているのだと提唱した。「最初に神殿ができて、そのあと都市が生まれた」とシュミットは結論づけている。科学者はそれまで、人類の進歩の基盤は食糧調達にあったと考えていた。人間は狩猟採集民から農民へと進化し、その過程で植物を栽培して動物を飼いならすようになり、それから農場が集まっている周囲に町や都市を築いた、というわけだ。ギョベクリ・テペの発見はこの仮説に疑問を投げかけ、死の問題が日常の関心事とはまったく関係ない建築の進歩を促したことを示唆している。この宗教的モニュメントは農業が始まる前に建設されていて、逆に農業の発展を促す手助けになった可能性がある。

近くにあるチャタル・ヒュユクと呼ばれる遺跡が、この考えをさらに裏づけている。この遺跡には九〇〇〇年前におよそ一万人が居住していたことが調査で明らかになっているが、農業が行なわれたことを示す最も古い証拠の年代より一〇〇〇年も前である。チャタル・ヒュユクの住民は、ハチの巣状のアパートのように密集している、隅々まできれいな泥レンガの家に住んでいた。彼らには興味深い葬儀の慣習があった。人類学者は頭部を切り落とされた骸骨を発見していて、その頭骨にはやはり顔料が塗られていたのだ。さらに興味深いのは、ギョベクリ・テペでも目立っていたハゲワシの彫刻の存在である。

これらすべてが、人類が半遊牧民的な狩猟採集民の小集団から町に定住する大集団へと変化したのは、農業誕生の結果だという通説と、明らかに矛盾する。シュミットが疑ったように、逆だった可能性がある。儀式や宗教を目的として建設されたモニュメントの周囲で暮らすことが、人々に農耕を覚えることを促したのかもしれない。もし彼らが遊牧民的なライフスタイルを続けていたら、農業はそれほどすんなり出現しなかったかもしれない。

あるいは、農業は埋葬の慣習の意図せぬ結果として生まれた、あるいは促進されたのかもしれない。サイエンスライターで小説家のグラント・アレンが一八九七年の『神観念の進化』(三笠書房)で展開したこの説明によると、墓を掘ることが土を耕し、雑草を取りのぞいたというのだ。遺体とともに最高の穀物の種を(ほかの副葬品と一緒に)埋めることが、最初の種の植えつけであり、腐食していく肉体がたまたま種のための肥料になったのかもしれない。翌年、墓所で新しい植物が育つと、人々はその幸運を、ともに暮らしていると信じていた先祖や神々の善意によるものと考えたと思われる。最終的には、遺体がなくても種をまくだけで食べものになる植物を育てられることを理解したのだろう。

死と来世にまつわる儀式が大勢の人々を集め、見事なテクノロジーの発達につながり、その後の大規模な定住と遊牧民的でないライフスタイルの発達や、農業をはじめとする文化的進歩に貢献したことを、いまある証拠が強く示唆している。

神話と宗教

言語がもともとの未熟な社会的機能から進化するにつれ、私たちの祖先はそれを、自意識のある生きもののみが必然的に感じるはずの疑問を発するのに使うようになった。「私は何者なのか？」、「私はどこから来たのか？」、「人生の意味とは？」、「私はここにいるあいだに何をすべきか？」、「私が死んだあとはどうなるのか？」――そして、超自然的な現実認識を物語で描写することが可能になり、必要になった。芸術や儀式と同様に神話も、霊魂とか不滅思想のような抽象的な観念に形を与える。認知心理学者のマーリン・ドナルドによると、複雑な言語の最初の役割は、「どうやってこのヤギの乳を搾ろう？」というような実際的な疑問に答えることよりむしろ、神話をつくることだったかもしれない。実際、洗練された創世神話や、宇宙の構造にまつわる思想、そして死後に何が起こるかに関する説明は、どんなに原始的でテクノロジーが貧弱でも、あらゆる人間社会に存在する。

ニューメキシコ州のリオグランデ川流域のテワ族には、自分たちの祖先は最初、北部の「砂地の湖」の下に広がる暗い不死の世界に、精霊や動物と一緒に住んでいたという伝説がある。テワ族の元始の母は二つの精霊、「夏に近い青トウモロコシの女」と「氷に近い白トウモロコシの娘」だ。この二つの精霊がひとりの男に、上界に行って人間が地底湖を離れる方法を探すように言う。この男は「上」を旅していて、最初、肉食の鳥と動物に襲われた。しかしそのあと動物と鳥は彼と友だちになり、彼が「狩りのかしら」として戻るための武器と衣服を与えた。

狩りのかしらは地下に戻ると、「夏（青トウモロコシ）のかしら」と「冬（白トウモロコシ）のかしら」をつくり、二人のかしらのもとに人々を分けた。そしてテワ族は湖の下から出てきて、それぞれのかしらに導かれ、祖国を目指してリオグランデ川の両岸を南に向かう。この壮大な旅は途中、一二回休止し、霊峰に囲まれた湖に戻る巡礼が行なわれた。死後、テワ族は精霊とともに「セミが永遠に歌う」場所で幸せに暮らすために湖に帰る。

神話は儀式を正当化する物語であり、芸術で飾られて宗教となり、それが社会的行動のあらゆる面を統制する役割を果たす。宗教は、目的をもった高潔な人生を送ると、個人の魂が肉体の死を超えて存在できるという概念を示すことによって、私たちが互いとどうつき合い、互いをどう扱うべきか、はっきりと説く。そして宗教は私たちと同じように私たちの祖先にも、コミュニティ意識や共通の現実認識、そして世界観をもたらした。それがなければ、大勢の人間の集団で協調的かつ協力的な活動を維持するのは、不可能ではないにしても困難だろう。

社会学者のエミール・デュルケームと進化生物学者のデイヴィッド・スローン・ウィルソンは、宗教が誕生して盛んになった唯一の理由は、社会の団結と協調を育んだからだと主張している。この考えを要約して、サイエンスライターのニコラス・ウェイドは、「宗教的行為が進化した理由はただひとつ、人間社会のさらなる存続である」と断言している。宗教がそのような効果をもたらしたのは、現存の社会構造と個人間のきずなを支えることによってだったが、一方で、宗教がそもそも社会の接着剤としての役割を果たすことができたのは、その心理的魅力のおかげだったのだと、われわれは考えている。つまり、このような超自然的信念体系が盛んになったのは、それが死の恐怖を鎮めるからである（この主張を裏づける証拠を次章で示すつもりだ）。

農業・テクノロジー・科学の進展を支える

儀式、芸術、神話、そして宗教は、おおよそ順々に発展した可能性がある。しかしひとたび整ってからは、すべてが同時に相乗的に機能している。神話は超自然界について説明する物語であり、芸術と儀式は神話を具体化して再現する役割を果たす。まとめて考えると、すべてが文化的世界観の発達と、それが人間の生活の中心的特徴になる経緯にとって欠かせない要素だった。

このように儀式、芸術、神話、そして宗教は、現在浸透している認識よりはるかに重要な役割を、人間の営みに果たしているのだ。芸術と宗教はほかの認知適応の余分な副産物であり、適応的な重要性も持続的な価値もないと考えている進化論者が多い。この考えはまったくまちがっている。この人間の創造力と想像力の産物は、初期人類が人間特有の問題に対処するために必要不可欠だった。その問題とは、死の認識である。あらゆる文化に共通の不死を求める懸命の努力は、恐怖と絶望を未然に防ぐ。したがって、人間には儀式、芸術、神話、宗教がありながら、農業、テクノロジー、科学があるのではない。それらがあったからこそ、人間は農業、テクノロジー、科学を発展させたのだ。「発展したかたちの空想思考と現実思考は異なる精神過程だが、現実思考は同時に支えてくれる空想がなければ機能しえない」と、精神分析医のスーザン・アイザックスは書いている。副葬品がなければ微積分学はなく、歯の妖精がいなければ歯学はなかったかもしれない。

私たちの祖先が大きな集団で生活し、高度な道具を考案して製作し、複雑な狩猟と略奪を計画して実行することはもちろん、自己を認識することをも可能にしたのと同じ認知能力が、身のすくむような死の認識を心にもち込んだ。そして身がすくむことは絶滅につながる道なので、初期人類は存在についての絶望に屈服する代わりに、超越的で永続する特別な宇宙の中心に自分を置いた。儀式、芸術、神話、宗教がもたらす庇護と不滅の感覚に心理的に支えられて、私たちの祖先は高度な知能を最大限に活用することができた。彼らがそれを駆使して信念体系、テクノロジー、そして科学を発展させたからこそ、最終的に私たちは現代世界へと進んだのである。

第5章

死を乗り越える方法① 文字どおりの不死

歴史の魔力とその不可解な教訓は、時代が移っても何も変わらないのに、すべてがまったく異なっているという事実にある。

――オルダス・ハクスリー『ルーダンの悪魔』（人文書院）

知られている最古の書き記された物語は、粘土板に刻まれている。古代シュメール人の叙事詩をもとにした、圧倒的な死の恐怖から生じる不死への激しい情熱の話である。ギョベクリ・テペやチャタル・ヒュユクからそう遠くない古代都市ウルクに、ギルガメシュという元気な若き王がいた。力が強く、魅力的で、傲慢で、元気のいいギルガメシュは、若い男をなぐることと、ウルクの若い女を誘惑することが好きだった。困った市民が神々に若き王のやり過ぎをなんとかしてほしいと訴えると、神々は彼と決闘させるために、荒くれたとんでもなく強いエンキドゥをつくり出した。ギルガメシュとエンキドゥは激しい闘いを繰り広げる。勝ったのはギルガメシュだが、二人は互いの力と技を認めて尊敬し合うようになり、親友になった。

その後、ギルガメシュとエンキドゥは冒険と名声を求めて旅に出る。途中、ギルガメシュは女神イシュタルの誘いを断った。激怒した女神は復讐のために天の雄牛を差し向ける。大言壮語する二人は、神の掟を無視してその神聖な動物を殺してしまう。これに対し、神々はエンキドゥに死を宣告。エンキドゥは病に倒れ、ひどく苦しんだあげくに息絶えた。ギルガメシュは自分もいずれ死ぬことに気づいたこともあって、親友の死に打ちのめされ、砂漠をさまよい、号泣しながら嘆いた。「どうすれば休まるのか、どうすれば安らかになれるのか？　絶望が心をふさいでいる。私も死んだら、いまのあいつの状態になるのだ……私は死が怖い」

不死になることに取りつかれたギルガメシュは、大洪水のあとに神々から永遠の命を認められたウトナピシュティムを探しに出かける。困難な旅をへて、ギルガメシュはウトナピシュティムを探し当て、六日七夜起きていれば不死の秘訣を教えると約束された。ところがギルガメシュは旅の疲れで眠ってしまう。しかし、食べた者を若返らせる力をもつトゲだらけの草が海底にあるとウトナピシュティムに教えられ、もういちどチャンスが与えられる。ギルガメシュはその草を見つけ、ウルクの老人と分けるつもりだった。ところが帰り道、ギルガメシュが泉で水浴びをしているあいだにヘビが現れ、魔法の草を食べてしまう。旅が振り出しに戻ったことに、ギルガメシュはひどく嘆き悲しんだ。

上部旧石器時代の贅沢な副葬品をともなう凝った埋葬は、私たちの大昔の祖先が死後の生活に対して希望を抱いていたことを示している。『ギルガメシュ叙事詩』は五〇〇〇年以上前のもので、旧約聖書に大きな影響を与えたと考えられている。中国の画家の唐寅《とういん》が一六世紀に描いた『わらぶき小屋で不死を夢見る』では、机で眠っている賢者が、景観の上空に浮かぶ不死の自分を想像している。そして二一世紀の不死研究所の理念には、目指すのは「望まない死の原因を克服すること」と述べられている。

死を超越するための試みに関しては、この四万年でそれほど大きな変化はない。この事業には、あらゆる世代の偉大な人もそれほど偉大でない人も夢中になってきた。不死を目指して多くの独創的なアプローチが生まれ、いまも続いている。ごく最近考案されたものもある。すべて目的は同じ。死は不可避でない、あるいは人の存在の終わりではないと主張することによって、死の恐怖を和らげるのだ。

歴史を振り返ると、人は重なり合う部分も多い二つの方法で、不死を目指してきた。ひとつの道は「文字どおりの不死」、人は肉体的に死なない、あるいは自己のきわめて重要な要素が死を乗り越える、という見通しである。文字どおりの不死を追求する道には、来世や魂を信じるなどの宗教的な道と、昔の錬金術に始まり、人体冷凍術のような若返りと死後蘇生の技術にいたるまでの科学的な道がある。

不死を実現するもうひとつの手段は、自分のアイデンティティの一面、あるいは自分の存在の証が、死後にも生き続けると保証することである。この「象徴的不死」は、息を引き取ったあとも人は永続するものの一部であり、自己の象徴的な痕跡が永久に残ることを約束する。

二一世紀に人々はどうやって死の不安を管理しているかをよく理解するために、大昔の人々が不死を求めてどう奮闘していたかをざっと見て、それがどうして時間とともに私たちが現在すがっている死の超越方法に発展したのかを考えよう。

不死を求めて

古今東西さまざまな文化で、人々は死を免れられると信じ、死んだあとも生き続けるための特別な措置を講じている。中国の貴族は、「死を生として扱え」ということわざにしたがって、自分が死ぬと召使いや職人、めかけ、兵士を一緒に生き埋めにさせていた。この伝統は、統一中国の最初の皇帝で万里の長城を築いた始皇帝の統治時代（紀元前二二一～二一〇年）もずっと続いた。始皇帝は永遠に生きて永久に統治することに夢中になり、その目標に向けて、大きな墓を念入りに設計し建設する。山のように大きな土まんじゅうの下につくられた巨大な地下宮殿は、建設に三六年の歳月と七〇万人の労働者を要した。それまでの貴族よりは情けのある話だが、始皇帝を来世で守るために一緒に埋められたのは、陶器でできた等身大の兵馬俑《へいばよう》の軍団である。軍団は墓穴のなかに墓所を守るようにきっちり並べられていて、兵士は馬車の戦車、弓矢、槍、剣で完全武装している。軍隊のほかに、世を治める手助けをする文官や召使いの俑も一緒に埋葬された。さらには、気晴らしのための曲芸師、力士、楽士や、心を穏やかにするための美しい庭の風景や等身大の水鳥も発掘されている。

死後の充実した暮らしを信じていた人々としては、古代エジプトの王族がおそらく最も有名であり、取りつかれたような追求は紀元前三〇〇〇年くらいから紀元が始まるころまで、ほぼ三〇〇〇年続いた。エジプト人のよみがえり信仰は、女神マアトと結びついている。マアトは毎日の日の出と日の入り、毎年のナイル川の氾濫と地力の復活をつかさどり、さらに死者を次の世で生まれ変わらせる。しかし、このような日の出と日の入り、洪水と復活、死と再生のサイクルは、ファラオとエジプトの市民によってだけでなく、慈悲深い超自然の力の協調努力によって、継続的に維持されなくてはならなかった。日の入りは太陽神ラーの死を意味し、ラーは宇宙を旅して暗い地下世界に下りていく。そして途中で数多くの危険を克服すれば、翌日生まれ変わる。それを象徴するのが日の出である。よみがえりは、ラーの夜の旅を象徴的に再現することから生まれた。

来世への旅に向けて、王族と貴族はおなじみの壮大なピラミッドのなかに、冥界を移動するための実物大の木造船とともに埋葬された。暮らしていくための衣服、家具、化粧品、食べもの、とくに滋養のための飲みもの、そして身を守るための神や女神の像、特別な宝飾品などの聖別された工芸品も埋められた。「死者の書」と呼ばれる葬祭文書には、冥界の配置図、そこに潜む邪悪な悪魔、そしてそれを追い払うための呪文が書かれている。

冥界の旅は裁判の広間で止まり、そこでマアトの原則を順守した者が不死となる。ほかの者は破壊の場で、ヘビが吐く炎の息で焼かれる。ペピ一世の墓（紀元前二三〇〇年）で見つかった順調な旅路を説明する碑文には、次のように書かれている。「起き上がりなさい。あなたは死んでいない。あなたの生命力は永遠にあなたに宿っている」。そして「私は生きている魂として真の姿で、この日中に現れた。私の心臓が望む場所は、永遠にこの地の生者のなかである」。

古代シュメール人、中国人、そしてエジプト人の例は、人類の長年にわたる不死追求の典型だ。サンギル族の副葬品やギョベクリ・テペのモニュメントは、はるか昔の祖先も死を超越することに夢中になっていたことを示唆しているが、文字の出現以降、人間は永遠に生きるという考えに取りつかれていることはきわめて明白だ。

そして文字どおりの不死の追求は、今日まで続いている。イスラム教の伝統では、来世は（文字どおりにも比喩的にも）天の楽園（ジャンナ）にある。多くのイスラム教の書は、異なる信者集団向けの七種類の庭園を描写している。楽園の上には巨大な賛美の旗が掲げられている。「万有の主なる神の御名において」、「万有の主なる神を讃えよ」、「神は唯一、ムハンマドはその預言者」が最初の列に並んでいる。各列に七万の旗があり、一〇〇〇年続く。楽園の奇跡の木は銀か金でできていて、根が空中に、枝が地中にある。魔法の動物と鳴き鳥がたくさんいる。慎みのある純粋な男性は褒美に天女——喜びを与えることだけに専念する処女――を与えられる。男女は陰毛や脇毛、あるいは粘液や唾液で汚されていない、永遠に若い体で生まれ変わる。食べものは贅沢でふんだんにあり、人々は地上の一〇〇倍の量を一〇〇倍楽しく食べる。酒と音楽をみんなが楽しむが、酔うことはない。

ニーチェの有名な言葉、「神は死んだ」は、二一世紀のアメリカでもまだ早すぎた。二〇〇七年に三万五〇〇〇人以上のアメリカ人を対象に「宗教と一般生活に関するピュー・フォーラム」が行なった調査で、九二パーセントが神の存在を信じていると報告した。三分の二が自分の信仰の聖典を神の言葉と考え、七四パーセントが天国と来世を信じている。三分の二以上（六八パーセント）が天使と悪魔はこの世で活動していると信じ、七九パーセントが奇跡は昔と同じように現在も起きると信じている。

信仰心はたしかに死の不安を和らげる働きをする。神への強い信仰が精神的安定につながり、死の不安を抑えるのだ。もっと言えば、人は死すべき運命を思い起こさせられたあとのほうが、自分は信心深くて神を強く信じていると報告する。死を思い起こさせられると、神は存在し、祈りに応えてくれると信じるようになる。超自然現象一般に興味を抱き、それを受け入れるようにもなる（これは無神論者にも当てはまる。死を思い起こさせられたあとのほうが、「現実的《リアル》」という言葉と「神」や「天国」、「天使」、「奇跡」のような言葉をすばやく結びつけるのだ。これは心理学者が「語られない」あるいは無意識の信仰心の尺度として用いる手法である）。さらに、熱心な信者は自分の信仰を思い起こさせられると、死について身構えた反応をせずに考えることができる。

「魂」の不滅

文字どおりの不死という考えのほぼすべてに共通するのは、魂の概念だ。オットー・ランクの主張によると、魂は人類の最も古く最も巧みな発明であり、そのおかげで、人間は自分を単なる物的存在以上のものとしてとらえ、死を逃れることができる。ランクの解説者が言うように「魂は、圧倒的な心理学的力、すなわち永遠に生きたいという私たちの意志が、死という不変の生物学的事実と衝突するビッグバンから生まれた」。有限の肉体という重荷がなくなった魂の存在は、ただ想像できただけでなく、完全消滅という別の行く末より明らかにうれしいものだった。いつの時代にもどこの人間にも魂があった。ただ、具体的な性質は時代と場所によってかなり異なる。

魂は嵩《かさ》や大きさのある物的存在だと考える人たちもいて、そのイメージは等身大の影から小型レプリカまでさまざまだ。一方、魂には実体はないが、それでも現実に存在すると考える人もいる。魂があるのは人間だけだとする文化もあれば、すべての生きものにあるとする文化もあり、すべての生きものと鉱物にあるとする文化もある。体から完全に独立している魂もあって、そういう魂は好きなように出入りすることができて、よく夢のなかに現れ、儀式で霊的経験を再現する。体とある程度結びついている魂もある。体が死ぬと、魂と体の関係を文化がどう解釈するかに応じて、魂のすべてまたは一部が体を離れる。独自の自立した天上の存在になる魂もあれば、先祖の「雑多な魂」のたまり場に合流する魂もある。ほかの生命体に生まれ変わる魂もあれば、よみがえった肉体に再統合する魂もある。このようなちがいはあるものの、すべての魂の概念は不死の可能性をありそうな話にする。なぜなら、魂は入れ物としての肉体から引き離すことができるからだ。

歴史に残る天才のなかには、信仰心ではなく論理と理性を用いて、魂は永遠不滅だと自分自身や仲間を納得させようとした人もいる。たとえばソクラテスは、魂の不滅を支持する非常に合理的な四つの論を展開している。

①すべてのものは自身と反対のものから生じる。たとえば、冷たさは熱いものが冷めるときに生じ、熱さは冷たいものが熱せられて生じる。これはつまり、死は生から生じ、生は死から生じるということだ。死者はかつて生きていたが、同様に生者はかつて死んでいたはずであり、誕生より前になんらかの魂が存在していることになる。

②赤ん坊は誕生時、事前の経験は何もないのに知識をもっているので、その知識を新生児に伝える魂が、誕生前に存在したはずである。

③世界には二種類の存在がある。見えるものと見えないものだ。見えるものは朽ちやすく、時とともに変化する。しかし見えないものは純粋で不変である。肉体は目に見えるもので、時とともに衰えて死ぬ。魂は目に見えず、したがって不変であり不滅であるはずだ。

④最後に、世界のすべては、いままでもこれからもつねに存在する、実体のない不変の形相によって起こる。車輪は円という形相の具体的な現れであり、四は偶数という形相の具体的な現れである。車輪と数字は現れては消えるが、そのもととなる「形相」は永久に存在する。同様に、すべての身体活動は魂によって起こるのであり、魂は生命の源として死後も持続する。

約二〇〇〇年後、著名な一七世紀の科学者で、数学者で、哲学者でもあるルネ・デカルトが、同様の論理思考を行なっている。デカルトの意図に疑念がもたれないように言っておくと、一六四一年の著書『省察』第一版の副題は「神の存在と魂の不滅を証明する」とされていた。

デカルトはまず、自分が絶対に確信できる考えのみが真実でありうると宣言する。少しでも疑いがある考えは、形而上学のごみの山に投げ捨てるのだ。この目的で彼は、人間の理解している「現実」は検証可能な真実だとする考えに、反駁する一連の論を組み立てた。

たとえば、外的世界はたしかに存在するように見えるが、私たちはよく夢で鮮明な光景を見ても、目覚めるとそれが幻だったとわかる、と彼は指摘する。それなら、目覚めているときに知覚する世界は現実で、夢の世界はそうでないと、どうしてわかるのか？　物理的現実はないのかもしれない、と彼は主張する。現実という概念は疑わしいので、ごみの山行きである。

さらに彼は、私たちの肉体はたしかに存在するように見えるが、手足を失った人はしばしば、すでにそこにない手足からの感覚を経験する。そのような証拠を踏まえると、人間は自分の体が実在するとどうしてわかるのか？　体も幻かもしれない。体があるというこの考えは疑わしいので、それも彼は投げ捨てた。

この時点でデカルトは、自分に疑えないのは自分が疑っているという事実だけだと気づく。そして疑うために人は考えなくてはならず、考えるために人は存在しなくてはならない。したがって、考えるから彼は実在である。われ思う、ゆえにわれあり。しかし考えるために体は必要ない。それはすでに疑いのあるものとして退けられた。それでも何かが考えている。肉体のない心、あるいは魂が、考えることを行なっている。したがってデカルトの結論によれば、「体が朽ちても心が滅びるとは限らない」。ゆえに、魂は存在する。一件落着――少なくとも彼にとっては。

デカルトにとってだけではない。魂への信念は驚くほど息が長く、あせることがない。二一世紀になってもアメリカ人の四分の三近くが、自分にはなんらかの不滅の魂があると信じている。

煉丹術による不老不死

昔の人たちは、超俗的な手段ではなく世俗的な手段でも、永遠に生きようとした。人が永遠に生きられる、あるいは少なくとも非常に長く生きられる場所があるという考えを、世界各地の人々が抱いてきた。ギリシャ人にとって、その場所は大西洋上の「幸運の島」で、そこには悲しみを知らない半神半人が住んでいた。ペルシャ人は北の地下にある「イマの国」を夢見た。古代ローマに敗れたテウトニ族の領地の北には、「生ける人々の国」があって、不老不死の巨人が住んでいた。念願の不死をかなえる魔法の果物や種も、人々を永遠に生かすことができる。インドの人々にとって、非常に幸運な伝説の部族ウッタラクルスに病と老化に対する免疫を与えたのは、魔法のジャンブーの木の果実である。西ヨーロッパのケルト族の場合、老化と死に対する免疫をティル・ナ・ノーグ、つまり「常若《とこわか》の国」で見つかる魔法の食べものを食べるか、魔法の器を使うことによって獲得できた。

魔法の水の物語もたくさんある。ヒンドゥー教の「常若の池」は少なくとも紀元前七〇〇年にさかのぼり、そのあとヘブライ人の「不死の川」が続いた。アレクサンダー大王は「命の泉」を探し求めた。アラブの民間伝承では、アル・ヒドルが「命の水の井戸」を見つけている。スペインの探検家ポンセ・デ・レオンは「若返りの泉」を探してフロリダに入った。古代ギリシャ人にとって、命を永遠に延ばすのは神の食べもの《アンブロシア》と神の酒《ネクタル》だった。同じ効き目があるのは、ヒンドゥー教徒とペルシャ人にとってはソーマ、昔のメキシコ人とペルー人にとってはオクトリ（リュウゼツランの樹液からつくられる酒）である。

不死をかなえる場所や飲食物を求めて地球上を探しまわる人たちがいる一方で、不滅への独自の道を錬金術・煉丹術によって開きたいと思った人もいた。紀元前五二二年、斉王の景公は「古代より死がなかったらどんなに幸福だったことか」と考えた。方士（魔術師）は貴族たちに、「不死への道」をどうすれば開けるか、「不死の薬」を持つ不死の人を探すにはどこにいけばいいかを、助言した。秦の始皇帝の煉丹術師は、水銀と金を混ぜた丸薬と水薬を調合した。

中国人は道教《タオイズム》によって、宗教と延命の努力をたくみに結びつけた。道教とは、人智を超えた万物を支配する霊的力、「道《タオ》」にしたがって生きることを説く信仰である。道教信者は長生きするために勤勉に働く。不老不死の技術を完成させることによっても、人は直接的に不死の魂、すなわち仙人になることができる（仙人は目にもとまらぬ速さで移動したり、天気を操ったり、さまざまな動物の姿になったり、見えなくなったりすることができると信じられていた）。道教信者は特定の呼吸法、食事法、運動、性行為を厳密に守ることによって、長生きできると思っていた。とくに、空気は天国に触れているので人間より純粋で活発とされていたため、呼吸は人間と神の架け橋と考えられていた。したがって適切な呼吸法は、天国や神々の不死性との直接的な身体的接触を生みだす。

適切な呼吸、食事、運動、性行為によって力をつけた道教信者は、金《きん》を材料とする不老不死の薬を調合する煉丹術に専念できる。四世紀、煉丹術師の葛洪《かっこう》は、道教による不老不死薬へのアプローチをまとめ上げた。「不老不死の薬を口にし、道を守る者は、天が存在する限り生き、みずからの生命力の成分を復活させ、息を蓄え、そうして命を永遠に延ばす」。金は非腐食性金属で化学変化しないため、不死を連想させる。したがって当然、不老不死の薬には金が入れられることが多かった。もちろん、問題は十分な金を見つけることであり、そのため昔の中国の煉丹術師（そしてエジプトの錬金術師）は、卑金属を金に変えようと試みた。

煉丹術師は、そもそも死なないことによって文字どおりの不死を得ようとしていたので、天国、来世、よみがえり、転生、そして魂の存在を必要とせず、それにまつわる疑念とも無縁だった。

現代の不死研究

私たち現代人は、煉丹術（錬金術）師の死に対する激しい抵抗を熱心に引き継いでいる。しかし現代の「不死研究者」が試みているのは、不老不死の薬を調合する代わりに、最先端の科学的手法を用いて死を回避し、最終的に死を過去のものにすることであり、自分たちの仕事にほんとうに真剣に取り組んでいる。

意外ではないだろうが、ルネ・デカルトは延命に科学的アプローチを取り入れたパイオニアだった。デカルトは近代的な医療技術の可能性を予想していて、その多くが現在日常的に使われている。人体は「土でできた機械」として理解できると確信していた彼は、「機械」が壊れたら、壊れたパーツを特定してそれを修理または交換することは可能なはずであり、いつの日かたやすくできるようになると推論した。彼の主張によると、循環系の問題は新しい血液によって解決できるし、呼吸系の問題は新しい肺で解決できる。当時は輸血や臓器移植など不可能だったが、そんなことはデカルトには問題でなかった。彼は啓蒙時代の人々と同じ意見で、進歩は不可避であり――

これから発見されることとくらべれば、いまわかっていることなど、ほぼないに等しい……「私たちは」心身の病気からも、さらには老いによる衰弱からも、その原因についての十分な知識があり、自然がもたらす治療法をすべて知っていれば、自由になることができる。

デカルトは長生きすることに熱心で、医学研究によって自分の人生に一世紀追加できると信じていた。低カロリーの食事を少量ずつひんぱんに取る特別なベジタリアン食を取り入れたのは、それで寿命を五世紀も延ばせると信じていたからだ。デカルトは最後の数カ月をスウェーデンで過ごし、自分の人生をかなり延ばせるか、もっとうまくいけば永遠に生きられると希望をもって語っていた。そして五四歳という、当時としては高齢で亡くなったほうだ。

一七世紀末までに、輸血は犬や馬、そして人間にも行なわれていた。結果はひいき目に見ても不安定だったが、研究者はときたま成功することで、老いを遅らせたり巻き戻したりするための若返り技術の兆しが、医学界に見えていると希望をもった。一八世紀には、バクテリア、ハエ、そして魚などを乾燥したり冷凍したりして、生き返らせようという試みが失敗した。それでも一八世紀末には、けっして科学には疎くなかったベンジャミン・フランクリンが、農業生産の飛躍的増加、空中浮揚による交通手段の開発、「老化によるものも例外なく」すべての病気の治療または予防を、科学の進歩が実現できると思うのに、自分は早く生まれすぎたために目撃できないことを悔しがっている。

啓蒙時代以降、不死を夢見た世界一流の科学者はフランクリンだけではなく、二〇世紀に入ると死を克服するための試みは有望になってきた。フランスの医師でノーベル賞を受賞したアレクシス・カレル博士は、血管縫合とそれによる臓器移植の技法で有名だが、命を無限に延ばすことに没頭した。すでにカレルは生きた組織を移植のために保存し、生理食塩水に浸すか、あるいはワセリンでコーティングして、ぎりぎり凍らない状態で二カ月保管していた。そのあとニワトリの胚の心臓から細胞を取り出し、培養フラスコの中で生かしておこうとした。ひとつの細胞株は三四年間生き続けた。この実験について三カ月後に発表するにあたって、カレルはこう書いている。「実験の目的は……生体の外部に出された器官の活発な生命現象が無限に引き延ばされる条件を特定することだった」。さらに「老化と死は必然ではなく、単なる偶発的な現象である」と結論づけている。

一九二七年にパリからニューヨークまで大西洋横断飛行をしたことで国際的に有名なチャールズ・リンドバーグは、一九三〇年、義理の姉が抱える機能不全の心臓弁を治すか取り換える方法が見つかるという望みを抱いて、カレルに連絡をとった。リンドバーグはベテランの機械工であり、デカルトと同じように、人間の体は原理上、欠陥のあるパーツを修理または交換することによって、永久に維持できる機械と見ていた。リンドバーグにはこの問題に個人的な思い入れもあった。というのも、子どものころ彼は死に取りつかれていたのだ。「神が最初に私の記憶に現れたとき、死と結びついていた」と飛行士は回想している。「神がそんなに善良であるなら、なぜ人を死なせるのだろう？ なぜ、永遠に生かしてはいけないのか？ 死に関して良いことは何もなかった。ただ恐ろしかった」

リンドバーグとカレルはともに、動物から取り出したあとの器官――心臓、肺、胃、腸、腎臓など――を生かしておくための潅流《かんりゅう》ポンプを設計した。一九三五年、ポンプがネコの甲状腺を一八日にわたって維持したあと、『ニューヨーク・アメリカン』紙は「不死へ一歩近づく」という大見出しで、その成果を称賛した。

老いを「治す」見通しはいまのところ暗いが、主流派の科学者たちが昔の煉丹術師と同じように、人間の経験から死を排除するために、寿命を延ばし若返りを促す技術にひたむきに取り組んでいる。

そのような不死研究者のひとりが、コンピューター科学者から生物学研究者に転じたオーブリー・デ・グレイである。ケンブリッジ大学の遺伝子工学者であるデ・グレイの率いるＳＥＮＳ（Strategies for Engineered Negligible Senescence／老化を取るに足りないものにする工学的戦略）財団は、主原因である代謝に注目することによって、老化による病気を根絶することに注力している。デ・グレイら研究者の考えによると、代謝には二面性がある。速い代謝はカロリーと脂肪を燃焼させる効果があるが、人を早く疲れさせるので老化の一因にもなる。一日一五〇〇キロ多く車を走らせるようなものだ。彼らの主張によると、老化は細胞の代謝、つまり食物をエネルギーに変えるプロセスから生じる有害な副産物である。そこで、解決法は代謝を遅くし、老化を促進する不要な代謝の副産物をきれいにすることだ、とデ・グレイらは考えている。道教信者が行なった一日に一度の果実と根だけの食事もそのためで、功を奏していたかもしれない。摂取カロリーが少なければ少ないほど、代謝は遅くなる。現代の不死研究者たちによる研究で、好きなだけ食べたマウスより摂取カロリーが三〇パーセント少なかったマウスのほうが、四〇パーセント長く生きたことが明らかになっている。

デ・グレイに言わせれば、「老化は人間という種が自然のくびきから逃れられていないことを、最もよく例示している」。そして「部分的にでも若返ることができるならば、いずれより完全な回復法が利用できるようになるまで生きながらえて、それを受けることができるかもしれない」。デ・グレイ博士の考えでは、これから三〇年のうちに、五〇歳の人間を一三〇歳まで生きられるように若返らせることができるという。そのような研究を奨励するために、メトセラ財団（デ・グレイが共同創立者で、人間の寿命を延ばすことに打ち込む別のグループ）は、最高齢の実験用マウスに「長寿賞」を、高齢のマウスを最もうまく生かしておける介入に「若返り賞」を提示している。

二〇〇四年にデ・グレイは、マウスをかなり長く生かしておけるまで長寿研究が進んで、人間の寿命を延ばせそうな見通しを世間が認識するようになれば、老化との闘いは大幅に加速するだろうと断言した。そうなれば、実用的な寿命延長の療法が一般の人々に利用できるようになると彼は予測している。

ただし「比較的裕福な人にしか費用を払えない」。デ・グレイ博士のこの言葉は、もちろん正しい。そのような科学の成果を享受することに関して言えば、かなりの財源がある人たちには一般人よりたくさん選択肢がある。費用を払って最高の医療を受けられるばかりか、死からよみがえることを約束する技術さえ利用できる。

たとえば、アルコー延命財団について考えよう。アリゾナ州スコッツデールにある四角いグレーの建物のなかに、高さ二・七メートルのキャスターつき容器が、ずらりと並んだステンレスの見張番よろしく部屋の中に立っている。容器それぞれに温度計がついている。中身が一定して氷点下一九六度に保たれるように、週に一度、容器に液体窒素が注がれる。まさに地球で最も冷たい棺である。

アルコー延命財団の会員が亡くなると、アルコーのチームが活動を始める。医師たちが遺体を氷水の浴槽に浸し、心肺蘇生器につなぎ、血圧を上げて脳を守るために点滴をする。次に遺体は、器官の機能を維持するために酸素が必要なくなるところまで冷却される。そして遺体に保存溶液が注入され、さらに冷却される。そのあと遺体は容器に頭を下にして入れられて、そこで数十年、あるいは数百年、文字どおり待つことができる。いつの日か、分子ナノテクノロジーによって遺体を生き返らせることが可能になれば、アルコーの優秀な人材が遺体を解凍することになる。費用は？　一人につき二〇万ドル。

しかし倹約家のために、頭部と脳を冷凍する「ニューロ保存」が八万ドルから利用できる。これは何百人といるアルコー会員の大部分が気に入っているメニューである。会社のウェブサイトによると「老化して病気になっている組織は、いずれにしても蘇生のときにすべて交換される可能性が高いので、それを保存するのは意味がない」。アルコーの役員を務めるソール・ケントは、老いた母親の頭を保存していることで知られている。いつの日か、誰かが新しい体をつくってくれると期待しているのだ。自分と母親が両方解凍されるときには、二人は心身ともに同じ年齢になると、ケントは想像している。「私は母に会ったら言うだろう。『母さん、ぼくたちはいま一緒に楽園にいるんだ。うまくいった。ほんとうにうまくいったんだ』」

彼女の頭を保存するには「頭部分離」、つまり第六頸椎で断頭し、ケント夫人の「冷凍保存されない組織」を火葬しなくてはならなかった。現在、アルコーで最も有名なニューロ保存されている顧客は、二〇〇二年に亡くなった野球の名選手、テッド・ウィリアムズである。アルコーによると、「現在『死』と呼ばれている出来事」のあと、ウィリアムズの遺体は会社の施設に送られ、頭部分離されたあと、その有名な頭と体は、実用的な老化の治療法が発見されるまで、いまのところそこに住んでいる。人類が人体冷凍術をマスターして人を生き返らせれば、「スーパーマンをはるかに超える力をもつことになる。服を着替えるように体を取り替えられるようになる。将来的に、人間は体を二つ以上もつことになるかもしれない。一時的に体を小さくするなどの適応ができる。二一世紀が終わるころのヒトと現在のヒトとは、ヒトと猿人より大きくちがっているかもしれない。……私たちは新しい種になるのだ」

前進し続けるために、ほかにどんなふうに技術を使えるのだろう？　作家で、発明家で、未来学者で、若さを保つために一日二五〇錠のビタミンサプリメントを飲んでいるレイモンド・カーツワイルは、二〇三〇年までに、人間の脳はコンピューター知能によって強化されると予測する。ナノボットと呼ばれる小さなロボットが、循環や消化の作用を監視して調節するというのだ。ごく小さいごみ圧縮機の役割を果たして、腸の機能に取って代わるナノボットもいるだろう。デ・グレイとしては、体のメンテナンスや修理のあいだ、自意識を含めた記憶を喪失した場合に備えるバックアップとして、人間の脳内にある情報すべてをコンピューターに移すための「非侵襲性静的ファイルアップロード」を期待している。社会学者のウィリアム・ベインブリッジ博士は一歩進んで、個人の知識とアイデンティティを肉体に戻すという考えを問題にしている。体をすべてなしにして、情報をもっと丈夫なロボットに移すか、外部の保存装置に取っておくだけでいいではないか？

元の人間の名残をデジタル化し、フラッシュドライブかコンピューターークラウドに保存したものは、人間なのか？　いたずら画像をフェイスブックに投稿するのではなく、「あなた」がフェイスブックだとしたら、「命」とは何なのだろう？　サイバースペースであなたに「ツイート」したり「ディグ」したりするバーチャル人間仲間と、あなたはどんな交流をするのだろう？　そのような存在の状態や、その種の社会における「人間関係」の力学については、哲学者に任せよう。一方で、自己を永遠に維持するためなら体をすべて捨てることをためらわない科学者がいるという事実は、不滅の魂という宗教的概念との類似性を感じさせる。デジタル化された自己という考えは、本質的に肉体と結びついていない実在があると信じる場合にのみ意味をなす。それが魂でないなら何なのか？

トマス・マルサスは一七九八年にすでに、この宗教的信念と科学的信念の意外な合致に気づいていた。人口はつねに、それを養う手段より速く増えるという考え（ダーウィンの進化論の要となる概念［訳注：ダーウィンはマルサスの『人口論』もヒントにして「自然淘汰」の概念を導いた］）を打ち立てたことで知られるマルサスは、科学者は「別の様相での永遠の命を確約する啓示の光」も、「……魂の死後の存続を示してきた自然宗教」も拒絶するが、「それでも不死の考えは人間の心にとてもしっくりくるので、科学の体系から追い出すことに完全には同意できない」と述べている。

人類が誕生してからずっと、私たちは文字どおりの不死を熱心に追いかけてきた。その努力はたとえ成功していなくても、人類の進歩、テクノロジーの発展、そして科学的発見におおいに貢献してきた。高度な数学の始まりは、古代ギリシャでピタゴラスが、魂は体が死んだあと別の体に移るという考えを裏づけるために、生命の不変の性質を見つけようと試みたことだった。ギョベクリ・テペの巨大な石柱やエジプトの壮大なピラミッドを建設するのに必要な土木工学の技術は、死にまつわる宗教的な目的のために開発された。若さの泉の探求が、見知らぬ土地への長旅や、遠い海を渡る船旅のきっかけとなって、世界地理の正確な説明につながった。化学と物理学は、錬金術師による金属反応の綿密な観察と測定から生じた。彼らの実験は、水を浄化し、近代的な薬品をつくり、プラスチックを合成する技術につながった。現代の不死研究者たちの医学と栄養学に対する貢献は、先進国の人々の平均寿命を倍にするのに役立った。

始皇帝やペピ王が来世にたどり着いたのか、その魂が霊妙な精気のなかをさすらっているのか、確実に知ることはできないが、彼らについて知っている人の数は、本人の時代より現在のほうが多いという事実は、彼らが少なくとも若干の象徴的不死を達成したことを証明している。エジプト人がよく言うように、「死者の名前を言うことは、その人をよみがえらせることである」。人間はつねに、「必要とあれば何をしてでも」不死を追求してきた。太古以来、その目的に向けて、文字どおり死を逃れるための熱心な努力が行なわれると同時に、象徴的な不死に対するあこがれが生まれている。

第6章

死を乗り越える方法② 象徴的不死

死のインパクトが最も強く（そして創造的に）なるのは、死が名乗らずに現れるときである。はっきり死のためにささげられた場所や時間ではない。人々が死など問題でも重要でもないかのようにどうにか生きている場所であり、死の運命を思い出すことなく、人生は結局むなしいという考えに意気消沈したり悩んだりしていないときである。

――ジクムント・バウマン『必滅、不死、その他の生きる戦略』

この墓に若きイギリス詩人の亡骸が納まる。彼は死の床で、敵の悪意に苦しみながら、自分の墓石にこう刻まれることを望んだ。「その名を水に書かれし者、ここに眠る」一八二一年二月二四日

こう刻まれているのは、イギリス屈指のロマン派詩人、ジョン・キーツの墓である。二五歳のとき、家族や友人と遠く離れたローマで、結核によるじわじわと息苦しい死を迎えつつあったキーツは、自分の運命だと感じていた名声を得ずに息絶えるという考えに苦しんだ。そこで自分の墓碑銘を「その名を水に書かれし者、ここに眠る」としてほしいと頼んだ（ほかは彼の友人が加えた言葉である）。ローマ

の新教徒墓地を訪れても、この物悲しい墓石のことを知らなければ、キーツがそこに埋葬されていることはわからないだろう。

キーツの話はひときわ痛ましい。馬丁の息子だった彼は、八歳のときに落馬事故で父親を失っている。そのあと母親も弟も結核になり、看病むなしく亡くなった。彼は薬剤師として働く免許を取得したが、少しばかりの財産を相続したおかげで、商売をやめて詩作に没頭することができた。しかし、ようやく出版できた作品はまったく受け入れられず、あざ笑われた。「飢えた詩人でいるより飢えた薬剤師でいるほうがましで賢いことだ」と、『ブラックウッズ・マガジン』は書評で助言している。「だから商売に戻りなさい、ジョンさん、絆創膏と丸薬と軟膏の箱の前に戻りなさい」

キーツはあきらめなかった。五年という短い期間で、「ギリシャの古壷のオード」や「ナイチンゲールに寄せるオード」など、不朽の詩を次々と生み出す。重い病にかかる前は、酷評されても自分の詩は死後も生き続けると確信していた。彼はこう予言した――「私は死後、必ずやイギリス詩人の仲間入りをするだろう」。そして実際、キーツは死に取りつかれており、まるで死が彼の肩のあたりをうろついて、ペンに指図しているかのようだった。二一歳のとき、彼はすでに墓に横たわるのがどんなふうかを想像していた。「もし倒れれば、ともあれ私は横になる／ポプラの木陰の静寂の下で」と、「眠りと詩作」という詩に書いている。「私にかぶさる草はきれいに刈り取られる／そして銘を彫られた記念碑が建つ」

彼がそのとき想像した記念碑は、最終的に建てられたものとはちがっていただろう。彼の人生は短すぎた。作品は少なすぎたし、未熟だった。彼の恋愛経験は不完全だったので、彼の名を継ぐ子どもは生まれなかった。瀕死の病に苦しむキーツは、自分の人生はろくでもなかったと感じる。無名で埋葬してほしいと言ったほど、自尊心がひどく落ち込んでいたのだ。

結局、彼は自分の作品が死後も生き続けるとは考えず。すべての人間が最後に自問する永遠の疑問を投げかけた。「生まれ変わりはあるのだろうか？」と、死の直前に家族あての手紙に書いている。「目覚めたら、すべてが夢だったことになるだろうか？」。そして生まれ変わりはあるにちがいないという結論に達する。なぜなら「人間はこのような苦しみを味わうために創造されたはずがない」からだ。

しかし彼は、少なくとも彼の詩のなかで生き続けた。最終的には偉大なイギリス詩人のリストに名を連ねている。そして死後二〇〇年近くたっても、その芸術をとおして読者に語りかけ続けている。

文字どおりの不死を追求することで、人は死の恐怖を管理できる。しかし、自分は過去と未来につながる時代を超えた文化の一部だと考える、「象徴的不死」も切望する。象徴は何かを表す。キーツの詩は生身の人間ではないが、彼独特の想像力の粋《すい》を表している。彼と同じように、私たちはみな足跡を残したいと考える。肉体が死んだあともずっと、自分の何かが生き続けると感じたいのだ。そうでなければ、ほんとうに私たちの名は水に書かれることになる。

アーネスト・ベッカーは言う。「現代人が自分の有限性を否定しようとする熱心さは古代エジプトのファラオと同じだが、現代では庶民までこぞってその目標を追っているうえ、そのための技術もはるかに豊富にそろっている。……それができる人は死なないと、ひそかに願っているのだ」。キーツが抱いていた死に対する侮蔑と、自分は詩でそれを乗り越えると思いたい気持ちは明らかだ——彼自身、作品中ではっきり示している。子どものころ、かつてのキーツや現代のレブロン・ジェームズ（訳注：米国プロバスケットボールのスター選手）が求めたような、ずばぬけた名声にあこがれた人は多いだろう。しかし大部分の人はやがて自分はそれほど大物にはならないと気づき、もっと控えめで、さりげなくて、見せかけでさえある手段によって、象徴的不死に到達しようとする。

そのさまざまな方法を詳しく調べて、存在にまつわる基盤を明らかにしよう。

家族は永遠

歴史上のさまざまな文化で、個人のアイデンティティは家系によって決められている。先祖からの知識に過去が生き続けていて、もしすでに死んでいる人がまだ私たちとともにあるのなら、私たちも自分が死んだあと、将来世代の心のなかに存在し続けることができる。このことは、多くの文化で死者が重要な位置を占めている理由のひとつである。最近の発掘調査で、古代都市エリコの家屋で死んだ先祖の装飾された頭骨が発見されている。日本の家庭によく見られる仏壇には、先祖の名前を記した位牌が入っている。現代アメリカ人はかなりの財源を投じて、家系図を肉づけするためにウェブサイトで遠い親戚を探す。実際、ＤＮＡシークエンシング技術のおかげで、いまではコップに唾を吐けば、自分がチンギス・ハンやトマス・ジェファーソンどころか、無名のネアンデルタール人とでさえ、血がつながっているかどうかを調べられる。

家族の記憶に残るだけでなく、子孫を残すことによっても、肉体を超越して生きることが約束される。いつの時代も親は、自分の子どもについて「歌声がお母さんそっくり」とか、「父親譲りのユーモアのセンスがある」と親戚から言われると、誇らしげに顔を輝かせる。この喜びは、にぎやかなことが好きなところ、キラキラ輝く目、なんであれ自分の一部が子どものなかで生き続けてほしいという願いを反映している。自分自身の体は地中で腐っていくか、灰になってしまうかもしれないが、そのような容貌や癖は、子どもがそういう目や歌声をさらにその子どもに伝えていけば、血統のなかで存続していく。

自分は家系の最後でないとわかっていれば、子どもや子どもの子どもをとおして生き続けると信じることによって、自分自身のはかなさをうまく受け入れることができる。死を思い起こさせられると、人は象徴的に死を超越するために子どもを強く望むことが、世界各地の研究で確認されている。自分の死について考えて、最初に心に浮かぶ文を書いたドイツ人は、痛みを経験していることについて書いた人より、そのあと子どもをもうけたいという強い願望を示し、しかも早くもうけたいと願っている。死についての考えをあらかじめ与えられたあとのほうが、中国人の被験者は国の一人っ子政策に強い抵抗を示し、アメリカ人は将来の子どもに自分にちなんだ名前をつける可能性が高い。自分の死すべき運命を思い起こさせられたイスラエル人は、子どもをもうけることについて考えたあとのほうが、ヘブライ語版の穴埋め単語課題で、死に関する単語をつくることが少なかった。つまり、子孫のことを思い浮かべたあとのほうが、死はやっかいではないということである。

しかし子どもは、たんに両親の身体的特徴が混ざり合ったものではない。私たちは子どものなかに根づき、さらに先に伝えられることを願って、自分の大切な信念や価値観を子どもに植えつける。われわれの友人のひとりは、息子は立派な弁護士で家族思いだが、自分と同じようにワーグナーのオペラとカフカの小説を愛していないと、真剣に嘆いている。私たちが子どもに望むのは、遺伝子を先に伝えることだけではない。信念や価値観、集団のアイデンティティも、将来に伝えてほしいのだ。ニュースになった出来事だが、あるマレーシア人の父親は、自分の息子が昼食のために帰宅したとき、ライバル政党を支持するバッジを着けていただけで、「おまえは勘当だ」と叫んだという。自分の信念から逸脱した子どもを、親が勘当したり、捨てたり、殺すことさえあるという事実から、自分が大事にしている象徴を伝えることのほうが、遺伝子を伝えることより大切な場合もありえるとわかる。

名声と有名人の効果

キーツは求めていた評価を死後に手に入れたが、ほかの人々と同様、生きているうちにその名声を確立したかったにちがいない。実際、少なくともギルガメシュの時代から、人間は名声を求めてきた。ギルガメシュは文字どおりの不死を手に入れることに失敗したあと、「いつまでも名を残す」ために、「全世界が知るべき」行ないによって自分自身の評判を高めることに注力した。自分の行ないと業績は死後も生き続けるという考えに慰めを見いだし、実際にそのとおりになった。

歴史を振り返ると、軍事、政治、経済、科学、スポーツ、文学、あるいは芸術において、ずばぬけた高みに登った非凡な男女は、本人の時代だけでなく、のちの時代にも名を知られている。そういう人はたいてい、自分の業績で名声を得ることが、目標の大きな部分を占めていた。たとえばアレクサンダー大王は、ホメロスの『イリアス』を軍事行動に携えていた。戦争中の英雄的行為が「不朽の名声」を与えられているからだ。さらに彼は、自分の前例のない軍事的手柄を記録するために、軍事行動には必ず筆記者を同行させた。

「フェーム（名声）」という言葉の由来はローマの女神ファーマ、大衆のうわさの化身である。ファーマは自分が耳にしたことを、最初はささやき声で数人に、そしてだんだん大声で繰り返し、最後には天地のすべてに情報が伝わる。この語源が示すように、名声は何よりも名を知られることと関係する。秀でた人どころか善良な人を指すとも限らない。何世紀にもわたって偉大と言われ続けるような才能や技、あるいは武勇などに欠ける人でも、ほかの手段によって、ある程度自分の「ファーマ」を主張できる。

たとえば中国では、晋王朝の平凡な小役人だった葛洪が、どうしても不死になりたいと考えた。そして自分自身について書くことによって、死後も生き続ける方法を考えだした。文字どおり有名になりたかった彼は、道教の長命の技法を熱心に実践し、とくに金《きん》をベースにした不老不死の薬をつくることに熱心だった。そして独自の不老不死薬を見つけられない場合、文字どおりの不死の代案として名声を考えていて、「肉体は地中に沈むが、［優れた人間への］称賛はずっと広まり、記録される。したがって、百代千代が過ぎようと、人々は［偉大な人物を］そのように記憶している」と述べている。

しかし、葛洪は自分が歴史家の注意を引きそうもないことを痛感していた。そのため、将来世代に記憶されたいという明確な希望をもって、自分の人生についての自伝を書いた（本書で彼を引き合いに出しているということは、自分を不滅にしようとする彼の努力は無駄ではなかったのだ）。注目に値する業績なしでも、長きにわたる名声を獲得できると考えた点で、葛洪は一〇〇〇年以上も時代の先を行っていた。一六世紀までに、印刷機の発明と肖像画人気の高まりによって、多くの人々が自分の体験談や姿かたちを将来に向けて保存することができるようになった。

有名人は、たとえとくに注目に値することや建設的なことをしていなくても、有名なことで知られている。一九六〇年代、アンディ・ウォーホルが、こう予測したことはよく知られている。「将来、誰もが一五分間は有名になる」。それほど知られていないが、もっと予知能力を示したのは、一〇年後のウォーホルのこの憶測だ。「誰もが一五分以内に有名になる」

この言葉は二一世紀を完璧に表現している。紀元前三三四年、アレクサンダー大王が世界を征服し、不朽の名声を手に入れるのに一〇年を要した。二〇〇九年、早食い王のジョーイ・「ジョーズ」・チェスナットは、たった一〇分で六八個のホットドッグを平らげ、世界に名をはせることができた。現在、携帯電話を持っていて、泥酔状態でよろめいている自分を記録できるくらいカメラを知っている人なら誰でも、ユーチューブに一回投稿するだけで、たとえほんのつかの間にせよ注目を集められる。まったく馬鹿げていればいるほどいい。「ライフキャスター」と呼ばれているセクシーなブロンドのジャスティン・エザリクは、ユーチューブに一万七〇〇〇本以上の映像をアップしている。彼女はとても人気があるので、高級レストランでチーズバーガーを注文しようとする動画（主に映し出されているのは、いろいろな表情をしたバービーのような彼女の顔だけ）が、週に六〇万回も再生され、彼女はスターになってテレビにゲスト出演するようになった。

有名人はほかの人たちを精神的に高揚させる効果もある。次の思考実験をしてみよう。

あなたはニューヨークからロンドンに向かう朝の飛行機に搭乗しているところで、チケットはエコノミークラスだ。ファーストクラスの乗客はすでに搭乗し、コーヒーやオレンジジュースをすすっている。あなたはその横を歩きながら、うらやましげに彼らに目をやる。四角いあごで、サングラスをかけ、野球帽を目深にかぶった、白髪交じりの男が新聞を読んでいる。彼は明らかに人目を避けているようだが、どことなく見覚えがある。あなたは彼に以前会ったことがある。

飛行機は順調に離陸し、すぐに客室乗務員が飲みものの注文を取りに回る。そのとき、パイロットの声が機内放送システムから流れる。「みなさん、この先、気流が大きく乱れているところがありそうです。座席に戻って、シートベルトを締めてください」

あなたは少し不安になりながら、シートベルトを締める。数分後、飛行機の右側が強打されたように感じられた。ガクンと揺れ、安定し、そのあと底が抜けたようになる。高度が下がり、人々が叫びはじめる。赤ん坊が泣く。あなたの隣の女性は顔面蒼白になり、首にかけた十字架をいじっている。飛行機が大西洋に落ちるという考えが、あなたの頭をよぎる。そして、貿易センタービルに突っ込んだアメリカン航空機に乗っていた人たちは、愛する人に別れを告げるために携帯電話をかけたことを思い出す。あなたは自分の携帯電話に手を伸ばすが、そのとき考え直す。「待てよ」と自分に言い聞かせる。「深呼吸しよう」

あなたが深呼吸すると、飛行機の落下は止まるが、それでもロデオの馬のようにガクンガクンと揺れ続ける。その後、ありがたいことに揺れは止まり、飛行機は安定する。あなたも機内のほかの人もみんな、深い安堵のため息をつく。歓声が上がる。「申し訳ありませんでした、みなさん」パイロットが言う。「大きな乱気流でした。これから高度を上げます。これ以上の乱気流は避けられると思います」

周囲ではみんなしゃべっている。後ろの席から話し声が聞こえる。「おい、この飛行機にジョージ・クルーニーが乗っているって知っていたかい？　ファーストクラスにいるんだ。だから墜落しなかったのかも」

これが迷信に聞こえるとしたら、たしかにそうだ。しかし調査によると実際に人は、乗客に有名人がいると飛行機が墜落する可能性は低いと信じている。有名な人の近くにいることで、不思議と自分自身が死なない気になるからだ。

さらに、死の考えは有名人への称賛を高め、彼らの業績は永遠に残るという信念を強める。アメリカ人は死を思い起こさせられたあと、ジョニー・デップのもの、あるいはあまり知られていない画家のものとされる抽象画を見ると、ジョニー・デップ「による」絵のほうを見事だと感じる。死について考えることで有名人に対する評価が高まるのは、有名人は「永遠に」記憶されることが可能だと証明しているからである。

先ほどの思考実験を続けて、あなたはロンドンに着いてホテルに入ったとしよう。まだ動揺していて、死にそうな経験をしたという感覚を頭から追い出すことができない。あなたは夫または妻に電話をして、朝の出来事を話し、後ろの席の客が言っていた機内の映画スターのことも報告する。

そのあとあなたはテレビをつけ、なにげなくチャンネルをあれこれ切り替える。そしてたまたま、ネームスター・ドット・ネットというウェブサイトの宣伝を目にする。その宣伝によると、たった二八ドル九五セントで、星に誰かの名前をつけられるというのだ。「ユニークな名前入りのプレゼントをお探しですか?」とナレーターが尋ねる。「星に誰かの名前をつけましょう! 愛する人の名を永遠に残すこのチャンスを逃す手はありません! いますぐ、特別な人のために、『星の命名ギフト』パッケージを買いましょう! あらゆる場面にふさわしい完璧なプレゼントです」。「なんてすばらしいアイデアだろう」とあなたは思う。「私にも星が必要だ」

われわれの研究で、この逸話の妥当性が確認されている。被験者は「ユアスター・ドットコム」の広告を見せられた。お金を払って自分の名前を星につけることができる。いまはもうないインターネットベースのサービスだ。ユアスター・ドットコムの売り文句によると、世界星協会と呼ばれる組織と協力し、ひとつの星には永遠にひとつの名前だけが登録されるようにしているので、その人はひとつの星を何十億年も「所有」できるという。被験者は死ぬことについて考えたあとのほうが、星に自分の名前をつけることに興味を感じ、そうするために高いお金を払ってもいいと思うと報告している。

要するに、自分が星になれなくても、少なくとも数十億年にわたって星に自分の名前をつけることはできる。そして、もしあなたがすっかり自暴自棄になっているか、精神的に不安定なら、恐ろしい罪を犯すことによって永遠に名を残そうとするかもしれない。一九九〇年代に行なわれたシークレット・サービスの特別プロジェクトでは、目立つ公人や人気者を攻撃したり脅したりした八三人の事件報告書を、心理学者が研究した。すると動機のトップは、悪名をとどろかせることだった。カンザス州ウィチトカのある殺人者が一九七八年に言っている。「新聞に名前が出たり、全国的に注目されたりするまでに、何回殺さなくてはならないんだ?」。キーツと卑劣な殺人者では雲泥の差だが、それでも、一方の崇高な偉業と他方のとんでもない悪行は、同じ根本的な願望が動機になっている。

富の力

天国に導いてほしいと祈ることも、科学が死を克服するまで待つことも、いま続いている家系内の自分の位置で守りは十分と思うことも、有名になることも、どれもできないなら、金品が不死へのもうひとつの入り口になる。富を誇示する装飾の目的は、快適さと美学だけではない。自分は特別だという感覚、ひいては、通常の命の有限性に自分は縛られないという感覚もある。

従来の経済学者は、お金はそもそも物とサービスの交換を促進するためにつくられ、いまもその役割を果たしていると考えている。ノーベル賞経済学者のポール・クルーグマンが言うように、「仮説上の経済人《ホモ・エコノミクス》は自分が欲するものを知っていて、コーンフレークかシュレッデッドウィート(シリアル)か決めようとしている消費者にせよ、株か債権か決めようとしている投資家にせよ、その選択は合理的計算によって決定される」。この観点からすると、あらゆる経済活動だけでなく人間の行動全般も、いまある選択肢の費用と効果を(意識的とは限らないにしても)検討し、最善の——つまり最も有益な——選択肢を選んだ結果である。しかし、私たち人間が経済人のように行動するのは時々だけで、お金と消費に関するこの超合理的な概念は、全体像を語ってはいない。なぜならお金は、死を超越するのに直接貢献する人間の儀式や宗教において、原型的な役割を果たすからだ。

お金は数千年前、宗教儀式で不死の意味をもつ聖なるしるしとして生まれた。神聖な価値の交換が、その当初の目的だった。古代ギリシャでは、複数の家族が共同で祖先の英雄をたたえる祝祭を行なった。祖先は不死の神の徳と力をもっているので、生きている子孫に庇護と助言と指示を与えられると、家族は信じていた。そのため、生きている親族は牛をいけにえとし（「capital／資本」という言葉の由来は「cattle／畜牛」）、串刺しにして焼いた。そして肉を切り分けて参列している全員に配ったが、串に残るひとかけらの「あまり」だけは、祖先の英雄への供物として、火が「食べる」ようにそのままにしていた。

串に残す「あまり」の肉は「オボル」、つまり「コイン」と呼ばれた（「obligation／義務」と関係する）。オボルは金属片からもつくられ、祖先個人の像が刻まれていた。そして部外者はこのコインを使って、祝祭に加わることができた。そのため、人々はこの価値あるコインを手に入れるために、熱心に物品を交換した。さらにコインに魔力があると考え、コインを崇拝するようになる。魔よけとして持ち運ばれたコインは、そこに描かれている英雄の祖先の「栄光浴（訳注：社会的に評価の高い人とのつながりを強調して、みずからの評価も高めようとすること）」から力を得ていた。このようにして、共同の祝祭で用いられたコインが祖先の聖なる力を広め続けた。牛をいけにえにして、残りを死んだ祖先にささげることは、過去に対する尊敬を示している。食べものを祖先と分け合うことで、生きている者たちに、将来の繁栄を保証する超自然性が吹き込まれるのだ。

つまり、もともと人々は物を買うためにお金を欲しがったわけではない。お金と交換するために物を欲しがったのである。お金は超自然の力を蓄えた実体だった。いまでもそうである。フィジーでは、お金はタンブアと呼ばれるが、「神聖な」を意味するタンブという言葉に由来する。ニューギニア島では、イリアンジャヤのウォダニ族が貝殻のお金を使っていて、一つひとつちがう貝殻は、それぞれ不死の人と見なされている。金《きん》は歴史上さまざまな文化でつねに、とても価値の高い宗教的な不死の象徴であり、なおかつ大切な硬貨でもある。では、アメリカの一ドル札の裏面を見てみよう。「われら神を信ず」とある。紙幣の左側には、（文字どおり）光り輝く目玉がてっぺんに埋め込まれたピラミッドが描かれている。ジョセフ・キャンベルによると、これはピラミッドの頂上で見開いていて、頂点に到達する者に不死を与える、神の目を象徴しているという。

古代人はお金と財産を高く評価したが、それを手に入れるために働かなくてはならないことを軽蔑した。聖書の創世記でアダムとイヴがのどかでのんびりした生活を送っていたのは、自分たちが犯した罪の罰としてエデンの園を追放されるまでだった。「あなたは顔に汗してパンを食べ、ついに土に帰る、あなたは土から取られたのだから。あなたは、塵《ちり》だから、塵に帰る」。聖書は明らかに、労働を罪と死の両方と結びつけている。古代ギリシャ人も、肉体労働を上流階級の品位にふさわしくないと見ていた。プラトンとアリストテレスは、「少数のエリートが純粋な頭脳労働――芸術、哲学、政治――に従事できるように」、大多数の人が汗水流して働くのだ、と強調している。

お金も名声と同様、キーツが求めたような月桂冠、すなわち名誉のしるしを授ける。つまり、まだ生きている人たちに高く評価されるのだ。アダム・スミスは、代表作の『国富論』（日本経済出版社）ほど知られていない『道徳感情論』（日経BP社など）で、人が富を求めるのは「自然の必要を満たす」ためというより、他人からよく思われたいという根本的な心理的欲求を満たす「贅沢品」を調達するためだったと述べている。「人が欲するのは富ではなく、豊かさにともなう尊敬と高評価である」

私たちが蓄える物のほうが、私たち自身よりも長く存続する可能性がある。そして、DNAとともに金品も受け継ぐ幸運な人もいる。富を蓄えることは、人が実力で評価される、どちらかというと平等主義の半遊牧民的な狩猟採集民コミュニティから、農業・産業社会への移行の始まりだった。農業・産業社会では、人は実力よりも、おもに富をどれだけ手に入れて見せられるかによって評価される。

先住民にとって力を確保するための方法のひとつは、「ポトラッチ」と呼ばれる贈り物をする祭りを開くことだった。気前のいい休日のパーティーのようなものだ。人類学者のセルゲイ・カンが言うように、ポトラッチのおもな目的は「富が無限にあるという印象をつくること」だった。オレゴン州からアラスカ州までの太平洋岸に住むアメリカ先住民は数世紀にわたって、自分の富を誇示し、それによって仲間に対する優越性を確立するために、特別な日にポトラッチを開いた。数カ月から数年間、ありあまるほどの資源を蓄えたあと、とりわけ裕福な家族は祝宴を主催し、まず踊ったり歌ったり、スピーチをするとともに、ごちそうでもてなす。主人はそのあと、魚や肉、果実、動物の皮、布地、奴隷、そして銅製の盾など、贈り物を招待客に配る。このプロセスに数日かかることもあった。招待客はたいてい主人をおだてて、持ち帰れないほどの贈り物を受け取り、消化できないほどたらふく食べる。隣人が見せた富を丁重に受け取ったからには、客のほうも自分たちのポトラッチを開かないわけにはいかず、自分たち自身の豊かさをひけらかすために、受け取ったものより価値のある贈り物をしようとする。張り合って勝とうというのだ。

もっと大規模な社会の人々にとって、不動産や物品の蓄えは権力と特権のしるしでもあった。アメリカでは金ぴか時代（訳注：一八六五年の南北戦争終結から経済が史上最高の成長率を記録した時代）に、ロックフェラーやカーネギー、ヴァンダービルトなどの裕福な一族による浪費を表すために、「誇示的消費」という言葉がつくられた。一八九〇年代、アメリカ人の九二パーセントが年収一二〇〇ドル以下（平均所得が三八〇ドル）だったころ、ニューポートの社交界で名を知られたマミー・フィッシュは、自分の犬のために贅沢なディナーパーティーを開いた。犬は一万五〇〇〇ドルのダイヤの首輪で飾り立てられていた。負けじとばかり、テレサ・オーレックスは屋敷を白い花と白鳥で飾り、庭から見える沖に白い船団を浮かべた。グレース・ヴァンダービルトはブロードウェイで人気のショーのキャストをニューポートに呼び寄せ、自分の地所に特別に建てたシアターで上演させた。

経済崩壊が現在の不況を引き起こす直前、『ロブ・レポート』誌の二〇〇七年「究極のクリスマスギフト・ガイド」には、二億五〇〇〇万ドルする全長四五九フィートで六階建ての「ギガ・ヨット」や、一六〇〇万ドルする三〇〇カラットのダイヤのネックレス、アンティークのビリヤード台や年代もののピンボールマシン二台、そして巨大なプラズマテレビなどを備えた一四〇万ドルの「男の隠れ部屋」が掲載されている。シンガポールでは、一二〇〇ドルのジミーチュウの靴や、八五万ドルのランボルギーニのスポーツカーが景気よく売れた。裕福なオーストラリア人は一桁、二桁、または三桁の特別な車のナンバープレートのために二〇〇万ドルも払った。数字が小さいほど値段が高い。ロシアで行なわれた第二回ミリオネア・フェア（超高級品見本市）では、スイスのゴールドフィッシュの携帯電話は「レギュラー」で一万八〇〇〇ドルから一五万ドルしており、ダイヤをちりばめてホワイトゴールドのケースに入った一二七万ドルの電話には、世界で最も高価な携帯電話であることを証明する飾り板がついていた。サウジのアルワリード・ビン・タラール王子は、すでにボーイング７４７機を所有しているが、基本のカタログ価格が三億二〇〇〇万ドルするエアバスＡ-３８０を発注し、さらに寝室やバーやジムなどの改造を加えた。

無駄使いは富裕層に限られたものではない。なぜなら人はみな、少なくともたまには、金持ちの気分になりたいからだ。二〇〇七年には感謝祭後の三日間で、一億四七〇〇万のアメリカ人、つまり全人口のほぼ半分、二〇〇四年の大統領選挙で投票した人より多い人数が、買い物に一六四億ドルを使った。そのほとんどが、じきに市場価格が下がることになった住宅を抵当とするローンによって支払われた。

しかし心に留めておいてほしいのは、多くの人にとって、財産と不死の結びつきは根本的に宗教的信仰心によって支えられていることだ。古代ギリシャ人と同じように、アメリカでも初期のプロテスタント、とくにカルヴァン派は、神の慈愛に満ちた御心のしるしとして、富を追い求めていた。そして「選ばれた民」でない人たちは貧困を強いられた（いまでもそうだと、多くのカルヴァン派は思っている）。

現在、「信仰の言葉」や「健康と富」、あるいは「名づけて主張せよ」としても知られる「繁栄の神学」に同意してペンテコステ派の宗教活動を行なっている人たちは、自分たちが裕福になることを神が望んでいると信じているので、富を追い求め、惜しみなく使う。ホイートン・カレッジのアメリカ福音主義者研究所の所長を務めるエディス・ブラムホッファーによると、「アメリカン・ドリームをあきめる必要はない。それを神の祝福のしるしと考えればいい」。たとえば、この説に賛同する自動車セールスマンのジョージ・アダムスは、内装が革張りのフォードF150ピックアップトラックを売ったあとで、「今日は神に与えられた新しい日だ！」と叫ぶ。「私は年収一〇万ドル以上を目指すぞ！」。そこに込められたメッセージは、いまも昔も、（私たち自身が神だとまではいかなくとも）富は私たちへの神の恩寵を意味する、ということである。

われわれのひとりはこのことを、ワシントン州のシアトルとスポーケンで行なわれた二つのコンファレンスに友人と出席しているとき、ただ車をレンタルしただけで感じとっている。二人はシアトルの空港に到着して、フォードのトーラスを受け取ろうとした。自分の車はそれぞれ古いドッジ・キャラヴァンとシェヴィー・キャヴァリエで、その質素さに合わせたのだ。ところが運よくレンタカーのカウンターで、一日たった五ドル余計に払うだけで、SUVかキャデラックを借りられると言われた。

二人は顔を見合わせ、同時に口走った。「キャディー」。すばらしく愉快な七日間、彼らはVIP扱いを受けた。ピカピカでツヤツヤの革張りシートの車でホテルやレストランに乗りつけると、人々は彼らを見たくてしかたがないようだ。行く先々で「車」をほめそやされる。キャデラックのキーを返すと、深い悲しみに襲われた。高級クラブから格下げされたか、追放された気がする。キャディーに乗っているときは、「大きくなった」気分だったが、それを明け渡すと、平凡なただの人間のサイズに縮んでしまう。

二人とも、とくに物質主義でも車好きでもなかったが、その一週間は、ちっぽけな凡人ではなく皇帝のような気分だった。人生で上質のものを手に入れられれば、人はあなたに注目する。あなたは特別な気分になる。死の恐怖に対するきわめて重要な防壁である、自尊心が生まれるのだ。

しかし、お金や高級品への欲望は、死の恐怖とどれくらい緊密な関係にあるのか？

次のような研究に協力するよう頼まれるとしよう。鬱状態についてのアンケートに答えて、「一晩中眠れない」のような文がどれだけ当てはまるかを評価するか、死についてのアンケートに答えて、「死んだあとは二度と考えないのだという考えは恐ろしい」のような文がどれだけ当てはまるかを評価する。そのあと、次のような印刷広告をじっくり読む。

ピカピカの新しいレクサスＲＸ３００ＳＵＶ。「桁はずれにパワフル、並大抵の馬力ではありません」、「牽引力は三五〇〇ポンド……こんな車、地球上どこを探しても見つかりません」

円筒ケース入りのプリングルズのポテトチップ。楽しそうにプリングルを食べているパックマンが描かれ、ページのいちばん上にキャッチフレーズが添えられている。「いちど開けたら止められない」

小型で低燃費のシェヴィー・ジオ・メトロ。都会の地平線を背景にした高速道路を走っている。コピーはこうだ。「倹約家。ジオ・メトロは、アメリカでいちばんの低燃費。……賢い。ジオはお金の価値をわかっています。……保証。バンパー・トゥ・バンパー・プラス保証がジオを三年／五万マイル守ります」

ピンクゴールドのロレックス腕時計。文字盤に「オイスター　パーペチュアル　デイ・デイト」

あなたはこの広告をどう評価するだろう？　広告はどれだけ効果的だろう？　広告を読んだあと、その製品の購入にどれだけ興味を抱き、レクサス、プリングルズ、シェヴィー・ジオ・メトロ、ロレックス、それぞれを買う可能性はどれだけあるだろう？

この実験を行なった研究者は、被験者は死について考えたあとでも、プリングルズやシェヴィーへの意見は変わらないことを発見した。しかし、ステータスが高くて自尊心をくすぐるレクサスやロレックスを所有することには、おおいに関心を抱いた。死を最もネガティブにとらえている人が、ステータスの高い物を所有することにいちばん興味を示し、とくに自尊心が不安定な場合はなおさらであることを示した研究もある。自分の死すべき運命について考えたあとのほうが、自分が将来たくさん儲けて、そのお金を服や娯楽のような贅沢に、たくさん使うと評価している。さらに死を思い起こさせることは、自尊心の低い人たちに、より派手なパーティーを計画するようしむける。死について考えたポーランドの人々は、硬貨と紙幣の物理的サイズを実際より大きくとらえている。紙幣を数えるように言われた人のほうが、同じ大きさの白い紙きれを数えるように言われた人より、死の不安が小さいと報告している。

このような実験結果は、もし人が合理的に検討するだけで経済的決断をするのなら、説明がつかない。むしろ、お金に対するあくなき欲望と贅沢をしたいという衝動の根底には、死の恐怖の管理があって、テネシー・ウィリアムズが『やけたトタン屋根の上の猫』(新潮文庫)に書いている意見を裏づけている。「人間はいつか死ぬ動物で、お金が手に入れば買って買って買いまくり、買えるものをなんでも買うのは、買ったものに永遠の命がまぎれているというばかげた望みが心の奥にあるからだと思う」

ナショナリズムとカリスマ指導者への愛

人は自分が永遠に存続する大義や国家の一部だという気持ちからも、象徴的不死の感覚を得られる。ホメロスの叙事詩やトゥキュディデスのペロポネソス戦争史には、強力な民族、大きな都市、あるいは繁栄して支配する帝国の一員となることから生まれる超越感が描かれている。エジプト人、メキシコ人、ナイジェリア人、あるいはアメリカ人としてのアイデンティティによって、人は自分を共通の背景、世界認識、そして将来的な運命によって統一された、安定した継続的コミュニティの一部として認識できる。

自分たちは気質も起源も特別な「選ばれた民」であり、壮烈な歴史と無限の未来を誇る神聖な祖国に住んでいるのだという感覚によって、集団としてのアイデンティティが強められると、ナショナリズムは不可侵の様相を呈する。そして国のために死ぬ者は、歌や物語、あるいは儀式や記念物で不朽の名声を与えられる。古代ローマの雄弁家キケロは、「不死を望まず国のために死ねる者はいない」と述べている。オットー・ランクの主張によると、「大小にかかわらずあらゆる集団には、不滅になりたいという『個人の』衝動があり、その表れが、国、宗教、芸術の英雄が誕生し、注目される過程である」。

さらに、偉大なドイツの社会学者マックス・ウェーバーによると、カリスマ指導者――「ふつうの人々とは一線を画し、超常的な、超人的な、または少なくとも明らかに非凡な、力や資質を授かっているとされるようなある種の個性」を備えた、あるいは備えていると信奉者に思われている人々――は、歴史的激動期に出現することが多い。ベッカーは『死の拒絶』の注目すべき章「人間がかける呪文――不自由の絆」のなかで、人がなぜ困難な時期にはカリスマ指導者をそんなにも魅力的だと思うのか、さらにもっと重要なこととして、なぜ、どうして、特定の個人が人々のこの傾向を利用して、権力の座に就いて歴史の流れを変えることができるのか、有力な精神力動的説明を行なっている。

ベッカーはまず、カリスマ指導者が信奉者の熱心な同意なしに一方的に就任することはまれだ、と述べている。そして、私たち人間は、より強い力――つまり最初は親、そして成長するにつれて文化一般――から高く評価されることによって、精神的な落ち着きを得るという、本書ではすでにおなじみの主張を展開する。しかし、長期化する問題や深刻な危機が生じたとき、穀物が不作になったり、狩りに出た者が手ぶらで帰ってきたりするとき、戦争に負けたとき、物事の文化的成り立ちがもはや意義と安心を感じるための信頼できる基盤とは思えないほどの経済危機や社会不安に襲われたとき、人は精神的な落ち着きへのニーズを満たすために、ほかに目を向ける。

そのような状況下で人々の忠誠心が向けられるのは、「葛藤のない」——きわめて大胆で自信に満ちているように見えるという意味で——人格を見せ、何か高尚で永続的なものに貢献できると思えるような壮大な構想を示す個人かもしれない。さらに、ベッカーが言うには、このカリスマ的な個人はたいてい印象的な最初の行動を起こし、それが彼にスポットライトを当てて、実物より大きく見せ、信奉者の心を奪って、彼のあとに続く勇気がほしいと思わせる。人々は感嘆の念にあふれ、再び意義を感じられると察知して、自尊心と人生の意義の新たな基盤として、実際以上に偉大に見える指導者の大義に加わる。こうして、ナショナリズムとカリスマ指導者に対する情熱的な愛着、敬意、そして一体感は、ランクがいみじくも「集団的不死」と名づけたものをもたらし、死に対する勇敢な勝利を求める私たちの切望を満足させる。

アドルフ・ヒトラーの権力奪取については十分に記録が残っているが、これもベッカーの分析で解釈できる。ヒトラーは二〇世紀の最も悪名高きカリスマ指導者である。第一次世界大戦とヴェルサイユ条約による容赦ない苦しみと屈辱のあと、ドイツ国民のプライドは、指導者に対する信頼とともに砕け散った。ヒトラーの最初の行動は、未遂に終わった「ビアホール一揆」の陰謀である。一九二三年一一月八日、ミュンヘンのビアホールで三万人のビジネスマンを集めて行なわれる集会の主賓だった指導者三人を誘拐することにより、ワイマール共和国政府を転覆させる筋書きだった。ヒトラーは突撃隊員とともに部屋に突入し、天井に向けて拳銃を発砲し、呆然としている群衆に向かって「静かに！」と叫んだ。「国家主義革命が始まったのだ！」ヒトラーは宣言する。「バイエルン政府も帝国政府も追放され、暫定中央政府が打ち立てられた。……私は自分自身に立てた誓い……犯罪者が倒されるまで、いまの不幸なドイツの廃墟の上に再び、力強く偉大なドイツ、自由で光り輝くドイツがよみがえるまで、休むことも安らぐこともしないという誓いを、果たすつもりである」

驚いたことに、ホール内の群衆は賛同の叫びをあげ、『ドイツよ、すべてのものの上にあれ』を歌いはじめた。そこに居合わせたミュンヘン大学のカール・アレグザンダー・フォン・ミュラー教授は、のちにこう報告している。「生まれてこのかた、ほんの数分というか、ほぼ数秒のうちに、群衆の態度があれほど変わったことは記憶にない。……ヒトラーは二言三言で、手袋を裏返しにするように群衆をひっくり返した。ほとんど魔法のようだった」。一揆は迅速に鎮圧されたが、ヒトラーは反逆罪の裁判で国民の注目を集めた。同情的なドイツの裁判所は彼に比較的軽い刑を宣告する。投獄されているあいだ、ヒトラーは壮大な世界観に磨きをかけ、『我が闘争』に詳述して、自分はドイツの神に選ばれた救い主であり、アーリア人という支配者民族のずば抜けて秀でた指導者だと宣言している。共産党員やユダヤ人をはじめとする内部の不純要素が排除されたとき、アーリア人が世界の支配者としての運命を実現するというのだ。

そのあともナチスは取るに足らない勢力のままだったが、大恐慌で事態が変わった。政治に対する不満と経済不安が高まり、ナチスは国民議会で二三〇議席を獲得し、結果的にヒンデンブルク大統領との取引で、一九三三年、ヒトラーは連立政権の首相に任命される。ひとたび権力の座に就くと、彼は完璧に支配権を握り、世界経済の好転とともに、一気にドイツ国民の賛同を得る。

ヒトラーの葛藤のない人格はその後、彼の見事なスピーチにはっきり表れた。そのなかで彼は絶対的な信念と完璧な確信をもって、ドイツの勢力と権威は回復するのだと、うっとりしている熱狂的な群衆をなだめたり、あおったりした。そして彼のレトリックは、死の不安を和らげ、死を超越する望みを抱かせるという意味で、ナチスの世界観が果たす重要な役割をはっきりと示している。ヒトラーはドイツ人に、神への崇拝をドイツへの崇拝に置きかえるよう促し、一九二三年、「われわれはドイツ以外の神を望まない」と宣言した。総統はドイツの全能の救世主になったのだ。ナチス親衛隊その他の政党組織は、宗教教団と似ていて、その式典を行なう場は修道院のようである。ナチスは独自の国民の祝日をもうけた。たとえば、一月三〇日には一九三三年のヒトラーの首相就任を祝っている。ナチスの式典はキリスト教徒の洗礼式、結婚式、葬式に取って代わったのだ。

ナチスは死者をあがめた。それどころか、ほかのファシスト組織と同様、死に対して病的な愛着を抱いているようだった。「死よ、万歳」は、有名なファシストのスローガンだ。しかし、「死者はほんとうは死んでいない」し、生者の誠実な激励によって生き返ることができると信じていた。ヒトラーは『我が闘争』に、これまでの戦争で死んだドイツ人を、よみがえらせることができると書いている。「何十万人の墓、祖国を信じて前進し、二度と戻らなかった人たちの墓が、開かないと言えるのか？墓が開いて、泥と血で覆われた物言わぬ英雄たちを、復讐の霊として故国に送り返すことはないと言えるか？」。一九二三年の一揆の支持者一六名の死を追悼する一九三五年のスピーチで、ヒトラーは彼らの象徴的不死を確認した。「この一六名の兵士は、世界史でも比類ないよみがえりをなし遂げている。……彼らはいま、ドイツの不死を成就しつつある。……それでも我々にとって彼らは死んでいない。……国家社会主義ドイツ、万歳！　国民、万歳！　今日、我が組織の故人が、そしてドイツとその国民が生者も死者も、生きながらえんことを！」

　もちろん、混乱と死の気配が漂っているとき、国家全体の象徴的不死の唱道者となった二〇世紀の著名な指導者は、ヒトラーだけではない。ウラジーミル・レーニンはロシア共産党の革命と政治の理論家であり、一九一七年、のちのソビエト連合の指導的地位に就いた。ロシア革命の結果、共産党は宗教を法律で禁止し、代わりにレーニンを崇拝することを決める。ロシア人はレーニンを、天上の生活と言われているものを地上で実現する救い主だと考えた。一九一八年、レーニンは啓蒙人民委員に、偉大な革命家たちをつねに思い出せるように、巨大なモニュメントをソビエト連合全土に建てるよう命じる。レーニンの胸像はそれから二年間で二九の主要都市に設置され、ボルシェビキのシンボルと、レーニンとマルクスの肖像の政治ポスターも一緒に掲げられた。つねに超人的な力を称賛されていたレーニンは、しばしば太陽や地球より大きく描かれ、差し出された手が、ロシア正教のキリストや聖者のイメージを連想させるようなかたちで、祝福を授けている。このように、レーニンは自分自身の不死と、自分を支持する人々の不死、両方を広めているようだった。

　一九二四年に死去したあと、レーニンの遺体は防腐処置《エンバーミング》を施され、クレムリンに隣接する赤の広場に建てられた、つややかな赤い花崗岩の霊廟内部の棺に安置され、公開されている。これは、昔のエジプト人や中国人と同じで聖者の遺体は死後も腐敗しないというロシア正教の信仰と、いずれ死者を科学的に蘇生できるようになるという期待、両方にしたがったものだ――古代と現代の不死の考えが共存しているわけだ。ロシアの農民と労働者は、レーニンの訃報にひどく落胆した。信じようとしない人も大勢いた。エルヴィス・プレスリーと同じように、レーニンにもそれから数十年にわたって、生存説が流れていた。彼はまだ生きていて、お忍びで旅をし、権力者の仕事を観察しては、プロレタリアートの解放を確実にするためにメモを取っているというのだ。

ヒトラーがドイツを完全に掌握したのと同じころ、一九三四年～三五年の九六〇〇キロにおよぶ長征を終えた毛沢東が、中国共産党の指導者として頭角を現した。毛の信奉者のうち、蒋介石の国民党軍から逃れるために江西省から退却するこの旅を生き延びたのは、全体の一〇分の一にすぎなかった。厳しい試練を乗り越えたという事実が、毛に名声と無敵の雰囲気を与え、そのおかげで彼はそれから長年にわたってあがめられるようになった。レーニンやヒトラーと同様に毛も、革命による変革が終わりのないこの世の楽園をもたらすと約束した。中国共産党のスローガン「革命政権を万代まで共産党で」が、すべてを語っている。一万世代は人類が誕生してからいままでより長い。そして「万」は中国語で無限を暗示する数字なので、毛もヒトラーと同じように、長期にわたって備えを固めていたことは明らかだ。革命は「永遠不滅」である。そして毛は一九五七年の詩「不死の者たち」に、戦死者は「天国のなかの天国へ、軽々と舞い上がる」と書いている。

カリスマ指導者は死の不安が生じているときのほうが魅力的であることを実験で証明するために、われわれは被験者に、死を思い起こさせるか、嫌悪コントロールの話をしたあと、架空の知事選の候補者三人による選挙運動中の発言を読んでもらった。一人の候補者は職務指向で、仕事をこなす能力を強調している。「私はやると決めた目標はすべて達成できます。何事もあいまいにしないよう、やる必要のあることの細かい青写真を慎重に描きます」。二番目の候補者は人間関係指向で、共同責任、人間関係、そして協力の重要性を強調する。「私は全市民に、自分の状態を向上させるために積極的に役割を果たすよう働きかけます。一人ひとりが変化を起こせることがわかっています」。三人目はカリスマ性があり、大胆で、自信があり、集団の偉大さを強調する。「あなたはふつうの市民ではなく、特別な州と特別な国の一部です」。次に被験者は自分が投票する候補者を選ぶ。結果は驚異的だった。対照条件では、九五人の被験者のうち、カリスマ候補者に投票したのはたった四人で、残りの票は職務指向と人間関係指向の候補者で均等に割れた。ところが、死を思い起こさせられた場合、カリスマ候補者の票はほぼ八倍だった。死すべき運命の暗示がカリスマ指導者の魅力を増幅させている（そして次章で見るように、これは実際の大統領選の実在の候補者についても言える）。

アーネスト・ベッカーの結論によると、歴史は「不死イデオロギーの連続」と見ることができる。部族や国家へのひたむきな献身と、カリスマ指導者への揺るぎない忠誠は、とくに不安定な時代に、自分の集団は永続するという確信にともなうプライドとパワーを感じさせることによって、人々の死の恐怖を和らげる。

不死を確信しない限り、私たちは満たされない

毛の配下にいた革命家たちは天国へと舞い上がった。古代エジプト人は天国に船で行った。現代の不死研究者たちは、永遠にとどまれるのであれば地上で満足である。細かいところは場所や時代によってさまざまだが、根本にある不滅でありたいという衝動はつねに強く、しつこく、変わらない。私たちは文字どおりの不死と象徴的不死も切望する。選べと言われれば、文字どおりの不死のほうが望ましいと考えたウディ・アレンに、大半の人が賛成するだろう。「私は作品をとおして不死を実現したくはない。死なないことによって実現したいのだ」。私たちは競馬場や宝くじでは大穴を好むが、不死のくじに関しては、いつも確実なものを選ぶ。死なないことによってのみ、不死ははっきり確実なものになりうる。

昔からずっとこんなふうだった。『イリアス』では、戦争中にヘクトルの盟友のサルペドンがいとこのグラウコスに、「永遠に不老不死で生きられれば、私は二度と戦場に行かないし、名誉のためにきみをあそこに送ることもしない」と話す。しかし不死ほど切実なもののこととなると、自分の名前が「永に書かれ」ていない限り、人は手に入るものを何でも取り込む。

本書ではこれまで、拡大する意識から、力も自信も失うほどの恐怖が生まれる経緯を見てきた。死を文字どおりに、そして象徴的に避けられる超自然的次元の現実認識をたくみに構築していなければ、私たちの祖先はそのような恐怖のせいで、震える大量の生物学的原形質になって、無意識状態へとひた走っていただろう。しかし意識は発展可能なかたちの精神機構になり、ほとばしる想像力と創造力を解き放って、とりわけすばらしい発見や発明を生んでいる。そして効果的な恐怖管理――自分は意味ある世界の貴重な一員であるという信念――のおかげで、多くの人にとっての人生は一般に楽しくて生産的であり、気高く英雄にふさわしい場合さえある。

しかし、私たち人間が死の恐怖を管理するために受け入れる、超自然的な物事の文化的成り立ちは、結局のところ、死の必然性をぬぐい去るための自己防衛的な現実の歪曲とぼかしである。そしてアーネスト・ベッカーが説明するように、現実の本質についてのこの「必要なうそ」は、必ず人間どうしの対立の種をまき、私たちの心身の健康をむしばむ。このような複雑な事態がなぜ、どういうふうに起こるのかを、次に検討しよう。

第Ⅲ部 人間の心理・社会を読み解く

第7章 なぜ悪と暴力が栄えるのか

私たちの悩み、人類の悩みの根源は、死という事実を否定するために、生の美しさをすべて犠牲にし、みずからトーテム、タブー、十字架、血のいけにえ、尖塔、モスク、人種、軍隊、旗、国家などに閉じこもる……ことである。

――ジェームズ・ボールドウィン『次は火だ』(弘文堂)

恐怖管理理論によると、自己保存しようとする基本的な生物学的傾向と、高度な認知能力が相まって、私たち人間は自分がいつまでも弱くて死の運命を避けられないと認識し、そのせいで身のすくむような恐怖を感じる。文化的世界観と自尊心は、この恐怖を管理するのに役立つ。なぜなら、自分は魂とアイデンティティのある特別な存在であり、肉体が死んだあともずっと、文字どおりに、または象徴的に、あるいはその両方で、生き続けるのだと人に確信させるからである。そうして私たちは、物事の文化的成り立ちに対する自信を維持し、関連する価値基準を満たすことに没頭している。しかし、異なる信念をもつ人々に遭遇すると、自分たちの文化的価値観と自尊心への信頼を保つのが難しくなる。そのあとほぼ必然的に、悪意のあるいざこざが生じる。

一七世紀、オランダ人とイギリス人の開拓者がハドソン川下流域にたどり着いたとき、彼らは新世界の純然たる美しさとすばらしい自然の恵みに驚嘆した。さらに、先住民たちにも興味をそそられた。その土地に古くから住んでいたレナペ族は、楽しげで、穏やかで、彼らを歓迎し、毛皮と毛布や道具を交換したがった。しかも、オランダ人開拓者の直接経験談によると、レナペ族は「体格のいい民族であり、丈夫で健康で栄養も十分、見たところ欠点がない。一〇〇年生きている人もいる。しかも、私たちの一部に見られるような愚か者や奇人や狂人はいない」。

しかし同時に、ヨーロッパ人はレナペ族をとても奇異だとも思った。一〇家族が住めるほどの大きな共同住居で暮らし、季節ごとに移動する。親族構成は母方が基本で、地域社会の問題について女性がかなり力を握っている。オオカミ、カメ、シチメンチョウなどの動物を名前にした氏族に分かれている。生きものはすべて相互に関係し依存していることを重視する信心があるので、過剰な狩猟を慎む。生きるために必要なもの以上の富を手に入れることに興味がない。

最終的に開拓者たちは、この「ひどく野蛮な」未開人をどうにかして始末しなくてはならないと思った。そこでオランダ人とイギリス人は、レナペ族をはじめアメリカ先住民族を皆殺しにする。しかもそれを楽しんでいた。一六四四年、ニューネーデルラント植民地総督のウィレム・キーフトは、兵士が村でレナペ族を拷問にかけて虐殺したとき、「腹を抱えて笑った」。兵士たちが一人の捕虜を連れて来て、「地面に投げ倒し、切り落としてあった性器を、本人がまだ生きているうちに口に突っ込み、そのあと彼を石臼の上に寝かせて、その頭を落としている」あいだ、オランダ人の女たちは犠牲者たちの頭をサッカーボールのように蹴って遊んでいた。

ヨーロッパ人によるレナペ族虐殺は奇行だと思いたくなるかもしれないが、これとまったく同じような人間の蛮行には、長い実績がある。大量虐殺行為、民族浄化、そして自国の劣等者に対する残酷な抑圧は、たえまなく歴史に刻まれ続けている。紀元前一一〇〇年のアッシリア文化の浅浮き彫りには、征服された都市の民が生きたまま股間から肩まで串刺しにされている様子が描かれている。アッシリアの王たちは自分の征服した土地を自慢し、残虐行為を競い合った。紀元前六六八年から六二七年まで君臨したアッシュールバニパルは、捕虜となった王に対する自分の行為を、誇らしげにこう語っている。

「私は戦いの最中に彼を生け捕りにした。……わが都で、ゆっくりと彼の皮膚をはぎ取った」

フン族のアッティラ大王、ローマ皇帝カリギュラ、イワン雷帝、残酷王ペドロ一世、怪僧ラスプーチン、革命家ロベスピエール、アドルフ・ヒトラー、ヨシフ・スターリン、毛沢東、ハイチ大統領フランソワ・デュヴァリエ、ウガンダ大統領イディ・アミン、ルーマニア大統領ニコラエ・チャウシェスク、カンボジアの独裁者ポル・ポト、イラク大統領サダム・フセイン……例を挙げればきりがない。しかし、敵意に満ちた憎悪と大量虐殺行為に関与するのは凶暴な独裁者だけではない。アウシュビッツのガス室やカンボジアのキリングフィールドが機能するには、「ふつうの」人々、つまり自分は「神の仕事」をしている、あるいは愛国者としての義務を果たしている、または「ただ命令にしたがっている」、と思っている人々が必要である。

最近も、国連平和維持軍が世界各地の一〇カ国以上で紛争防止や治安維持に追われている。ハマス系の衛星放送局アルアクサは、パレスチナ・ガザ地区およびヨーロッパ全土で、ミッキーマウスそっくりのファルフルが、イスラム教徒の子どもにユダヤ人を憎むよう教える子ども向け番組を放送した。これはかなり功を奏している。三歳のシャイマが番組に電話をかけ、司会者に楽しげに話している。「あたしたち、ユダヤ人が好きじゃないわ。だってあの人たちはイヌなんだもの！　あたしたちはユダヤ人と戦うの！」。イスラエルでは、「アラブ人を火葬場へ」、「アラブ人は人間以下」などのスローガンが、エルサレムのユダヤ人落書きアーティストによってスプレーペンキで書かれている。アメリカでは、フレッド・フェルプスが設立したウエストボロ・バプティスト教会の若者たちが集会で、神はカトリック教徒、イスラム教徒、「ホモ」、「ユダヤ人」、「黒人《ニガー》」が嫌いだと公言するプラカードを掲げ、イラクやアフガニスタンで戦死したアメリカ人兵士の葬儀で、神は同性愛者に寛容な国を罰するために彼らを殺したのだとシュプレヒコールをして、騒ぎを起こしている。

そのような扇動的な物言いに、破壊力を強めつつある武器と戦術が加わる。身体的被害（マシンガン、肩撃ち式ロケット発射筒、ナパーム弾の雨、肥料爆弾、簡易爆発物による）と、心理的被害（炭疽菌の混入した手紙、自爆テロ、陰惨な断頭映像のインターネットへの投稿による）を最大にしようというのだ。そして現在の核兵器とくらべれば、「リトルボーイ」や「ファットマン」――一九四五年八月に広島と長崎に投下された原子爆弾――が爆竹のように思える。

自分の信念が乱される脅威

人間の憎悪と暴力は、ある意味で、同族の霊長類から受け継いだものの名残である。チンパンジーは自分の縄張りを守り、さらに広げるために攻撃的になり、自分の集団に属さないほかのチンパンジーを殺すこともある。一万年以上前、初期の狩猟採集民は明らかに同じ理由で争っていた。その理由とはつまり、食べもの、水、そして配偶者などの資源を求めて、地域への影響力を維持し、さらに拡大することだ。しかし、異なる神を崇拝しているとか、異なる旗に敬礼しているとか、何百年も何千年も前に屈辱を与えられたとか、そういう象徴的侮辱のために、熱狂的に互いを憎み、殺害するのは人間だけである。そして死のテクノロジーにますます精通しても、人間という種の未来に対する確信は深まらない。

もし、あごひげを生やしておかしな帽子をかぶった、この奇妙な人たちが受け入れられるなら、私のほうが優れているという主張はどうなるのか？……彼、その人も、ずうずうしくも永遠に生きることを——そしておそらく私を押しのけることを——望むのか。私はそれがいやだ。もし彼が正しいなら私がまちがっている、それしか私にはわからない。あんなに変で、おかしな格好だ。彼はずる賢いやり方で神をだまそうとしているのだろう。彼の正体を暴いてやろう。彼はあまり強くない。手始めに、私が突っついたら彼はどうするか、確かめよう。

——アラン・ハリントン『不死研究者（*The Immortalist*）』

死を超越したいという人間の切望は、互いに対する暴力をたきつける。物事の文化的成り立ちは私たちの死に対する恐怖を抑えるが、恐怖を管理するために私たちのものとはまったく別の信念に固執する人たちもいる。彼らの「真実」を認めることは、必然的に、私たちの真実に疑問を投げかけることになる。人生には意味があり、自分は重要で永続する存在なのだという、じつは心もとない考えを維持するために、私たちは私たち自身の真実を信じなくてはならない。「ひとつの文化はつねに別の文化にとって潜在的脅威となる」とベッカーは言う。「なぜなら、自分のものとはまったく異質な価値観の枠組みのなかでも、人生は粛々と進んでいくことの実例だからである」。魔力をもつ先祖がトカゲになったあと人間に変容したという先住民の信念が信じられる者なら、神が六日間で世界をつくり、自分をひな型にしてアダムをつくったという考えを、疑ってかからなくてはならない。

そして異なる信念体系がもたらす脅威は、相いれない創世神話よりはるかに根が深い。私たちの生き方全体、信じているものすべて、追い求めているものすべてが、別の世界観によって妥当性を疑われかねないのだ。たとえば、イスラム教徒（イスラーム神秘主義のスーフィー）のシンガーソングライターでギタリストでもあるリチャード・トンプソンが、二〇〇二年の曲「内の外（Outside of the Inside）」で、タリバンの原理主義的世界観を（それに対する自分の反対を表現するために）伝えようとしている。この曲では、アインシュタインやニュートンやシェイクスピアは幼稚で、ばかげていて、堕落しているとされ、ヴァン・ゴッホとボッティチェリは、板に色をこすりつけている不快な狂人だと歌われている。この曲を初めて聞いたとき、われわれはあきれ返り、憤りを感じた。まちがいなく歴史上最も偉大な科学者に数えられるアインシュタインとニュートンが無意味でばかげている？　われわれは彼らのようになりたいと願って大きくなった。シェイクスピアがせこくて幼稚だ？　彼は史上最も偉大な作家だとわれわれは思っている。絵画が不敬な狂気だ？　ひどいナンセンスである。

自分の基本的信念に疑問を投げかけられると、ひどく心をかき乱される。人生の意義と目的を取り上げられ、それが未熟、無益、あるいは邪悪だとされたら、私たちに残されるのは、脆弱な自然の生きものとしての自分だけである。文化的な現実認識が死の恐怖を抑えているからには、自分の信念に反する信念の妥当性を認めれば、自分の信念が抑えつけている恐怖そのものが解き放たれる。そこで私たちはその脅威をかわすために、別の人生観をもつ人々を見下して人間扱いしない、または彼らに私たちの信念を受け入れさせ、彼らの文化を私たちの文化に吸収する、あるいは彼らを完全に抹殺する必要がある。

さらに、人が感じている意義や重要性は、死すべき運命の恐怖を完全に癒すことはできない。たしかに、シンボルはきわめて強力である。実際それは人間の想像力にとって、創造性にとって、そして現実を自分の願望に応じて変形させる人間特有の能力にとって、根本的な基礎なのだ。しかし、死の恐怖を完璧に克服できるほど力のあるシンボルはない。つねに死の不安は残り、「パニックの広がり」が、諸悪の根源とされるほかの集団に向かって噴出する。そして、ある集団の人々が心理的安心感を強めるために、別の集団に自分たちの意志を押しつけ、敵意をぶちまけていると、それが「他者」による反発を生み、結果的に激しい敵意の悪循環を引き起こす。

見下し、人間扱いしない

現実認識が異なる人々に対する最初の心理的防衛は、その人たちを見下したり、けなしたりして、彼らの信念がこちらの信念におよぼす脅威を小さくすることだ。彼らは（レナペ族のように）無知な野蛮人だとか、悪魔の手先だとか、邪悪な主人に洗脳されている、というわけだ。ナチスはユダヤ人をネズミにたとえた。北米最北端のイヌイット族、アフリカのコンゴに住むムブティ族、パプアニューギニアのオロカイバ族、南米のヤノマモ族やカリリ族の文化では、自分たちの集団を指す言葉は「男」や「人間」を意味し、当然、ほかの集団のメンバーは人間ではないというニュアンスになる。サウジアラビアのナジドの伝統的なアラブ人はもっと無遠慮だ。部外者全員をタルシュ・アル・バハール、つまり「海の嘔吐物」と呼ぶ。

アメリカ人も同じように、敵を人間扱いしない傾向がある。たとえば、第一次湾岸戦争中にノーマン・シュワルツコフ大将が、イラク人は「私たちと同じ人類ではない」と断言し、イラク人をアリとゴキブリにたとえるチラシが軍隊で回覧されていた。一方、アメリカ本土では、アメリカ人が車のバンパーに「イラク人のためにはブレーキを踏まない」と書かれたステッカーを貼っていた。

他者を軽んじるこの傾向は、とくに死を思い起こさせられた直後に顕著となる。自分の死すべき運命について考えたあと、キリスト教徒はユダヤ人を侮辱し、保守派は進歩派を非難し、イタリア人はドイツ人を軽蔑し、イスラエル人の子どもはロシア人の子どもを嫌い、どこの人も移民をあざ笑うことが、研究で実証されている。さらに、私たちは死を思い起こさせられると、そのような外集団、つまり自分が属する集団以外の集団のメンバーを、人間としてではなく動物として見るようになる。悲しいことに、このような戦法は功を奏する。「異なる」他人を見下しているときのほうが、やっかいな死の考えを消し去りやすいのだ。

文化的に同化させる、手なずける

自分たちとはちがう人々を軽んじるのでなく、そういう無知な人々、まちがっている人々、あるいは罪深い人々に光を示すことによって、こちらの世界観に同化させることもできる。あちらがこちらの考え方に同調することは、こちらの世界観が妥当であることの何よりの証拠ではないか。たとえば、一七五〇年生まれのスコットランド人のデイヴィッド・ボーグは、布教活動への熱意で有名だった。ロンドン伝道者協会の「父」と呼ばれたボーグは信者たちに、異教徒たちの誤った信念を捨てさせるために、遠方に向かうよう熱心に勧めた。

私たちは「隣人を自分のように愛しなさい」と命じられている。そしてキリストはすべての人は隣人だと教えている。あなたがたもかつては異教徒であり、悲惨な憎むべき偶像崇拝をしていた。そこにほかの土地からイエスのしもべたちがやって来て、あなたがたに神の福音を説いたのだ。だからこそ、あなたがたは救いを知っている。彼らの親切にきちんと報いるために、昔のあなたがたと同じような状況にある国々に伝道者を送り、愚かな偶像に背を向けて、生ける神に仕え、御子が天から来るのを待つよう、その地の人々に説くべきではないか。

仏教の伝道者は、キリストが誕生する何世紀も前に、自分たちの教義を広めていた。イスラム教の伝道者は、ダーワ（「布教」）を行なうようにというアラーの命令にしたがった。「知恵と良い勧告とをもって、主の道に招け、最も良い方法で彼らと議論せよ」。モルモン教の伝道者は、いまも世界中で同じことをしている。

そのような布教活動家の仲間は、非宗教的な分野にもたくさんいる。忠実な無神論者は世の中から宗教をなくすために、セミナーを開き、パンフレットを配る。アメリカの保守・右派で知られるラジオパーソナリティのラッシュ・リンボーの「信奉者」は、忍び寄るアメリカ社会主義のとりこにならないようにと、アメリカ人に力説する。熱心なベジタリアンは学校の生徒たちに豆腐を基本とする食事を推奨するため、食肉処理場の映像を見せている。

なぜなのか？　答えは単純だ。文化的価値観は数が多ければ力を増すからである。死の恐怖に対する有効な防波堤としての役割を信念が果たすためには、人々がその妥当性を確信しなくてはならない。ところが、私たちが心理的安心感のよりどころとしている核となる信念の大半は、事実よりむしろ信頼を基盤としている。明確に証明することができないのだ。したがって、信念を共有する人が多ければ多いほど、それが正しいと確信することができる。神がモーセに「燃えているのに燃えつきない柴」のあいだから語りかけたと信じる人が一人だったら、そのかわいそうな人にはっきり出ている妄想症状を緩和するため、抗精神病薬の投与が求められるだろう。しかし同じ考えを何百万という人々が共有していれば、それは否定できない真実になる。

自分はただ死んでいく動物ではないという私たちの感覚は、そのような確固たる真実に依存しているので、死が頭に浮かんでいるときにはとくに、その真実の妥当性を証明したいという願望が強くなる。死を思い起こさせられると、キリスト教徒は無神論者にキリストを受け入れるよう説得することに熱中し、進化論者は創造論者にダーウィンを受け入れるよう説得する決意を強くする。さらに、布教活動は予防になることも、研究で明らかになっている。つまり、あなたが私の信念を受け入れたと知ると、私はその妥当性への自信を深め、その結果、自分の死をあまり気にしない。

私たち人間は、自分の習慣や信念を受け入れるように他人を説得しようとするのに加えて、脅威と思う考え方の魅力的な面を自分たちの文化的価値観に組み込むことによって、その考え方を「手なずける」傾向もある。これをわれわれは「文化的調節」と呼ぶ。なぜなら、人は別の世界観から魅力的なものを取り込んで自分自身の世界観を変えているが、いちばん大切な信念と価値観は傷つかないようにしているからだ。一九六〇年代のアメリカで、若者が「ターン・オン、チューン・イン、ドロップ・アウト（スイッチを入れ、波長を合わせ、離脱する）」を始めたときの、反体制文化の動きについて考えてみよう。公民権運動への支持とエスカレートするベトナム戦争への反対をきっかけに、「ヒッピー」たちは軍産複合体と、それにつきものの拝金主義、物質主義、性差別、人種差別、そして性的抑圧を激しく非難した。異文化、マイノリティー、女性、そして環境をもっと尊重し、もっとシンプルで平和なライフスタイルに移行しようという呼びかけが起こる。

さらに若者たちは、両親と兄や姉たちの身ぎれいな「理想的家族」然とした様子も拒否した。代表的フォークシンガーのウディ・ガスリーが歌う労働者への共感を示すために、ブルージーンズをはくようになる。肉を嫌い、グラノーラなど健康的な自然食品を食べはじめる。セックス、ドラッグ、そしてロックンロールが、彼らの生活の文化的根幹だった。当時、このような気取りは伝統的なアメリカの価値観にとって深刻な脅威と見なされ、あちこちでまともな市民の嘲笑を買った。「ヒッピーはターザンに似ていて、その妻ジェーンのように歩き、チーターのような臭いがする」と、当時カリフォルニア州知事だったロナルド・レーガンが皮肉っている。

けれどもレーガンが大統領になるころまでに、ヒッピーたちの「平和と愛」を大切にする価値観は、当たり障りのないコーラのコマーシャルに姿を変えていた。「世界中の人に完璧なハーモニーで歌うことを教えたい／世界中の人にコーラを買ってあげて仲間になりたい」。ウッドストックに商業主義が入り込んだあとは、ブランドもののブルージーンズが一〇〇ドルで売られ、食料品店は五〇種類の材料でつくられてチョコレートでくるまれたグラノーラバーを売り、有名な六〇年代の反戦歌の耳に心地よいバージョンが歯科医院の待合室で穏やかに流れていた。そうなると人々は、もっとシンプルで、身分にこだわらない、健康的で平和なライフスタイルに移行しようというような、自分の世界観を脅かすメッセージに心かき乱されることなく、魅力的な装いや味やサウンドを楽しむことができる。

ステレオタイプに当てはめる

自分とちがう人に感じる恐怖は、彼らを整然とした小さい枠にはめることによっても和らぐ。その枠内では特定の集団のメンバーがステレオタイプの文化的役割を果たす。筋骨たくましくてラップを歌う黒人男性。感じのいい家族思いのメキシコ人。賢くて勉強熱心なアジア人。憤る聖戦士のアラブ人。マルクスとピノ・グリージョのワインにこだわる退廃的な北東部のインテリ。銃と聖書に固執する偏狭な南部人。実際、死が頭に浮かんでいるとき、人は外集団を単純なステレオタイプに当てはめたがる。死を思い起こさせられたあとのアメリカ人は、ドイツ人はきちんとしていてまめで、男性の同性愛者はなよなよしていて、男性は食事をおごり、女性は近所の子どもの子守りをする、と考えたがる。

そのようなステレオタイプが物事の文化的成り立ちの一部である限り、そのとおりの外集団メンバーは世界観の妥当性を裏づけるが、それからはずれる外集団メンバーは世界観を脅かす。したがって、自分の世界観への信頼が必要なとき、人は文化の主流に近い人たちよりも、内集団とかけ離れた外集団のメンバーのほうを好むことがある。二〇世紀には、黒人のコメディドラマの主人公エイモスとアンディや、コメディアンのジャック・ベニーの番組で助手役だったロチェスターのようなフィクションの登場人物、そしてイメージどおりの黒人を演じるステピン・フェチットのような俳優が、白人アメリカ人のあいだで人気があって愛されていたことも、これで説明がつく。さらには、黒人を恐れ、嫌う人種差別主義者が、有名な黒人のアスリートやミュージシャンやエンタテイナーをあがめる理由も説明できる。

ある実験では、白人のアメリカ人大学生が死を思い起こさせられたことで、アフリカ系アメリカ人の堅物《かたぶつ》より「ギャング」を好むようになった。白人のアメリカ人大学生は、実験に一緒に参加するふりをするアフリカ系アメリカ人のマイケルと出会う。マイケルは、アフリカ系アメリカ人男性の文化的ステレオタイプどおりか、それを破るような身なりとふるまいをする。「ステレオタイプどおり」の条件では、長めでだぶだぶのショートパンツをはき、アトランタ・ブレーブスの野球帽を後ろ向きにかぶっている。「ステレオタイプ破り」の条件では、カーキ色のズボンをはき、ボタンダウンのシャツとジャケットを着ている。

本物の被験者は、親しくなることについての研究とされるものに案内され、自分の死か中立的な話題のどちらかを思い起こさせられ、そのあと、夏にやったことについてのエッセイをマイケルと交換する。「ギャング」の衣装に身を包んでいるときのマイケルは、「仲間とつるんでいたこと」、「大瓶のビールをがぶ飲みしたこと」、「クラブ通いにどっぷりはまったこと」、「女あさりをしたこと」について書く。しかしまじめな就職活動生のような格好をして現れるときは、経営学の学位のために「コンピューター科学の授業を取ったこと」、「古典小説を読んだこと」、そして「チェスをしたこと」について書く。

次に被験者はマイケルを評価する。対照条件では、白人の学生は「クラブ通い」をして「女あさり」をするマイケルより、勉強好きなステレオタイプ破りのマイケルのほうを強く好んだ。ところが死を思い起こさせられた学生は、「ボタンダウンの」アフリカ系アメリカ人より、「ギャング」のマイケルを好んだ。死の恐怖が生じたとき、私たちは他人を社会的に認められたクッキーの型にはめることによって、物事の文化的成り立ちを強化するのだ。

悪者にして滅ぼす

見下し、同化させ、調節しても、心の落ち着きを確保するのに不十分なとき、心理的圧力が物理的追放になることが多い。脅威となる他人を完全に排除するための「力」が「正義」になるのは、ひとつに、死に対する象徴的な解決はけっして心理的に十分でないからだ。文化的世界観は、強力な信念、シンボル、そして国旗や十字架のような偶像に具体化される。しかし、死はごく現実的な肉体的問題であり、死の不安はつねにつきまとい、人間はそれを、滅ぼすべき悪だと決めつけているほかの集団に向けて噴出する。

古代世界の人々はしばしば、死の不安を具現化した役割の中心として動物を使っていた。たとえば、古代ヘブライ人の「贖罪《しょくざい》の日」には、二匹のヤギがくじで選ばれた。「神のヤギ」はイスラエルの罪のために血のいけにえとしてささげられ、二匹目の「アザゼル」、つまりスケープゴート（贖罪のヤギ）は、神の民の罪を負って荒野に放り出される。古代ギリシャでは、スケープゴートは動物ではなく人間だった。地域が疫病や飢饉に襲われたときのファルマコス、つまり人身御供は村人のさげすみの的だった。ファルマコスは通常、身分が低いとされる人――犯罪者、奴隷、または障害者――であり、打たれるか石を投げつけられたあと、町から追い出された。

昔から、個人または集団全体が、死の不安のための心理的避雷針の役割を果たしてきた。明らかにそのような描写にふさわしいのは「邪悪なる者」である。フン族のアッティラ王やアドルフ・ヒトラーは、ほとんど誰もが歴史上の極悪人トップ一〇のリストに入れる。しかし、何が悪かは見る人の目で決まることもある。バラク・オバマとウォルマートはどちらも反対者からけなされるが、支持者からたたえられる。ベジタリアン、大のカントリーミュージック好き、ニューヨーク・ヤンキースのファンのような一見無害な集団でさえ、一部の人にとっては悪の化身としての役割を果たすこともある。

飢饉、伝染病、経済的混乱、政治不安、教育の不足、停電、無学、若者の反抗――どんなものも、彼らのせいだ。私たちは善良で、純粋で、正しくて、神のかたちに、神の賛意に照らされてつくられた。彼らは問題であり、解決策は明らかだ。見下し、人間扱いせず、悪者にし、滅ぼす。邪悪なる者を根絶し、世界を浄化し、神が味方であることを証明し、地上の生を天国のそれのようにしよう。

ここで憂慮すべき点は、残っている死の不安の原因として、人は何か具体的でコントロールできる可能性のあるものを必要とするので、その目的で自分たちと異なる「他者」を特定したり、つくり出したりすることである。「この［テロリスト、異教徒、社会主義者、世界支配主義者、同性愛者、リベラル、ティーパーティー共和党員、ユダヤ人、イスラム教徒、不法移民、あるいはあなたの思うものを当てはめてみよう］さえ排除できれば、私たちの問題はすべて解決する！」

悪者を見つけることで、残っている死の不安をぬぐい去るためのターゲットができるが、この戦略はたいてい裏目に出て、その人たちによってもたらされる実際の脅威が増すことになる。悪者を根絶やしにしようとする試みは、受ける側の人たちに、身体的生存に対する直接的脅威だけでなく、けなされ、人間扱いされないことの心理的屈辱をとおしても、死の不安を生じさせることによって、戦いの炎をあおる。祖国を占拠され、昔からの信念を捨てて異質の生き方を受け入れるよう強いられては、どうして自分は意義ある世界の重要な貢献者であるという感覚を維持できよう？　あるいは、大切な伝統や芸術品が支配的文化に屈辱的に吸収されていくのを目の当たりにしていたら？　自分たちの文化を風刺漫画に描かれていたら？　アブグレイブ刑務所で裸にされ拷問された囚人のように、動物並みに扱われていたら？

屈辱は人から自尊心を奪い、有意義な世界の重要な存在ではない脆弱な生きものにおとしめる。ソマリ族のことわざにいわく、「屈辱は死よりひどい。戦時には、辱めの言葉が弾丸より人を傷つける」。弾丸はあなたの体を殺す。屈辱は、自分には死を超越する意義があるという感覚を殺し、自分が短命な生きものにすぎないという恐怖にさらす。そして歴史には、傷ついたプライドを修復するための復讐の戦いがいくらでも見られる。（『イリアス』に描かれた）トロイ戦争は、スパルタ王メネラオスが妻のヘレンをパリスに誘惑され、トロイの町に連れて行かれて、屈辱を味わわされたことから始まった。この侮辱に対して、メネラオスの軍隊はそれから一〇年にわたってトロイを包囲し、そのほとんどを焼きつくし、男を皆殺しにし、女子どもをレイプしたり奴隷にしたりした。

報復によって屈辱と恥を克服しようとする試みは現代にもあふれているが、ほとんどが悲劇的な結末に終わっている。二〇世紀、ヒトラーは「ヴェルサイユの恥」を消し去ることを約束して総統に選ばれた。第二次世界大戦中、日本の神風特攻隊員は、敵の手にかかって負けるという見通しから生じる恥の気持ちを和らげるために、みずからを犠牲にした。この殉死作戦は、戦争が終わりに近づいて日本の敗北が重なるにつれ、その頻度を増していった。一九六五年の国防総省の記録には、ベトナム戦争におけるアメリカの主目的は「屈辱的なアメリカの敗北を避けること」だと書かれていた。さらに二一世紀に入って、社会学者のマーク・ユルゲンスマイヤーは、アルカイダの支持者と右翼のアメリカ人キリスト教徒の民兵に取材したあと、「宗教的暴力の支持者、あるいは当事者だった……ほぼ全員が……深い失望と屈辱を感じると述べた」と報告している。ここに挙げた例はかなり多様で、異なる歴史の異なる文化的背景で起こっているが、すべてが強い屈辱感をともなっていて、それがひどい暴力行為をあおっている。

殺人目的の暴力を生むほどの屈辱は、ときに遠い過去から続く未解決の争いが原因になっていて、被害者意識と大胆な救いを求める思いが結集する。たとえば、一九九〇年代のコソボとボスニアの血なまぐさい争いは、一三八九年に起こったコソボの戦いでのセルビア敗北の恨みを晴らそうという熱心な呼びかけによって、あおられた部分がある。

辱めを受けた人々は、迫害者を非難し、根絶することによって、誇りを取り戻そうとする。社会学者のエヴェリン・リンドナー博士はこう書いている。「屈辱を受けた心が残って、みずからの破滅について考えるとき、加害者にもさらに大きな痛みを与えなくてはならないという確信にいたるだろう。そうして、どちらの側も続行を義務と信じる暴行と正当性主張の悪循環が始まる。……先に引き下がることはさらなる屈辱になるので、両者ともに抜け出すことができず、暴力と殺人の終わることのないサイクルに、はまったままである」

九・一一――悪と恐怖

二〇〇一年九月一一日、アルカイダによるペンタゴンおよび世界貿易センタービルの攻撃と、続いて起こった出来事は、死の恐怖が悪に勝つための憎悪と暴力の応酬サイクルを引き起こす経緯を、如実に示している。

一九八〇年代、オサマ・ビン・ラディンの目標は政治的なものとされていた。ロシア軍をアフガニスタンから追い出し、次にアメリカ軍をムハンマドの「聖地」であるサウジアラビアから立ち退かせたいと考えていたのだ。ところが一九九八年にビン・ラディンは、一一世紀の十字軍や一九一八年のオスマン帝国崩壊までさかのぼるイスラム教徒への屈辱的な無礼行為への報復のためにも、対アメリカの聖戦を宣言する過激なイスラム教聖職者と手を組んだ。

アメリカは最も神聖な場所であるアラビア半島のイスラムの地を占拠し、その富を略奪し、その統治者に指図し、その民に屈辱を与え、その隣人を脅し、半島内の基地を近隣のイスラム教国家と戦うための最前線に変えてきた。……同朋たち……すべてのイスラム教徒よ、アラーの命令にしたがって、アメリカ人を殺し、その金を略奪することで報いよ。……イスラム教の聖職者、指導者、若者、そして兵士よ、サタンのアメリカ軍、および彼らと同盟を結んでいる悪魔の支持者に……奇襲をかけよ。

こうして具体的な政治的目標――サウジアラビアへの外国軍派遣に対する抵抗――は、サタンの使いを滅ぼすという、屈辱にあおられた神授の任務へとすり替わった。普遍的意義との対立を吹き込み、自分の命を犠牲にすることもいとわない信奉者を引き寄せるのに、アメリカという邪悪なる者への聖戦宣言よりいい方法があるだろうか？

九・一一の事件はアメリカ人にとって、強力な死の脅威のワンツーパンチとなった。まず、彼らは強烈な死のイメージを目撃した。大勢の人々がツインタワーの崩落に恐怖を覚え、ペンタゴンが炎上したうえに別の飛行機がペンシルベニアで墜落したと知って愕然とした。次に、そのような文字どおりの大虐殺以上に、アメリカ人にとっての物事の成り立ちの象徴トップ三が危険にさらされ、攻撃されて、彼らは屈辱を感じた。アメリカの金融とビジネスの繁栄の象徴（ツインタワー）は完全に破壊され、地球規模の軍事的支配の象徴（ペンタゴン）はひどい損害を受けた。三つ目の標的と推定されるホワイトハウスや国会議事堂は、アメリカの民主主義そのものを象徴している。

九・一一の直後、アメリカ人はすばらしい思いやりをもって、みごとに効率よく行動した。警官と消防士が全国から集まり、血液バンクとフードバンクはあふれかえった。自分の役目を果たすことで国の自尊心は回復し、人々は死の脅威に対して、祖国の価値観だけでなく自分自身の価値観も主張することで応じた。

しかし消えない死の恐怖は、見下し、人間扱いせず、悪者にし、同化させ、滅ぼそうというアメリカ人の熱意をも強めた。キリスト教宣教師のフランクリン・グラハムは、イスラム教を「非常に邪悪でよこしまな宗教」と非難した。アメリカ国防次官代理のウィリアム・ボイキン中将は、イスラム過激派との戦いを悪魔との戦いと表現している。「敵は信仰の敵だ。邪悪な君主と言える。敵はサタンと呼ばれるやつだ」。元国務長官のローレンス・イーグルバーガーは言う。「この人々の一部を殺さなくてはならない。たとえ直接かかわっていなくても、一撃を食らわせる必要がある」

そして国の指導者たちは、勇敢な超越を求めるアメリカ人の欲求を満たすために、さらに踏み込んだ。二〇〇一年九月一七日、ジョージ・W・ブッシュ大統領は宣言する。「これは新手の悪であり、我々は理解しており、アメリカ国民は理解しつつある。この……十字軍は、しばらく時間がかかるだろう。……我々は世界から邪悪なる者を駆逐する」。ディック・チェイニー副大統領は、この十字軍に加わらない国は「アメリカの最大の怒りを買う」だろう、とつけ加えた。

九・一一以前、ブッシュ政権は多くの共和党支持者からさえ、無力でつまらないと見られていた。しかしそれから数週間後、大統領支持率は前代未聞の高さに到達する。ブッシュの絶大な人気の理由のひとつは、あの攻撃によって人々がまざまざと死を思い起こさせられ続けていることにあった。そのことを、われわれが二〇〇二年と二〇〇三年に行なった実験が立証している。死を思い起こさせられたあとのほうが、アメリカ人はブッシュ大統領と彼のイラク政策を支持する気持ちが強かったのだ。その後、ブッシュは現役大統領として、「我々は悪の力を倒すよう神に命じられている」と、古典的なカリスマ的メッセージを自信満々に広め、二〇〇四年の大統領選挙の対立候補となったジョン・ケリー上院議員より、アメリカ人の恐怖管理へのニーズにはるかにうまく対応した。被験者に強い痛みを思い起こさせた対照条件では、アメリカ人はブッシュ大統領よりケリー議員のほうを好意的に評価していた。しかし死を思い起こさせられたあとは、ケリーよりブッシュのほうが好意的に評価された。選挙の六週間前、対照グループの被験者ではケリー議員に投票すると報告した人が四対一で多かった。しかし死について考えた被験者は、ほぼ三対一でブッシュ大統領を選ぶ人が多かった。

ブッシュの恐怖管理の評価は、彼が二〇〇一年にアフガニスタンで、二〇〇五年にイラクで始めた軍事作戦によって、高まった可能性がある。サダム・フセインは迅速に死刑に処され、タリバンは早々に大きな損害を被った。そしてこれらの出来事は両国に伝道者が入る道を開き、彼らはそこで、誤った方向に進む宗教的・政治的信念から現地の人々を解放するのが、自分たちの務めだと感じた。キリスト教原理主義者はイスラム教徒の強い反対にも動じず、教会を建て、イスラム教を痛烈に非難しながら聖書を配る。このような伝道者たちは、その試みに対して暴力的な抵抗を受けることもあったが、自分の死は大義のためなのだと信じていた。「私たちの活動は人々を死なせるおそれがある」と、福音伝道者グループ「殉教者の声」のメディア開発部長、トッド・ネトルトンは言う。「しかし現実には、天国でキリストとともにある永遠のほうが地獄での永遠よりはるかにましなので、けっこうなことである」

同時に、民主的資本主義を「唯一持続可能な国家の成功モデル」とすることによって「自由の恩恵を全世界に広げる」という、二〇〇二年の国家安全保障戦略の任務を、政治および経済の使節が果たした。

九・一一の直後、ほとんどのイスラム教徒はすぐさま、この攻撃はイスラム教を誤って伝える狂信者の過激派グループによるものだと非難した。しかしそれからしばらくして、アメリカ人がイスラム教徒を十把ひとからげに厳しく批判し、宗教的にも政治的にも転向を迫り、しかもジョージ・W・ブッシュ大統領が世界から悪を駆逐するための「十字軍」を宣言し、アフガニスタンとイラクに侵攻したことで、イスラム教徒は悔しさと屈辱を味わわされた。「衝撃と畏怖」戦略で何万人もの無辜《むこ》の民が「巻き添え」で殺された。バグダッドでの略奪とアブグレイブ刑務所での屈辱は、いたるところのイスラム教徒にとって、象徴的にも文字どおりにも死を強烈に思い起こさせる働きをした。アメリカ人にとっての九・一一の攻撃と同じである。消えない死の恐怖は、相手を見下し、人間扱いせず、悪者にし、同化させ、滅ぼそうとする彼らの熱意を強める。アメリカの場合と同じように、イスラム教徒の「屈辱の商人」たちは、放送電波とインターネットを使って、アメリカ人に対する不安と怒りを広めた。世論調査では、西洋に対する敵意の増大というゾッとするような話が浮き彫りになっている。世論調査を受けた人のうち、トルコで三分の一、パキスタンで半分、モロッコとヨルダンで四分の三が、イラクにおけるイスラエル人、アメリカ人、そしてヨーロッパ人を標的とする自爆テロは正当だと言っている。多くのイスラム教徒の子どもたちが、殉教者（シャヒード）になりたがっている。ガザのジャバリア難民キャンプで、八歳の少年が記者に、「家族が撮ったＡＫ‐４７ライフルをつかんでいる彼の写真を見せ……自分の兄はシャヒードだと言った――が、そのあとうなだれて、兄は生きていて、そんな大きなことはやっていないと認めた」。ヨルダン川西岸のジェニンキャンプでは、一三歳の少女が、父親は医者になってほしいと思っているが、「自分はアメリカを爆破できるように原子物理学を研究したい」と話している。

命をねらう反発も枚挙にいとまがない。『ウォールストリート・ジャーナル』紙の記者ダニエル・パール（ユダヤ系アメリカ人）は、二〇〇二年一月にパキスタンで拉致され、のちに殺害されている。その陰惨な光景が録画され、世界中に広く流された。二〇〇二年一〇月、バリで人気の観光客向けナイトクラブの外で自動車爆弾が爆発し、二〇〇人以上の市民が死亡し、一〇〇人以上が負傷。二〇〇四年三月一一日、マドリッドの通勤列車で連続爆破事件が起こり、二〇〇人近くが死亡、二〇〇〇人近くが負傷。二〇〇五年七月七日、ロンドンで同じように列車とバスが攻撃され、五二人の市民と四人の自爆犯が死亡し、七〇〇人が負傷している。

一方、ワッハーブ派（訳注：コーランを尊重しイスラム法の厳格な順守を旨とする）の教義を信奉するサウジアラビアから資金提供を受けたイスラム教の伝道者たちが、ヨーロッパやアジアで盛んに活動するようになり、自分たちの信奉する原理主義的なイスラム教への新たな改宗者を求めている。

現在、九・一一攻撃から一〇年以上が過ぎても、非難と反発は続いている。どちらの側も相変わらず相手を見下し、人間扱いせず、悪者にし、屈辱を与え、殺しているからだ。

反米と反イスラエルの感情は依然として、ほとんどのイスラム国家で根強い。二〇一〇年、ムスリム同胞団のリーダーで、後にエジプト大統領となったムハンマド・ムルシーがエジプト人に、ユダヤ人とシオニストという「搾取者……主戦論者、サルとブタの子孫……生来の敵」に対する「憎しみで子や孫を育てよう」と呼びかけるスピーチを行なった。ムルシーは、アメリカとヨーロッパはシオニストの支援者であり、したがって自分たちの敵であると断じた。イラク、アフガニスタン、シリア、サウジアラビア、パキスタン、インド、マリ、ソマリアなどで、命をねらう暴力行為が続いている。

アメリカとヨーロッパでは、自国内のイスラム教徒に対する憎悪と暴力が尾を引く。アメリカ人の三人に一人は、イスラム教徒は大統領選への立候補を禁じられるべきだと考えていて、少数派だがかなりの数のアメリカ人が、バラク・オバマ大統領はイスラム教徒ではないかと気にしていた。多くのアメリカ人がいまも近所にモスクが建設されることに反対し、死を思い起こさせられたあとはそのような抵抗が増す。

邪悪な相手の死は、自分の死の恐怖を和らげる

アイルランド出身の劇作家ジョージ・バーナード・ショーは、「死の天使がトランペットを吹くとき、文明人のふりは、風に吹かれた帽子のように、人々の頭から吹き飛ばされて泥のなかに落ちる」と言った。悲しいことに、存在にまつわる考えでほんの少し締めつけられるだけで、人はこの方向に傾くことが実験研究で示されている。死の恐怖は信念の異なる他者、とくに自分たちが悪者と決めつけている他者に対する暴力をあおる。

この傾向を実証するために、われわれは一九九五年に起こった「ホットソース攻撃」にもとづいた実験を考案した。その年の二月、ニューハンプシャー州レバノン市のデニーズ・レストランの朝食の料理人が、州境を越えて朝食をとりに来た二人のヴァーモント州の警察官を、ちょっとからかってやろうと決めた。彼は警察があまり好きではなかったので、彼らの料理にタバスコソースをたっぷりかけることにしたのだ。当然、警官は不機嫌だ。その卵のせいで口のなかがヒリヒリするし、一人は胃の調子がおかしくなったという。「私たちの料理をいじる人がいなくても、トラブルはいやというほどあるんだ」と、レバノン警察のケン・ラリー警部補は話している。数週間後、料理人は暴行罪で逮捕され、二年以内の懲役と二〇〇〇ドルの罰金を科された。これは珍しい出来事ではない。ティーンエージャーはケンカのときに相手ののどに辛いソースを注ぐことで知られているし、子どもに罰として辛いソースを飲ませたために、児童虐待の罪で訴えられた親もいる。

このような出来事にヒントを得て、われわれは「性格と食べものの好み」の研究のために、政治的に保守的な学生と進歩的な学生を研究室に集めた。われわれがいつも使っている質問に答えてもらうことで、死について、または次の重要な試験について、どちらかを考えてもらう。さらに学生たちは、食べものの好みに関する実験で協力することになる、隣のブースの学生と交換するためという名目で、自分の生い立ち、興味、食事の好みについても少し書く。そして被験者はパートナーから、進歩的または保守的という自己認識と一致する資料、あるいは一致しない資料のどちらかを受け取る（資料はでっち上げたもので、実際にはパートナーはいない）。その「パートナーの」意見には、「進歩派［または保守派］にとって最高の場所を私は避ける」、「進歩派［または保守派］はこの国で多くの問題を引き起こしている。しゃれにならない」というような文が入っている。さらに被験者は、パートナーが辛い食べものが大嫌いだと知る。

そのあと被験者は激辛のサルサソースをカップに取り分けるように指示され、「隣の部屋にいるパートナーは、料理の質を評価する前に、このソースをすべて平らげなくてはなりません」と告げられる。パートナーは辛い食べものが嫌いで、しかもすべて食べきらなくてはならないと知っていながら、どれくらいたくさんの激辛サルサソースをパートナーに取り分けるだろう？　次の試験について考えた学生は、パートナーの政治的信念がどちらであるかを気にしないことがわかった。進歩派でも保守派でも、パートナーが食べるのに適度な量のサルサソースを与えた。自分の死の運命について考えた学生も、パートナーと政治的意見が共通の場合は、同じように節度があった。しかしパートナーと意見が異なる学生は、死について考えたあとのほうが二倍以上多い（ときにはカップの縁ぎりぎりまで）サルサソースを取り分けた。

これは、自分の信念を批判して侮辱する人を身体的に傷つけてやりたいという欲求を、死の恐怖が増長することを示す最初の直接的証拠だったが、これだけでは終わらなかった。二〇〇六年の実験で、自分の死すべき運命や九・一一の事件を思い起こさせられた保守的なアメリカ人は、アメリカに直接脅威をおよぼしていない国に、先手を取って核兵器や化学兵器で攻撃することに賛成した。さらに彼らは、オサマ・ビン・ラディンを拘束または殺害することは、たとえその過程で大勢の罪のない市民が殺されたり負傷したりしても、そのリスクを冒す価値があると感じていた。別の研究では、アメリカ人は死を思い起こさせられると、アメリカの情報機関が残酷で屈辱的な尋問テクニック（拷問）を外国人容疑者に使うことに、より寛容になることが明らかになっている。イスラエルでの同じような研究で、政治的に保守的なイスラエル人は、死すべき運命を思い起こさせられることで、パレスチナ人に対する暴力を正当と考えるようになることがわかっている。この被験者はさらに、イランに対する先制の核攻撃も支持した。そして自分の死すべき運命を考えたあと、イランの大学生はアメリカに対する殉死攻撃への支持を強め、さらに自分自身が自爆テロを行なうことにも関心が高くなった。

最後に、とくに不吉な結果を示した研究を紹介しよう。アルバータ大学のジェフ・シメルらが、熱心なキリスト教徒の被験者に、オーロラに関するごくふつうの記事か、「イエスの家、イスラム教徒の波にのまれる」と題された、実際のニュース記事を元にキリスト教徒にとって脅威になるよう考えてでっち上げられた記事の、どちらかを読むよう指示した。後者の記事は次のようなものだ。

何万人という住民が、イスラム運動組織――ナザレの主要なイスラム政党――の指導者たちが大通りを行進するのを見つめていた。祝賀パレードだと宣伝されていたが、いかにも好戦的で勇猛だ。

ストリートパーティーというより軍事パレードに見える。武装して祝典に加わっているイスラム教徒たちは、太鼓を鳴らし、緑色の党旗を振りかざし、拡声器のそばにいる男が繰り返しアラビア語で「神は偉大なり」と絶叫し、何百人という活動家が、「イスラム教が唯一の真実」や「イスラム教がすべてを制す！」など、イスラム教原理主義の言葉を叫びながら、もったいぶって歩いている。

被験者の半数は、さらに飛行機の墜落事故に関する段落も読む。「関連するニュースとして、本日、一一七人の敬虔なイスラム教徒がナザレでの犠牲祭に向かう途中で死亡した。……生存者は報告されていない」。そのあと被験者全員に、死に関する考えがどれだけ頭に浮かびやすくなっているかを測定するために、単語穴埋め課題が与えられる。

意外ではないが、「イエスの家、イスラム教徒の波にのまれる」の記事だけを読んだキリスト教徒のほうが、オーロラについて読んだ被験者より、死について考える度合いがはるかに高く、イスラム教徒がキリスト教徒の聖地を占拠しているという考えが、死の不安を呼び起こしていることを示している。そしてここからが恐ろしいところだ。飛行機事故でイスラム教徒が死亡した記事も読んだ被験者は、オーロラについて読んだ被験者と同じくらい、死について考える度合いが低かった。つまり、「邪悪なる者」の死が自分自身の死の恐怖を和らげたのである。

なぜ大義のために進んで死のうとするのか

これまで、人間は自分と異なる文化的世界観をもつ人々に対して根本的に不寛容であり、屈辱を与える傾向があることから、「人間の人間に対する残酷さ」が生まれる経緯を見てきた。残っている死の不安を、「邪悪な」他者のせいにすることによって消し去る必要があるために、この残酷さはひどくなる。たしかに、領土や希少な資源の利用権に関するいざこざも、人間の不和に重要な役割を果たしている。しかしそのような実際的な関心事にも、もっと深い象徴的な懸念が反映される。一方の集団が神から与えられた権利だと主張するものが、他方の集団には屈辱的な不当行為と見なされる。一方の集団が屈辱的な不当行為への正当な対応と見なすものを、他方は強欲と侵略の行為と見なす。

両者ともに自分たちのほうが倫理にかなっていると主張し、自分たちが受けた侮辱を不満に思っているので、暴力的衝突は妥当であるだけでなく、倫理的にも避けられないようだ。なじみのない信念、価値観、習慣、そして身体的外見さえもが、相手の心はよこしまで、意図に悪意があると断言しているように思える。物欲的な紛争があっというまに、神（私たち）対悪（彼ら）の壮大な戦いにエスカレートする。実際に殺したり殺されたりする個々の人々は、貿易ルートや水利権をめぐって争うというより、ローマの栄光のために、あるいは聖地から異教徒を追い払うために、あるいはこの世から社会の害虫であるユダヤ人を駆除するために、あるいはきわめて有害な共産主義、資本主義、またはイスラム教の広がりを止めるために戦うのだ。

皮肉なことに、この世の多くの悪は、この世から悪を取り除こうという努力から生まれている。アーネスト・ベッカーが鋭く指摘するように、「死の運命を否定し、勇敢な自己イメージを達成したいという自然で当然の衝動が、人間の悪の根本原因である」。二五〇〇年前、偉大なギリシャの歴史家トゥキュディデスが、驚くほど似た結論に達している。彼はペロポネソス戦争の出来事を、「何が起きたか、そしてこれから再び何が起きるかについて、真実を人間の本質に照らして考えたい」と思い、詳しく研究していた。そして、人は自分の身や財産を守ること以上に、自分のイデオロギーの原理を守るために積極的に戦っていて、大義にのめり込んで死をもいとわない人たちは、復讐にかける強い情熱に突き動かされ、その結果、しばしば残忍で冷酷な行為にエスカレートすることを指摘している。

信念のために死ぬ覚悟ができている人たちは、自分が正しいと絶対的に確信しているので、自分に対する脅威や、自分に向けられた暴力行為には、報復しなければならない。実際、トゥキュディデスによると、「[不当に]苦しむ経験をしないことより、誰かに対して復讐することのほうが大切だ」という。しかし、そもそも不当な扱いを受けないことより復讐のほうが大事ならば、人が戦う理由は、土地の権利でも、自己防衛でも、純粋な正義でもないことになる。

どういう理由なのか？　政治学者のピーター・アレンスドルフによると、トゥキュディデスは次のように主張している。人は戦争を通じて、「死後も――自分たちが遺す都市や栄光を介してにせよ、来世でのことにせよ――生き続けることによって、あるいは熱心に高潔さや敬虔さを誓ったり、正義を主張したりして神の寵愛を得ることによって」、「死を免れない状況」を克服しようと努力するのだと。このように、人々が大義のために戦い、死ぬ覚悟をするどころか進んで死のうとさえするのは、象徴的不死と文字どおりの不死を求めて、同国人からの敬意を獲得し、神の機嫌を取るためである。ひとたび争いが起これば、ごくふつうに死すべき運命を思い起こさせられるので、永遠の名誉のための戦いが激化し、しかも不死が確実に保証されることはありえないため、その探求は延々と続く。

人類絶滅の危機？

生物学者のスティーヴン・ジェイ・グールドによると、「生命とは、おびただしく枝分かれする茂みであり、絶滅という残酷な刈り手によって絶えず刈り込まれているのであって、予測可能な進歩の階段ではない」。ほかの生物は突然の気候変動やほかの動植物との競争に屈してきたが、私たち人間だけは、いわゆる「生命の樹」から自分たち自身の枝を切り取ることができる種だ。

象徴化、自己意識、そして自分の想像の産物を現実に変えられる能力は、私たち人間にとって計り知れないほど役に立っているが、そのせいで私たちは自分の弱さ、はかなさ、そして死すべき運命もわかっている。その恐怖を消し去ってくれるのが、物事の文化的成り立ちへの自信と自尊心である。しかし、核となる信念や意義の認識を「ちがう」誰かに疑われると、私たちはその人を見下し、人間扱いせず、同化させ、悪者にして、屈辱を与え、滅ぼしたいと思う。人間が今日まで生き延びている唯一の理由は、最近まで、自分たち自身を絶滅させる技術的手段がなかったからかもしれない。

二一世紀になって、理解しがたい大惨事を引き起こして大人数を殺すことができる殺傷兵器と、ビデオゲームのようなリモコン装置が組み合わさったことで、顔を合わせて命を奪い合うより、殺すことがたやすくなった。そして国家は、宗教に関係があってもなくても、イデオロギーを守るために――「世界の民主主義を守るため」にしろ「世界から悪をなくすため」にしろ――持てる限りの軍事技術を利用するので、私たち人間がみずからを絶滅させる初めての生命体になる危険は非常に現実的である。

しかし私たち人間には、一見手に負えそうもない問題でも、ひとたびその根本原因を理解すれば、解決してきた立派な実績がある。感染性の病気は大勢の人間を滅ぼしたが、病気を引き起こすのは邪悪な霊魂ではなく細菌であることが解明されて、事態が変わった。抗生物質の発見と近代医療の実践につながったのだ。死すべき運命の恐怖が長引く争いに果たす中心的役割を私たちが十分に認識すれば、その恐怖が解き放つおそれのある破壊力、というか実際に解き放っている破壊力も、人間の創意工夫の能力で弱められるかもしれない。

第8章 動物性を遠ざける

なんらかの現実に触れようとするとき、いちばん近くにあるのは体である。それでも私たちには体から逃げたいという欲望がある。多くの宗教が肉体からの離脱を基礎としているのは、肉体には死すべき運命、そして死の恐怖がともなうからだ。体を現実として受け入れれば、死すべき運命を受け入れなくてはならず、人はそうすることを非常に恐れている……

――デヴィッド・クローネンバーグ（カナダの映画監督・脚本家）

キリマンジャロ山麓の村に住むチャガ族の男性は伝統的に、成人してからずっと肛門に栓をして、排便をする必要がないかのようにその穴をふさいだふりをしている。ケニアのキクユ族は、男にも女にも強い性的欲求があり、セックスは心身の健康のために必要だと信じている。しかし、妻は夫の性器に触れることを禁じられ、夫は妻の乳首に口や手で触れてはならない。男性は女性の上に横になり、女性が男性に両足をからめなくてはならない。これらのルールを少しでも破ると、命にかかわると信じられている。

おかしな慣習だろうか？　そうでもない。どこの文化の人々も、自分は動物であることを否定し、自分の肉体性を思い起こすような活動を制限するためには苦労を惜しまない。最新の流行に合わせて体を改造したり飾ったりし、理想的な体形に近づくために運動し、ボトルやスプレーから発散するもの以外のにおいを消すために体をごしごし洗う。こっそり体の排泄物を処分するために「化粧」室に行く。動物の交尾を見ると、ギョッとして後ずさりするか、意味ありげな笑いに身を震わすが、自分たちは愛という名のもとに熱心に色事を求める。

私たちの肉体と動物的本能は、自分がいずれ死ぬ自然の生きものであることを思い起こさせる脅威だ。死の恐怖を管理するには、自分はそれをはるかに超えた存在でなくてはならず、文化的世界観の根本的な働きは、私たちの体が意義や重要性という仮面を傷つけないようにすることである。そのため人は自分の体を、美しさと力強さの文化的象徴に変える。肉体的活動は隠す、あるいは文化的儀式に変えるのだ。本章では、私たちが自分の本能的な性向から距離を置き、自分は言ってみれば動物ではないと主張するために実行する、さまざまな取り組みを探っていく。

動物と嫌悪感

動物はよだれを垂らし、好きな場所で排便し、体が命じるままに交尾する。そして動物は死ぬ。半分食べられた死体をハゲタカがつついていたり、内臓が道路わきにはね散らされていると、死んでいることが目に見える。自分も動物と同じように、ちっぽけな限りある肉が呼吸しているだけなのだと考えるのは、人間にとってとても恐ろしい。本書ではすでに、私たち人間は自分を、死後も文字どおりにせよ象徴的にせよ存続する、意義ある存在と見なすことによって、死すべき運命の恐怖を鈍らせていることを見てきた。しかし、自分の動物性が意識されるとき、死はそれほど容易に消えない。そのため、私たちは動物と距離を置かなくてはならない。

この傾向は死のことが頭にあるときに強まる。この点を解明する最初の研究では、まず例によって、被験者に死について、あるいは歯の痛みについてのどちらかを考えてもらった。次に被験者は「人間性についてわかった最も重要なこと」というタイトルの小論文を読む。ひとつのバージョンは、人間は動物によく似ていると主張している。「人間と動物の境界は、大部分の人が考えているほどはっきりしていない……複雑な思考と自由意志の結果に思えるものも、じつは生物学的なプログラミングと単純な学習経験の結果にすぎない」。もうひとつのバージョンは、人間はほかの動物とはまったくちがうことを強調している。「私たち人間にはほかの動物との共通点もあるが、人間は真に無類であり……飢えと性欲に突き動かされる利己的な生きものではなく、自分自身の意志をもつ複雑な個人であって、選択をして自分の運命を切り開くことができる」

そのあと全員が、読んだ小論文とその著者を評価する。痛みについて考えた人たちは、どちらの論文も同じくらい説得力があると感じた。しかし、死を思い起こさせられた被験者は、人間は比類ないと強調する論文のほうにすっかり傾倒した。死について考えると、人は自分の動物性を思い起こさせられる活動も避けるようになる。死すべき運命についてじっくり考えたあとでは、男性も女性も足のマッサージにかける時間が少なくなり、女性は乳がんの自己検診をやりたがらなかった。

さらに、動物を自分たちより下に見て、そのように扱うと、同じ運命にあることを否定するために動物と距離を置くのも容易になる。実際、死について、そして人間と動物の類似点について思い起こさせられた人々は、そのあと自分のペットも含めた動物を見下す。さらに、人は死を思い起こさせられた場合のほうが、個体数の抑制、製品検査、医学的研究など、さまざまな目的で動物を殺すことに同意する。そしてイルカは人間より賢いかもしれないという記事を読むと、死についての考えが頭に浮かぶ。

このように自分は動物であることを認めるのを嫌がる気持ちは、私たちの最も強い感情、すなわち嫌悪感の核にある。嫌悪感が生まれたのは、腐った肉など、文字どおり死を招きかねない致命的な病原菌のついている有機物質から、私たちの祖先を遠ざけるためだった可能性がある。しかし死の認識が生じると、嫌悪感の対象は内臓、骨、血、排泄物など、私たちの動物性を思い起こさせるさまざまなものへと広がった。実際、人は死について考えたあとのほうが尿、粘液、便、嘔吐物、血液に嫌悪を感じ、その逆もまた真である。糞便のような体でできたものについて考えたあとのほうが、死についての考えがすぐ頭に浮かぶのだ。そして死について考えたあと、人は身体作用について、たとえば「排便」ではなく「お通じ」のように、婉曲的に表現する傾向がある。

死を超越するために動物や自然とみずからを区別するのに、古今東西、私たち人間は驚くほど似た方法で反応している。

苦行による浄化

私たち人間は多くの場合、自分はほかのどんな生命体ともちがっていて、より優れていると考えることができるような宗教的信仰をもっている。この態度の最もよく知られている例は、ユダヤ教とキリスト教に共通の伝統に見られる。

神はまた言われた、「われわれのかたちに、われわれにかたどって人を造り、これに海の魚と、空の鳥と、家畜と、地のすべての獣と、地のすべての這うものとを治めさせよう」。神は自分のかたちに人を創造された。すなわち、神のかたちに創造し、男と女とに創造された。

この考え方からすると、人間だけが神のかたちに創造されている。この信仰を受け入れている人たちにとって、この世を治める神の使者であることは、とても気分がよかった（いまもそうだ）。さらにうれしいことに、神は不変で、あまねく存在し、全知全能で、永遠である。自分たちは神のかたちに創造されたと信じている人間が死を免れられると感じるには、どこにでもいて、なんでも知っていて、無限の力をもっていて、永遠に存続することは、理想的な特性と言える。

しかし、神の意志にしたがう私たち人間は動物を治める一方で、自分の肉体的要求も満たさなくてはならない。一七世紀の清教徒の聖職者コットン・メイザー（セーラムの魔女裁判で中心的役割を果たした人物）は、塀に向かって用を足している犬の隣で同じように放尿したあと、次のように言っている。

私はこう考えた。「不快で卑しいものは、この死を免れぬ状態にある人間の子どもらである。自然の要求がどれだけ私たちをおとしめ、この犬と同じレベルに下げることか」……それゆえ、なんらかの自然の要求を満たそうとするときは必ず、その機会に何か敬虔で、高尚で、神をたたえる考えを心のなかでまとめることを、ふだんから実践するべきだと決心した。

もうひとつ、動物と距離を置くためのよくあるアプローチは、苦行による浄化である。何世紀にもわたって、人間は罰としても儀式的浄化としても、自分や互いをむち打ってきた。古代エジプト人は女神イシスをあがめながら、みずからを殴打した。のちのキリスト教の慣習では、むちが最終的に肉体を克服するための重要な道具となっている。人間が精神の高みに到達したければ、堕落した肉体は動物のように支配され、罰せられる必要がある。使徒パウロはローマ人への手紙の八章一三節に、こう書いている。「もし、肉に従って生きるなら、あなたがたは死ぬほかはない。しかし、霊によって体の働きを殺すなら、あなたがたは生きるであろう」

化粧・身体改造

歴史を振り返ると、私たち人間は自分を動物と切り離すために、ほかの種類の痛みにも取り組んできた。それは肉体を罰するためではなく、装飾するための痛みである。あらゆる人間の文化は、姿を変えることによって動物との共通点を覆い隠している。そうすることで、自分たちは自然の世界ではなく文化の世界に属していることを示すのだ。明らかに魅力を増して評価を高めるための美化もある。しかし、そのような努力が必ずと言っていいほど、ほかの動物と似ているところを減らすことに向けられているのは、けっして偶然ではない。その一方で言えるのは、人はだいたい自分たちの文化が定める身体的魅力の高め方を好み、ほかの文化のそれをとっぴで好ましくないと感じることだ。同様に、ひとつの文化内で若者が独自の美を考え出すのは、おそらく、死の入り口にいる老人と距離を置くためでもあるだろう。

ほとんどの文化において、死ぬ運命にある動物のような飾りのないそのままの体は、つねに「自然」すぎるので不安をかきたてるおそれがある。ハンス・トーマの絵画（左ページ）に描かれている聖書のアダムとイヴの物語は、この点をきわめて雄弁かつ明確に示している。善悪を知る木の実を食べることで、芯に巣くう虫、つまり死すべき運命の気づきが明らかになり、そのせいで人間の裸体は恥ずかしいものになった。そしてイチジクの葉が初めて人の体を飾るのだ。

そのあとすぐにメーキャップとスキンケアが生まれる。クレオパトラは肌を柔らかくするために、ヤギの乳とハチミツとアーモンドエキスの風呂に入っている。古代エジプト人はしわを取るために、香料とミツロウとオリーブ油とイトスギと新鮮なミルクを混ぜたものを、六日間顔に塗った。ギリシャ人とローマ人もこのような伝統を引き継ぎ、さらに独自のものも加えた。蒸気やサウナや蒸し風呂を使い、イチジクにバナナとオートミールとバラ水を混ぜて美顔パックにする。炭酸鉛で顔を白くし、硫化水銀で頬に赤みをさす。老化に逆らうために、アスパラガスの根、野生アニス、ユリの球根、ヤギの乳、堆肥を混ぜてこしたものを、柔らかいパンを使って顔に塗る。

ローマ帝国崩壊後も、ヨーロッパで化粧の人気は続いた。十字軍遠征中に夫に同行した女性たちは、アラブ人女性たちが目の周りにつけていたコール（いまで言うアイライナー）を中東から持ち帰った。一七世紀のイギリス人女性は、当時の理想的な美しさに近づけるために、赤毛のかつらをかぶり、乾燥させたコチニールカイガラムシからつくる染料で乳首を赤くしていた。

化粧は二一世紀になっても相変わらず「きちんとした身だしなみ」のためにきわめて重要である。女性が毎年メーキャップとスキンケアに費やす金額は、国連があらゆる機関と基金に費やす金額より多い。新しい化粧品、新しいスタイル、新しい流行が来ては去るが、すべてがある意味で、自然な状態の体に対して人間が大昔から普遍的に抱いてきた侮蔑の結果である。

しかし美の代償は高く、それを達成し維持するには、身体的にも財政的にも痛みをともなう。どの文化でも体毛はかなり注目される。人間の髪は豊かに生えるが、体毛は最も近親の霊長類とまったくちがう。それでも、人は昔からそれを嫌ってきた。毛むくじゃらの体はつねに、野蛮な、道徳心のない、性的に乱れた、あるいは道からはずれている、動物性と結びつけられる。

「body hair（体毛）」をネット検索すると、三三〇万五〇〇〇件ほどのヒットがあり、そのほとんどすべてが、それを取り除く方法に関係している。とくに顔、眉、脇の下、脚、そして恥部の毛の除去や修正は、あらゆる文化で昔から広く行なわれている慣習だ。古代エジプト人は体毛を取り除くために、かみそりや軽石、そして脱毛クリームを使っていた。ユリウス・カエサルは顔の毛をピンセットで抜き、全身の毛を（とくにセックスの前に）剃った。ローマの詩人オウィディウスは『アルス・アマトリア』（邦題は『恋の技法』平凡社、『恋愛指南』岩波文庫など）のなかで、若い女性に「脇の下に下品なヤギが入り込まないように、脚が逆立った毛でざらざらしないように」とアドバイスしている。今日、女性の恥部の脱毛や男性のための脱毛は、多くの若い男女にとって欠かせないもののようになっている。

髪形とメーキャップは動物から人間への変身の一環だが、一時的な方法である。髪はぼさぼさに伸び、毛は意外な場所に生えてくる。メーキャップはあせたり、流れ落ちたりする。そのため、もっと根本的で恒久的な体の改造も行なわれる。アメリカ人の親は体に飾り鋲を打っている子どもが空港の保安検査を通るために工具を必要とするのを見て、恥ずかしい思いをしているかもしれないが、そのような風習が昔から世界中にあるという事実に安堵するだろう。中東では四〇〇〇年以上前の耳輪や鼻輪の遺物が発見されている。エジプトのファラオはへそにピアスをしていた。ローマの兵士は乳首に大釘を打ち込んでいた。アステカ族とマヤ族は舌にピアスをした。性器のピアスは男性にも女性にも広まっていた。「プリンス・アルバート」と呼ばれる、現在いちばんよく施されている男性器のピアスは、ヴィクトリア女王の夫のお気に入りだった。

タトゥーはボディピアスと同じくらい昔から見られ、いまも同じくらい人気がある。タトゥーは体に描かれたシンボルであり、意義や重要性を伝えるので、私たちが単なる動物ではないという考えを強化する。起源は少なくとも古代エジプトまでさかのぼり、ライフサイクルにおける社会的な身分や地位を示すために使われることが多かった。紀元前五世紀、ギリシャの歴史家ヘロドトスは、トラキア人（当時有力だった民族）にとって「皮膚に刺し傷があることは貴族のしるしであり、それがないことは卑しい出自の証」だと述べている。

多くの文化でタトゥーは幸運をもたらし、事故を防ぎ、有望な配偶者を魅了し、若さを保ち、健康を増進し、不死を約束するものである。現在、アメリカ人の四人に一人、そして四〇歳未満の約半数が、一個以上のタトゥーを入れている。

恒久的な体の改造はほかにもいろいろある。皮膚に切り込みを入れ、切り口にビーズなどの物を挿入したり、傷口を炭や粘土でこすったりするスカリフィケーションは、アフリカで見られる。歯を削ったり、唇に皿を入れたりするのも同様だ。首を長く伸ばすために装飾用の輪をはめる。頭を成形する。古代エジプト人は長く伸びた頭を好んだが、現代の中央アフリカに住むマングベツ族も同じだ。そのために赤ん坊の頭を二枚の木片のあいだにはさむか、布でしっかり包む。胴体を完璧な形にするために、女性は（男性も）きついコルセットに体を無理やり押し込む。フランスの王妃カトリーヌが導入した拷問のようなウエストの締め具は、鉄製のベルトでできていて、ウエストのサイズを理想の三三センチに絞るものだった。さらに中国の女性は一〇〇〇年以上にわたって、幼いときから足を締めつけて成長を止め、理想的には長さ八センチ以内のハスの形をした足をつくり出していた。この慣習のために五歳の少女の足をきつく縛り、少女が成長したとき、足の指が土踏まずの下に一生折りたたまれて、実際に足が小さくなるようにする。ただし、親指はそのままにしておく。きつく締めつければ締めつけるほど、足は小さくなり、魅力的になると考えられていたのだ。しかしちゃんと歩くことはできない。

現在、幅の狭い先のとがったハイヒールに入るように「つま先切断の美容整形手術」を選ぶアメリカ人女性もいる。この手術を受けると、ふつうの靴で歩くのは不可能になるおそれがある。つま先はバランスのために必要であり、ハイヒールは腰に負担がかかることで知られている。しかし、あるファッション関係者が言うには、「だから何だというのか？　本物のレディーは選び抜かれたふさわしい靴をはいていない姿を見られてはならないし、このハイヒールへの依存は基本的にファッション界の適者生存である」

足や体の改造は収まる気配がない。アメリカ形成外科医協会の報告によると、二〇一二年に一四六〇万件の美容整形手術が行なわれ、そのほとんどが女性に対するものだった。乳房、ふくらはぎ、あご、頬、そして唇の拡大術、乳房縮小（おもに男性）、鼻の整形、脂肪吸引、まぶたの手術、腹部の整形、ボトックス療法（訳注：ボツリヌス菌から精製された製剤を皮膚に注射してしわを取る）、尻のインプラント、耳の整形、植毛、胸部のインプラント、そして顔、乳房、尻、額、腿、上腕のしわ取りは、現在とくに人気のある選択肢だ。アメリカでは、一〇代の女性、全年齢の男性、高齢の男女で、美容整形手術を受ける人がかつてないほど増えている。高齢者にとって、若い容姿を保つことは非常に重要である。『USAトゥデイ』紙の見出しが皮肉にも強調しているように、「老けて見えるくらいなら死んだほうがましと言う［高齢の］人もいる」。

要するに、体の一部を切り取ったり、毛を抜いたり、ピアスをしたり、タトゥーを入れたり、より美しくなれば、私たちはもう動物ではない。体を使って自分たちの文化的価値を主張する、歩く芸術作品なのである。

セックスと死は表裏一体

魅力的な容姿は動物性を否定するのに役立つが、もっとはっきりした実際的働きもする——バーで隣のスツールにすわっている人の気を引いて、うまくいけばあなたと関係をもつ気にさせるのだ。それに、なぜだめなのか？　鳥もする、ハチもする、動物もする、私たちも生殖器をつなげる。この最も古くて、最も盛んで、ほぼまちがいなく最も楽しい活動こそ、そもそも私たち人間が存在する理由である。

セックスがとても喜ばしいものであること、そして人はそれを得るために労をいとわないことは、疑う余地がない。実際、「結ばれたいという衝動」は人類の歴史において、ひとつの原動力となっている。性交を求めて戦争が起こり、帝国は散財してきた。マスメディアにもあふれている。風刺作家のデイヴ・バリーが言うように、「暴力とポルノは当然、いたるところの放送電波に乗っている。テレビをつければ、必ず見ることになる」。しかし私たちは、セックスに関して相反する感情も抱えている。セックスは心弾むものであると同時に恐ろしくもあるのだ。たとえば、中央ブラジルのメヒナク族はセックスを楽しみ、頻繁にするが、セックスは成長を妨げ、力を吸い取り、悪霊と死にいたる病を引き寄せるとも信じている。

それほど楽しいものについて、なぜ相反する感情があるのだろう？　アーネスト・ベッカーによると、「セックスは体でするものであり、体は死ぬもの」だからである。つまり、セックスは私たちの動物性、肉体性、そしてはかなさを強く示しているのだ。セックスは排尿や排便の次に、私たちが動物であることをまざまざと思い起こさせるものであり、これほど人間がけだもののように振る舞うようになることはない。動物園、農場、あるいはドッグパークに行ったことがある人なら、セックスをしている自分たちと交尾をしている動物が、視覚的にも聴覚的にも嗅覚的にもまちがいなく似ていることを、否定するのは難しいだろう。

さらに、セックスで注意が自分の体に向かうと、死の恐怖を食い止めるために頼りにしている象徴的アイデンティティが傷つくおそれもある。自我の意識が自分の体と心理的に心地よい距離を保つのは、神ならぬ身が裸でリズミカルに動いて密通しているときより、きちんと服を着て教会にいる教区民や、オフィスにいるヘッジファンド・マネージャーでいるときのほうが、はるかに容易である。

最後に、生殖のためのセックス――精子を提供する夫と体内に子を宿す妻の生体力学的なドッキング操作による一時的結合――では、自分たちが短命な歩く遺伝子貯蔵庫であって、人生のトラックをさっと一周したあと、次の世代にバトンを渡し、無数の死んだ無名の人たちの仲間に入ることを、ぼんやりとにしろ、痛切ににしろ、ともかく気づかされる。

セックスと死の心理的つながりを実証するために、われわれは被験者が自分の死について、またはテレビ試聴について考えたあと、次の調査を行なった。

少し時間をかけて、あなたにとって魅力的なセックス経験について、どういうことかを考えてください。次に挙げる行為を実際に経験している必要はなく、現在、パートナーがいなくてもかまいません。「いま現在」それぞれの経験がどれだけ魅力的かを評価し、頭に最初に浮かんだ答えを返してください。

①パートナーとの近さを感じること。
②パートナーへの愛情を表現すること。
③肌と肌を触れ合わせること（*）。
④互いに愛情を表現し合うこと。
⑤パートナーに心を開くこと。
⑥汗の味を感じること（*）。
⑦耳に舌を入れられること（*）。
⑧オーラルセックスをすること（*）。
⑨心のつながり。
⑩体液を交換すること（*）。
⑪セックスにまつわるロマンチックな感情。
⑫セックスのにおい（*）。

⑬パートナーに愛されること。
⑭精神的につながること。
⑮自分の性器がセックスに反応するのを感じること（＊）。
⑯パートナーの汗を自分の体に感じること（＊）。
⑰パートナーへの優しさを感じること。
⑱体液を味わうこと（＊）。
⑲二人が一体になること。
⑳オーガズムに達すること（＊）。

＊印の項目はセックスの肉体的側面を表している（ただし、調査でそのように特定されているわけではない）。ほかの項目は体には言及せず、セックスの感情的側面を表している。死について考えることは、セックスの感情的側面に対する被験者の印象には影響がなかった。しかし、死を思い起こさせられたあとには、セックスの肉体的側面をあまり魅力的でないと感じている。

次にわれわれは、セックスの肉体的側面について考えると、死についての考えが心に浮かびやすくなるかどうかを知りたいと考えた。そこで次の研究では、一部の被験者にセックスの肉体的側面についての項目だけでセックス経験に関する調査を行なった。残りの被験者には、セックスの感情的側面の項目だけで調査を行なった。死についての考えの浮かびやすさは、中立な言葉または死に関係する言葉のどちらかになる単語穴埋め課題で測定する。セックスの感情面を考えても穴埋め単語課題に影響はなかったが、セックスの肉体面を考えたあとには、死に関係する言葉が頻繁に出てきた。

つまり、「セックスと死は表裏一体」というアーネスト・ベッカーの主張は正しかったということだ。死について考えると、セックスの肉体的側面の魅力が減り、セックスの肉体的側面について考えると、死についての考えが意識に近づいてくる。

死にあおられるセックスの不安を管理するために、私たちはそこに象徴的意味を吹き込み、動物的なものから高尚なものへと変容させ、そうすることによって、心理的に安心できるものにする。何を「正常」な性的活動とするかの普遍的基準はなく、適切な性行為の定義は文化によって驚くほど異なる。ほとんどの文化では人目を忍んでセックスするのがしきたりだが、台湾の先住民族は子どもがいなければ人前で性交する。ホピ族（アメリカ先住民）は夜に暗闇のなかでしかしない。チェンチュ族（インドの先住民族）は日中にしかしない。

性行為にまつわる文化的制約の詳しい内容より、それが存在するという事実のほうが重要だ。文化が適切な性行為を明確に示すとき、セックスは動物が果たす生物学的義務ではなく、文化的儀式になる。昔からセックスを高尚な行為にしようと、古代ヒンドゥー教の『カーマスートラ』からアレックス・コンフォートの『The Joy of Sex　ふたりだけの愛の喜び』（双葉社）まで、無数の教科書が参考にされてきた。動物の性欲が人間の愛になるのだ。そして、「パートナーへの愛を表現すること」のような、セックスの有意義で感情的な側面を考えることは、死や自分の肉体性についての不安につながらないどころか、その不安から人を守っている。

魔性の女

ほぼあらゆる文化で、女性の体と性行為はとくにルールと制約の対象になっている。進化論者はその理由を単に、女性の貞節を守り、それによって男性が養っているのは自分自身の子孫である可能性を高めるために、他の男性が女性に近づく機会を規制する必要があるからと考える。それも話の一部かもしれないが、そこには動物性と死も関与している。女性の体と性行為に関する制約が存在するのは、ルールをつくるのはつねに男性であり、女性は彼らの性欲を高めるからだ。さらには月経、妊娠、出産のプロセスの肉体性も原因となる。ほとんどの社会において「女性は肉体と将来的な衰えに対する男性の強い嫌悪の表出である」と、哲学者のマーサ・ヌスバウムが書いている。「セックス、出産、月経にまつわるタブーはすべて、あまりに肉体的なもの、体の分泌にかかわりすぎているものを、回避したい欲求を表している」

大半の先進国や欧米諸国では、女性は昔ほどさげすまれてはいないが、この月経や乳分泌への嫌悪感の名残はいまだにある。たとえば、あなたは同じ人数の男子学生と女子学生とともに、「集団の生産性」に関する実験のために部屋に呼ばれて、パートナーと協力していくつか問題を解決することになると言われる。実験用のブースに入ると、パートナーは二一歳の女性で、すでにそこにいる。あなたがたは二人とも性格評価に記入し、それを実験者に提出するが、実験者は次の段階の準備のために部屋を出ていく。するとパートナーがリップグロスを取り出そうとバッグを探る。その途中、タンポンがテーブルの上に落ちる。あなたは一瞬それを見つめ、彼女はぱっとつかんでバッグに押し込み、リップグロスを塗る。そこで実験者が部屋に戻ってきて、一緒に作業することを見越して、あなたの認識としてパートナーがどれだけ有能か、賢いか、集中力があるか、親しみやすいか、そして好ましいか、評価する別のアンケートを渡す。

この女性に対する評価が、彼女がタンポンを落としていなかった場合につけたと思われる評価より下がったとしても、そうするのはあなただけではないだろう。あなたが男性か女性かは関係ない。実験では、その女子学生はじつは実験者に協力している。彼女はリップグロスを探しているときに、タンポンか髪止めのどちらかを、何気ないふうを装ってハンドバッグから落とすのだ。

研究者にわかったのは、女性がタンポンをテーブルに落としたあとのほうが髪止めを落としたあとより、男性の被験者も女性の被験者も、彼女を能力がなくて好ましくないと評価したことである。さらに、被験者は彼女から離れてすわった。おそらくとくに興味深いのは、タンポンのせいで男性も女性も、女性にとって外見はとくに重要だと評価したことである。この結果は、女性の美しさを強調することの少なくとも一部は、女性であることの動物的な面を否定する努力であるという考えを支持している。

妊娠と授乳もまた、女性の体がほかの雌の動物とよく似ていることを思い起こさせる。ある研究で、被験者は人間が動物とよく似ているとする小論文、またはまったくちがうと述べている小論文を読む。そのあと、デミ・ムーアとグウィネス・パルトロウという二人の有名人が、妊娠している場合としていない場合の写真を見せられる。人間は特別だと読んだあとの被験者は、二人が身ごもっているかどうかにかかわらず、ムーアもパルトロウも高く評価した。ところが、人間はほかの動物と似ていることを思い起こさせられたあとでは、男性被験者も女性被験者も、二人の有名人が妊娠している写真を見せられた場合のほうが否定的に評価した。また同様に、被験者が死に関するエッセイを書いたあとでは、授乳している母親と思われる女性を否定的に評価し、彼女から離れてすわった。

歴史を振り返ると、女性は危険で、周囲を汚染する、みだらな生きものであり、人間の災難全般の責任、とくに、情欲に駆られる男性の過剰な性行為を純情ぶって誘うことの責任を負うべきだと、男性から見られてきた。先ほど述べたように、これは男性がおもに物事の文化的成り立ちを決めているという事実を反映しているのだろう。ジェームス・ブラウンの有名な歌のとおり、「この世は男の世界、男がつくった、男中心の世界」である。有史以前から、男性は勝っている体力、政治力、経済力を利用して女性を支配し、見下し、コントロールし、さらに自分の自尊心を高めるために女性を劣等者として利用してきた。それに加えて、男性は視覚イメージによって容易に、そして頻繁に興奮するので、女性との一時的な行きずりの接触によっても性的に欲情する傾向がある。一九三六年に女優のメイ・ウエストは警護にこう言ったと伝えられている。「あなたのポケットに銃が入っているのかしら、それともあなたは私に会えてうれしいだけ？」

女性は男性を勃起させ、そのせいで男性は自分の動物性を否定しにくくなる。これは心理的に耐えられないことであり、自分は動物ではなく、魂と持続的アイデンティティのある特別な存在であるという男性の認識に対して女性がおよぼす脅威を和らげるために、「何かがなされなければならない」。女性が男性を興奮させる、あるいは性感を思い起こさせるとき、男性は自分が生きものであることも思い起こさざるをえない。そして死すべき運命の暗示が関与すると、見下したいという欲求が前面に出てくる。ある研究で、男性は死を思い起こさせられたあと、健全で地味な服装をしている女性より、セクシーで挑発的な女性を好ましくないと評価している。

別の研究では、アリゾナ大学の男子学生が、ぴちぴちのデニムのショートパンツをはき、ぴったりしたホルタートップを着た、とても魅力的なブロンドの女子学生のデナに会う（被験者のふりをしているが、じつは実験者に協力している）。彼らは死または痛みについて考えるよう誘導されたあと、デナと知り合うという名目で彼女と会話をして、そのあと彼女にどれだけ性的関心を抱いているかを示した。

死を思い起こさせられた男性のほうが、性的関心があまりないと報告している。

多くの主要な宗教は、女性を危険な誘惑者として、軽蔑し服従させるべき対象として、表現している。アブラハムの宗教は旧約聖書にしたがって、神はイヴを呪ったとき、彼女に対する完全な支配力をアダムに認め、彼女に「あなたは夫を慕い、彼はあなたを治めるであろう」（創世記三章一六節）と言ったとしている。使徒パウロは女性の役割を「黙っていること」であると言い、強いキリスト教思想に強い反女性メッセージを吹き込んでいる。

軽蔑と支配はすぐ虐待に変わるおそれがある――宗教も文化も、女性に身のほどをわきまえさせることも務めだと男性に命じていることを考えれば、それも無理はない。アメリカ人の家庭内暴力は、自動車事故、路上強盗、レイプを合わせたより多くの女性にけがを負わせていて、虐待された女性のほとんどが、男性は自分を攻撃するとき四つの非人間的な言葉を使うと言っている。それは「雌犬《ビッチ》」、「陰部《カント》」、「娼婦《ホアー》」、「尻軽女《スラット》」。女性に対する暴力は、女性を「ホー（アバズレ、娼婦）」や「ビッチ」と呼ぶラップの歌詞や、女性がアナルセックスや集団レイプをされるポルノ映画に表現されている。

女性に対する暴力傾向の広まりは、セックスについて男性が抱く相反する感情に根ざしている部分があるかもしれないと、われわれは考えている。動物性を否定する必要と性欲の対立によって、男性は自分自身の性的興奮に困惑する。男性は女性を性的に魅力的だと感じるので、男性は自分の肉欲的衝動を女性のせいにし、自分の動物性を思い起こさせる女性を見下し、虐待する。

死を思い起こさせられることが、女性への攻撃を強めるのだろうか？　この疑問を解明するために、われわれはアメリカ人の男子大学生に、まず自分の死について、次に女性への強い性欲を感じるときについて、書くよう指示した。そのあと彼らは、男性がガールフレンドにひどい暴行を働いた裁判で、罰を与えようとしている裁判官のふりをしなくてはならない。男子学生は死と自分の性欲の両方を思い起こさせられると、虐待したボーイフレンドに対して、とくに軽い刑を推奨した。この結果から、私たちがメディアを通じて受け取る死とセックスを結びつけるイメージの多くは、女性への暴力に男性が寛容になる原因となりうることがわかる。女性がセックスをしたあと、つけねらわれて殺されるという古典的なホラー映画のシナリオのような、映画のなかの死とセックスのつながりは、ここで論じてきた相反する感情を反映している。男性はセックスを強く望むが、同時にその欲望を喚起したことで女性を罰したいと感じる。

肉体をもつ動物でありながら死を認識していることは、じつにやっかいである。私たちは自分が犬や猫、魚や虫と変わらない、生物学的な生きものであるという考えに、とにかく耐えられない。そのため総じて、人間は動物とは異なり、動物より優れているという見方に偏っている。自分たちの体を飾り、改造し、動物としての死骸を文化的象徴に変える。自分のことを、腰を動かしながら我を忘れそうになるホルモン制御の遺伝子再生マシンと考えるのではなく、性交をロマンスに変えるために「愛し合う」。そして女性がホルモンや血や赤ん坊をあふれ出させるとき、男性は自分自身の肉欲的衝動を女性のせいにする。そのため、女性についてのネガティブなステレオタイプは消えず、女性への虐待が正当化される。

そういうわけで、人間がみずからの動物性を遠ざけるのは、芯に死の恐怖があるからだ。そのせいで私たちは自身の体とも互いにも距離を置き、地球上のいたるところにいて、私たちと同じように鼻、唇、目、歯、そして手足がある、ほかの生きものからも隔絶している。

第9章

二つの心理的防衛

私ではない、いまではない。
――スティーヴ・チャップリン『時間と死の心理学』

あなたはどれくらいの頻度で死について意識して考えるだろう？　疾走するタクシーと衝突しそうになったとき、あるいは命にかかわる病気と闘っているときでない限り、それほど考えないだろう。実際、ほとんどの人はおおむね死に無関心だ。それでも本書ですでに見てきたように、死の認識は人間の経験のさまざまな側面に広く影響を与える。

どう考えればこの二つの事実は矛盾しないのか？　まず、たとえ私たちがあまり注意を払っていなくても、死を思い起こさせるものは日々、そこら中にあると認めることが重要だ。そのほとんどは、新聞、テレビ、インターネット（あるいはあなたが現在読んでいる本）からたまたま目に飛び込んでくる、死すべき運命の暗示である。しかし、自分が知っている人に対する死の脅威が関与するものもある。病気の祖父母、通りに飛び出しそうになった幼い息子、飲酒運転でつかまったティーンエージャー、あるいは首にできた妙なしこり。この二四時間で経験したことを注意深く考えれば、このような死との遭遇を思い出せるだろう。しかしこの点をわかりやすくするために、われわれがこの章の前半を執筆していたある一日に起きたことを考えてみよう。

二〇一二年七月一一日、バシャー・アル・アサド大統領の支持者によってすでに何千人もの人々が殺されていたシリアで、血なまぐさい内紛が本格的な内戦になりそうだった。イエメンの首都サヌアの警察学校で起きた自爆テロでは、少なくとも八人が死亡した。難民がリビアからイタリアまで地中海をゴムボートで渡ろうとしているあいだに、飲料水が切れて五四人が死亡した。アメリカでは、熱波によって中部および東部一帯の気温が記録的に上昇したせいで、数日間に少なくとも四二人の死亡が確認された。ロシアのクリムスク郊外では大洪水が起こり、野辺に四六の墓が掘られた。キューバのコレラ大流行は首都ハバナにまで到達した。イギリスでは、国内屈指の裕福な女性でアメリカ生まれのエヴァ・ラウジングの遺体がロンドンの自宅で発見された。ユタ州では、深夜に六歳の少女の自宅にガラスの引き戸から侵入し、彼女をレイプして殺害したとして、男が逮捕された。

このようなあらゆる悪いニュースから気をそらすために、私たちはたいていすべて無視し、もっと楽しいことに注目する。テレビを見たり、映画に行ったり、ビデオゲームに興じる。しかしこのような楽しい気晴らしにも、死のイメージはあふれている。全テレビ番組の五七パーセントに暴力シーンがあり、アメリカの若者は一八歳までにドラマに描かれた一万六〇〇〇の殺人と二〇万の暴行を目にすることになる。一三歳以上を対象としたビデオゲームもまた主要な娯楽だが、四〇分間プレーすると平均一八〇回の攻撃をすることになり、一カ月で五四〇〇回にもなる。

メディアが伝える死のイメージに加えて、私たちの周囲では現実の不幸もたくさん起こる。命にかかわる傷害事件は路上にも家の周囲にもはびこっている。自動車事故は毎年六〇〇〇万件発生し、そのせいで一三分に一人が息を引き取る。車を運転する人の二人に一人が道路上で動物をひいた経験があり、シカ、エルク、ムースのような比較的大きい動物との危険な遭遇も増えている（ペンシルヴェニア州だけでも一〇万頭近いシカが毎年ひかれている）。ふつうに生活している人にとって、車やトラックに乗っているとき以外で最も危険な場所は自宅である。転倒、中毒、火事、呼吸困難や窒息、そして溺れることが原因で、毎年アメリカでは一万八〇〇〇人が死亡し、一三〇〇万人がけがをしている。もちろん、ほとんどの人は家族や友人も含めてそれほどの災難には遭遇しないが、毎日のように内輪の誰かが事故を起こしかけたり、異常な頭痛に見舞われたり、消化不良を起こしたり、皮膚のしみが新たに見つかったり、といった経験をすることは珍しくない。そして中年になれば、白髪もしわも体の痛みも、死がどれだけ近づいているかをまざまざと思い起こさせる。

人生がそんなにも危険に満ちていて、命にかかわりかねない危険を思い起こさせられてばかりなら、人はつねにクローゼットのなかで縮こまるか、必死になって大量の鎮静剤を探すはずではないのか？　死はほんとうに人間の芯に巣くう虫なのか、それとも不機嫌な芸術家や哲学者、そしてわれわれ三人のような心理学者の、常軌を逸した強迫観念にすぎないのか？

近位防衛と遠位防衛

「私は乳がんで死にかけています」とギゼラは書いた。「乳房切除術は遅すぎました。脇の下にいたるまで胸全体に大きなえぐり取られた跡があります。かつて乳房があった場所です。それを見るのは恐ろしい。がんは転移していると医者は言っています。肺の内壁に移っていて、そのためにかなり咳が出ます。まだ化学療法を受けていますが、そのせいで吐き気がひどいです。体重も減っていますし、髪はすべて抜けました。ナチスの強制収容所の生存者に似てきています。私は死ぬには若すぎるし、ものすごく怖いです」

ギゼラはほんとうはがんで死にかけているのではなかったが、母親がそれで悲惨な死をとげたのを目の当たりにしていたので、そのプロセスがどういうものかをはっきりわかっていた。彼女は一九九〇年代にドイツ人研究者のランドルフ・オクスマンが行なった研究の被験者だった。オクスマンは、被験者が自分の死について考えることで生まれる感情と、自分が死んだらどうなると思うかを説明したうえで、さらに、かなり進行したがんだと診断されのはどういうことかについて書くという、非常につらい二〇分を過ごしたら何が起こるか、知りたいと考えた。そこで彼は次に、娼婦と犯罪者を批判するよう被験者に指示した。自分の死すべき運命について考えたあと、売春容疑のキャロル・アン・デニスに対する保釈金を増やしたアリゾナの判事のように、被験者は厳しくなるのだろうか?

驚いたことに、このように死について時間をかけてさんざん思い起こさせられても、被験者の罰したいという欲求は高まらなかった。どういうことなのか?

オクスマンの研究とわれわれが判事に行なった研究とで最も明確にちがうのは、被験者が自分の死すべき運命について考えることに集中する時間が長かったことだ。そのため、われわれは別の実験を行なった。同じ調査で、死について少し考える場合と詳細に考える場合の影響を比較したのだ。一部の被験者は、例によって自分の死に関する二つの質問に答える。残りの被験者も同じ質問に答えるが、さらに死に対する心の奥底の感情について検討し、死ぬことに関して何がいちばん怖いのかを説明するように指示される。そのうえ、もしその深い感情を探るのに役立つなら、進行がんと診断されたと想像するように言われる。

次に、少し時間をおいたあと、被験者は親米と反米の著者について評価する。前の実験と同じように、死すべき運命についての二問に答えるだけの人たちは、親米の対象を好意的に評価し、反米の対象を否定的に評価した。しかし自分の死についてもっと詳しく考えた人たちは、親米の対象にポジティブな反応を示すことも、反米の対象にネガティブな反応を示すこともなかった。

これもまた妙な話だ。やはり常識と矛盾する。ダイナマイトの量を増やせば、爆発は大きくなる。ブレーキを強く踏めば、車はすぐに止まる。たくさんポテトチップを食べれば、たくさん体重が増える。死について考えることは、なぜ同じにならないのか？　死すべき運命について時間をかけてじっくり考えれば、まったく反応が起こらないのはおかしくて、より激しい反応が起こるはずではないのか？

この結果の原因は、死について深く考えた人たちは小論文を読んだとき、まだ死について考えていた可能性が高いことにある、とわれわれは考えた。通常、われわれの研究の被験者は、死すべき運命について考えてから小論文の著者を評価するよう求められるまで、短い中休みを経験する。死について深く考えるように促されなかった被験者にとって、この中休みは死についての考えを頭から追い出すのに十分な時間だったのだろう。しかし、自分の死について徹底的に考えなくてはならなかった被験者にとって、その死の運命に関する考えを振り払うのが難しかったのかもしれない。

この直感を確かめるために、われわれは親米と反米の小論文に対する反応の研究をやり直した。今回、一部の被験者は、自分の死について考えることで生まれる感情と自分が死んだらどうなると思うかを記述したあと、中休みを取った。残りの人たちは、死について考えてからすぐに小論文の評価に移った。死を思い起こさせられたあと中休みがあった被験者は、親米の対象を好意的に、反米の対象を否定的に評価した。ところが、死について考えた直後に親米と反米の小論文を評価した被験者は、あまり自己防衛的な反応を示さなかった。われわれの直感は正しかったのだ。

この研究を踏まえ、追加の研究による裏づけもあって、人間は死の考えに対処するために二種類の心理的防衛機制を使うという理解に達した。私たちが死を意識しているとき、「近位防衛」が始動する。これは死の考えを排除するための理性的な（あるいは合理的な）努力である。そういう不安な考えを抑え込むか、気を紛らわせるか、死の問題を遠い将来に押し出すのである。

それに引きかえ死についての無意識の考えは、「遠位防衛」を作動させる。この防衛機制は、死の問題と論理的または意味論的な関係はない。犯罪者に厳しい罰を科すことや、自分たちの文化的価値観を否定する他者を見下すこと、あるいは自尊心を高めようとすることは、私たちはいつか死ぬという厳しい現実と直接的な関連はほとんど、またはまったくない。にもかかわらず、そのような反応が死の恐怖を弱めるのは、私たちは死んだあとも文字どおりに、または象徴的に存続するという信念を支持するからだ。

近位と遠位の防衛機制は一般的に連係して働く。死を思い起こさせられると、その不快な考えを頭から追い出そうとして近位防衛が起動する。しかしいったん追い出しても、その考えは意識の周辺にいつまでもぐずぐずとどまるので、次に遠位防衛が起動する。ほとんどの人が日々死すべき運命の暗示を浴びせられているにもかかわらず、自分は死について考えていない、あるいはそのような考えに影響されていないと思っているのはなぜか、これで説明がつく。要するに、近位防衛が死の考えを心の最前線から退け、遠位防衛が無意識の死の考えが意識にのぼるのを防いでいるのだ。

とはいえ、そもそも近位防衛に実効性があるのは、自分は有意義な物事の文化的成り立ちに貢献する貴重な存在だと信じる、遠位防衛の継続的活動のおかげである。これは込み入った考えなので、たとえで話をしよう。心理的安心感を、雨漏りのする古い家の内部を豪雨のときに濡らさないようにする方法と考える。屋根を抜けて落ちてくる雨粒を受け止めるために、家中にバケツを置く必要がある。雨は死の考え、屋根はあなたの遠位防衛、バケツは近位防衛を表す。水が家のなかに流れ込むのを防ぐ役割を果たす屋根（つまり死の考えが意識にのぼるのを防ぐ遠位防衛の機能）の漏れ穴が二、三カ所だけなら、水を集めて家を濡らさないようにするのにバケツ（近位防衛）で十分である。しかし屋根にやたらと穴がある場合や、嵐で屋根が完全に吹き飛んでしまった場合、バケツでは水の流入を食い止めることはできない。そうなるとあなたの心の家は、あっというまに死の恐怖の激流で水浸しになる。

つまり、遠位防衛は死の考えが意識にあふれるのを防ぐ。近位防衛は生涯にわたって、死が私たちの心の前面や中心に立つような場合の対処に役立つ。しかしたいていの人にとって、そのような場合が生じるのを遠位防衛が最小限に抑えるので、近位防衛による気晴らしや正当化で対処できないほど、自分の究極の運命のことばかり考えることはない。

では、近位と遠位の防衛機制がふだん、どう機能するかを考えよう。あなたはロウアーマンハッタンのアパートに住む中年の人物だとしよう。目覚ましのために公共放送に合わせておいた時計つきラジオが、中東で爆弾の爆発によって罪のない人たちが殺されたというニュースであなたを目覚めさせる。あなたがぱっと目を開くと、アパートの前の通りで鳴るサイレンの音が聞こえる。ベッドを抜け出してバスルームに入るが、そこで鏡を見ると、こめかみの髪が白くなってきていて、目の下のたるみが大きくなり、鼻の横に見慣れない新たなしみができているのがわかる。ひげを剃っているとき、肌を傷つけて血が出る。

寝室で服を着ながらテレビをつける。どこかの都市を地震が襲い、何千人もの人が死亡した。死者ががれきの下から引っ張り出される光景を、あなたは見守る。記者が救助隊員にインタビューしている。衛生当局は増加していく死者の数を嘆き、この災害に続いて広がるおそれのある悲惨な病気を心配している。あなたは気分が落ち込んでチャンネルを変える。別のチャンネルにして、気候変動のせいで小さな島国のキリバスでは一〇万人以上の人が自宅を離れ、フィジーの高い土地に移らなくてはならないかもしれないという事実を知る。

あなたは頭を振りながらテレビを消し、キッチンに入る。食物繊維たっぷりのシリアルを食べ、ふと結腸がんで亡くなったいとこのことを考える。それからエレベーターで通りまで下りる。あなたはエレベーターが好きではない。あの落ちていく感覚で吐き気がする。プレッシャーのかかる仕事に向かう途中、黒っぽい服を着て難しい顔をしたマンハッタンの住人たちと一緒に通りを渡っていると、加速するタクシーに接触しそうになる。アドレナリンが出てぞくっと身震いがする。オフィスに着くと、給湯室で同僚が「ねえ、この面白い情報を読んだとこなの。寒さに強い人のほうが長生きするって知ってた？」などと話しているのが聞こえる。

恐ろしいニュースばかり知らされ、交差点でアドレナリンが噴出するような出来事に遭遇する朝、心理学的にあなたに何が起こっているのだろう？　タクシーにぶつかりそうになった直後、あなたの脳は自分がひかれていたかもしれないという認識を消そうと、防衛機制を発動する。あなたが死を意識しているとき、近位防衛は死の考えが生まれたらすぐ、あなたの頭から追い出すよう働く。あなたは自分に言い聞かせる。「私の人生はまだずっと続く」

同時に近位防衛は、自分がこれから何年も生き続けることを示す論理的と思われる証拠のかけらを探すように命じる。寒さに強い人のほうが長生きすると言っている同僚があなたの思考をとらえる。あなたの飢えた脳はこの考えをつまみ上げて離さない。あなたはオーバーコートなしに通勤すれば、死と一定の距離を保てると考える。この点を実証する巧みな研究で、寒さに強いことは長生きと関連があると言われた人は、この（完全にうその）関連を教えられなかった人より、長く両手を氷水入りのバケツに浸していた。

そしてあなたは一日を過ごしながら、近位防衛のおかげで日常的に死すべき運命を思い起こさせるもの——目の下のたるみ、遠方の地震や爆撃のニュースなど——から気を紛らわせたり、そういうものを抑え込んだり、正当化したりすることができる。「私はちがうし、いまではない」と自分に言い聞かせられる限り、死を思い起こさせるものは白色雑音と同じようなものだ。もし防衛機制がなかったら、あなたは年がら年中死が気になってパニックになっているだろう。

死の考えが意識から消えてはじめて、遠位防衛が始動する。あなたはオフィスのデスクで、今年社内最高額のボーナスをもらうことを夢見て、その功績をたたえて自分の名前が本社の飾り板に刻まれるところを想像する。自分は有意義な世界の重要な人物であるという感覚を強化することで、不朽の名声によって死を超越できそうに思える。「私はちがう」とあなたは考える。「永遠に！」

無意識による起動

「でもちょっと待って」とあなたは言うかもしれない。「無意識の死の考えが自分の判断にどう影響するかはわからない。死が私の心にあるにもかかわらず、そのことに私が気づいていないとき、どうして遠位防衛が起動するとわかるのだろう？」

事実、あなたの脳はあなたが思うより頻繁に死について心配して悩むのだが、遠位と近位の防衛機制の継続的な活動が、あなたがそれに気づくのを食い止める。そのおかげであなたは死ぬことを心配しながら歩き回る代わりに、まず近位防衛の働きによって、ランチに何を食べたいかとか、『アメリカン・アイドル』（訳注：人気オーディション番組）で次に落ちる出場者は誰か、というような問題で気を紛らす。そのあと遠位防衛が、あなたの信念はどれだけ正しいかとか、あなたはどれけのことをなし遂げているかなどについて考えるように、あなたを導く。

人の意識の外に死の考えがうろついているとき、遠位防衛がほんとうに起動するのか確かめるために、研究者が潜在意識《サブリミナル》へのメッセージを使うとどうなるかを検討しよう。サブリミナル・メッセージがかかわる実験は、一九五七年に市場調査員のジェームズ・ヴィカリーがニュージャージー州フォートリーの映画館で行なった調査が始まりとされている。観客が映画を観ているあいだ、二つの気づかれないサブリミナル・メッセージ（「ポップコーンを食べろ」と「コカコーラを飲め」）が五秒ごとに三ミリ秒間、スクリーンに表示される。ヴィカリーはポップコーンとコーラの売り上げが劇的に増えたと主張したが、のちにその結果はでっち上げだったと認めている。それでも、その後の研究でサブリミナル・メッセージは実際に効果があることが示されている。

われわれが気に入っている研究のひとつは社会心理学者のマーク・ボールドウィンらによるもので、カトリック教徒の女性に、女性が性的刺激の強い夢について描写する短い話を読んでもらう。

それは心地よい控えめな夢だった。彼女はマイク・キャンベルと寝ていて、ただし……ベッドのなかではなく屋外にいる。……夢のなかでは実際に春になっていた。……二人は緑の芝生の上に寝ころがり、弾力のある草を背中の下に感じながら、互いの手をもてあそぶ。しばらくのあいだ彼は何も言わずに彼女を見つめ、そのあと彼の手がゆっくり彼女の首元に伸びる。彼が彼女の柔らかい茶色の髪をまとめていたピンをはずしたので、髪が彼女の肩にかかる。彼は身を乗り出し、唇で彼女の唇をためらいがちに、ゆっくりとかすめ、そして彼女を腕に抱き上げ、またキスをする。彼は慎重に彼女の服をぬがせる。ぬがせたものをきちんと畳んでから、次に移る。時間はかかったが彼のやり方が完璧だったので、そのうちジャネットはかつて経験したことがないほどすっかり裸になった気がした。

そのあと、女性の半数はローマ法王（ジョン・パウロ二世）、半数は同年代でよく似た見知らぬ男性のサブリミナル写真を、五秒ごとに五ミリ秒間、繰り返し示される。法王も見知らぬ紳士も、明らかに非難めいて眉をひそめている。そのあと全員が、自分の有能さ、道徳性、そして気性を評価するように指示される。サブリミナル・イメージが見えたと報告する女性はいなかったが、眉をひそめる法王を示された人たちのほうが自分を、有能ではなく、道徳的ではなく、心配性だと評価した。サブリミナル刺激には強い心理的効果があったのだ。

死に関係する言葉をサブリミナルに示すことで遠位防衛が起動するかどうかを判断するため、われわれはまたアメリカ人の被験者に、外国人学生が書いたアメリカを支持する小論文と非難する小論文を評価してもらった。しかしこのときは、こっそりひねりを加えておいた。論文を読ませる前、コンピューターラボに学生をすわらせ、二つ一組の単語を見せて、それが似ているかそうでないかを判断してもらったのだ。「花」と「バラ」のような単語がコンピューター画面上に表示されれば、右側のキーを押す。「ファヒータ（訳注：メキシコ料理の一種）」と「スニーカー」のように関連のない単語が表示されれば、左側のキーを押す。このようなきちんと見える二つの単語のあいだに、われわれは「死」、「野原」、「痛み」または「失敗」のどれかひとつを、二八ミリ秒間――意識が気づくには不十分な時間――ちらりと表示した。

きちんと見える単語のあいだに何かが見えたと報告した人はいない。そして「野原」、「失敗」、「痛み」というサブリミナル単語は、小論文の著者の評価に影響しなかった。しかし「死」という単語をサブリミナルに示された被験者は、親米の学生に好意的な報告をし、反米の学生に対する軽蔑の念を強めた。ただの「死」という単語が、人々の判断に大きな影響を与えたのだ――たとえ本人はそれを見たことに気づいていなくても。

この実験はほかの同様の多くの実験とともに、無意識の死の考えが遠位防衛を起動させることを示している。

健康への影響

近位と遠位の防衛機制は、人々が日常生活で死の予感に対処する方法に影響し、健康に関することとなればなおさらである。われわれの元教え子の二人、ジェイミー・アントとジェイミー・ゴールデンバーグは、さまざまな健康に関する懸念に対して、近位と遠位の防衛機制が有益な反応と有害な反応の両方を生む様子を明らかにする研究の最前線にいる。人はだいたい自分の生命と健康を保つために正しいことをする――接近する車をよけたり、インフルエンザの予防接種を受けたりする――が、喫煙や避妊なしのセックスのようなリスクの高い活動によって健康を損ないもする。二人のジェイミーの意見によると、人々の中心的動機は自分自身を大事にすることよって死の恐怖を鎮めることなので、意識的および無意識の死の考えは、健康に関連する態度と行動にさまざまな影響をおよぼす可能性があるという。そして近位と遠位の防衛機制による反応には、本人にとって有益なものもあれば、病気や死さえ助長するものもある。

健康に有益にもなり、有害にもなる

近位防衛――意識から死の考えを振り払うために使うもの――は、体の健康を改善する可能性もある。あなたが医師の診察を受けて、アテローム性動脈硬化症になる危険があると言われたら、命にかかわる心臓発作を起こすかもしれないと思い、チーズスティックフライの代わりにニンジンのスティックを食べる気になるだろう。ニンジンを食べることで、あなたの心からは死が、動脈の内壁からは脂肪の塊が取り払われることになる。あなたが咳き込んで吐いた痰はどうだろう？　原因はたちの悪い風邪か、それともがん性の腫瘍？　検診のために医師の予約を取ることで、あなたの心から死が振り払われ、実際に検診を受けて医師が何かを疑えば、がんの早期発見で回復の可能性は飛躍的に高まる。

死を思い起こさせるものに対する近位防衛の反応に有益な効果がありうることは、研究で確認されている。自分の死すべき運命について書いた直後で、おそらく死の考えが意識にあるときのほうが、人は運動し、ビーチで使うのに強力な日焼け止めを選ぶつもりだと報告している。同様に、自分の死すべき運命について書いた直後、たまにタバコを吸う人はタバコの量を減らすつもりだと報告している。このような状況では、死の考えを意識から消そうとする近位防衛の反応は、体の健康を増進する役割も果たす。

しかし、近位防衛が有害な影響をおよぼす場合もある。「チーズスティックフライは私が太っていたら体によくないかもしれないが、幸い私はただの骨太だからたくさん食べてもいい」などと言って、自分の悪い選択を正当化することがあるのだ。この種の「私はちがう」戦術は死の考えを心から取り払うが、体の健康を増進することは何もしない。「いまはちがう」戦術も有効だ。「運動するには暑すぎるし、独立記念日の野外パーティーで隣人がビール樽を開けるのを手伝わないのはよくない」とか「ワインセラーが空になったらすぐに飲酒量を減らそう」というわけだ。そのようなやり方は死の考えを心から追い払うが、そうすることで、有益な行動をたいてい無期限に先延ばしにする。

注意を自分自身からそらすことも、死の考えを意識から追い払うのに役立つ。自分を意識しているとき――たとえば鏡に映る自分の姿を見たり、誰かが自分のことを見ているのに気づいたりして、自分が自分のことを考えているのに気づいたとき――には、死の考えが心に浮かびやすくなることが、研究で示されている。そのため、人は死について考えたあとはとくに、なんとかして自分に注意を向けないようにしようとする。食べすぎ、飲みすぎ、チェーンスモーク、長時間のテレビ視聴はすべて、自意識を弱める。巨大なピザを一ケースのバドワイザーで流し込み、マルボロを一パック吸って、ジェームズ・ボンドの映画を立て続けに何本も見ることほど、自意識を弱めるものはない。

したがって、安全運転講習でひどい自動車事故の映像を見た直後、家に帰る道ではスピードを落とそうと誓うことは、意識にある死の考えを無意識に押しやるための近位防衛の効果的な作戦である。これはOK。出発前に自意識を弱めるために強い酒を引っかけるのも、同じ近位防衛の働きである。こちらはよくない。

たとえば、あなたはイスラエルのヘルズリヤにある学際センター（IDC）の美しい構内を歩いているとしよう。（架空の）カリマ研究所が出しているチラシを手渡される。「死ぬことが心配ですか？　おまかせください！　お電話いただければ、心身ともに悩みを解決して差し上げます」。文章のあとに電話番号と担当者の名前が書いてある。それからほんの数秒後、わずか一五メートル先で、気さくな学生が屋台でカイピリーニャ――カシャッサ（非常に強いブラジルのラム酒）、粗糖、ライムでつくった飲みもの――はいかがですかと勧めてくる。宣伝によればアルコール度数はなんと三〇度。あなたがその酒を飲む可能性はどのくらいだろう？

この巧みな実験は、実際にわれわれの同僚のギラッド・ヒルシュベルガーとＩＤＣの共同研究者によって行なわれた。被験者の半数は前述の死ぬことについてのチラシを渡され、残りは表面的には似たようなカリマ研究所のチラシを受け取る。「深刻な腰痛にお悩みですか？　おまかせください！　お電話いただければ、心身ともに悩みを解決して差し上げます」。そして被験者の半数はアルコール度数の高いカイピリーニャを買うよう誘われ、残りは同じくらいの値段のさわやかなソフトドリンクを勧められる。

被験者が痛みか死に関するチラシを受け取って、そのあとソフトドリンクを勧められた場合、売り上げはどちらも同じくらいだった。ところがアルコールがメニューにあると、大きな差が生まれた。この場合、死ぬことについてのチラシを受け取った人の三分の一以上がカイピリーニャを買ったのに対し、腰痛についてのチラシを受け取った人では一〇分の一以下だったのだ。薬やアルコールによって「心地よくしびれる」のは、意識から死の考えを消すためのいい方法だが、健康で生き続けるにはあまりよくない。

人は意識にのぼる死の考えに対して、どういうときに破滅的ではなく建設的な近位防衛で反応するのだろう？　より有益な対処には二つの基本的な決定要因があるようだ。第一に、自尊心が高い人は死の恐怖が弱く、したがって本物の死の脅威――たとえば深刻な不整脈やがん性メラノーマ――が生じたときに、気を紛らわせたり正当化したりする必要はそれほどない。彼らはこのような問題に真っ向から対決することができる。第二に、運動や医療、そして健康的な生活で寿命は延びると信じる傾向にある楽観的な人々は、診断を求め、健康を増進する行動を取る可能性が高い。たいしたことはできないと疑う傾向にある悲観的な人々は、気を紛らそうとしたり脅威を否定したりする可能性が高い。

リスクの高い行動をしたくなる

死の問題が意識の端にあるとき、健康に関係する態度や行動はどうなるのか？　自分の死すべき運命を思い起こさせられた直後、人は死の考えを意識から取りのぞくために、運動を増やす計画のような近位防衛を始動させる。しかし数分後にはまったく異なるイメージが現れる。ひとたびこのような死の考えが意識から薄れてくると、あなたの反応は自尊心のもととなる価値観や核となる文化的信念に左右される。

たとえば、あなたは自分の体に気を使い、食べるものに配慮し、毎朝五キロ以上走りたいと思っているとしよう。あなたの自尊心の基盤は、容姿端麗と健康を保っていることだ。あなたはほかの人たちと一緒に、われわれがいつも使う死について考えるよう求める小論文の問題を与えられる。そのあと数分間、つまり近位防衛が死の考えを意識から消すのに十分な時間、小説から抜き出した平凡な一節を読むよう指示される。最後に、これからどのくらい運動をするつもりかという質問を含むアンケートに答える。健康であることを自尊心の基盤にしているほかの被験者と同じように、あなたも運動の計画を強化するつもりだと報告する。しかし、もしあなたの自尊心の基盤が全身の健康ではなく、切手コレクションの品質だとしたら、運動の心づもりに変化はなかっただろう。

この実験は、近位防衛と遠位防衛の差も強調している。近位防衛は死の考えを意識から追い出すが、遠位防衛は自尊心を支える。死の考えが意識にあるとき、運動がもつ健康と長寿へのメリットは死の考えを意識から追い出すので、ほとんどの人は——健康マニアも切手収集家も同様に——運動を増やすと言う。しかし、ひとたび死の考えが意識から消えると、自尊心の基盤を健康に置いている人だけが、もっと定期的に運動すると話すことによって、無意識の死の考えに対抗する。

近位と遠位の防衛機制のちがいを明らかにしている研究はほかにもある。被験者は死または失敗について考えたあと、ミネラルウォーターの新製品「Ｈ２Ｏ」の二つある広告のうちのどちらかを読む。ひとつはジェーン・ワトソン博士の推薦、もうひとつは女優ジェニファー・アニストンの支持を示している。死について考えた直後に広告を読んだ被験者は、ワトソン博士の推薦がある広告ではＨ２Ｏを高く評価し、たくさん飲んだ。死のことがまだ心にあるとき、私たちは医学の専門家に耳を傾けることによって、健康に最善のことを行なう。ところが死について考えたあと、Ｈ２Ｏの広告を見る前に短編小説を読んだ被験者は、ジェニファー・アニストンのほうが説得力があると感じた。ジェニーが推薦している広告の水を好意的に評価し、たくさん飲んだのだ。意識の端に死があるとき、人はリッチなセレブをまねすることによって、最新流行のことをやりたがる。

残念ながら、自尊心を高める最新流行のことは、健康によくない場合が多い。そして皮肉なことに、死の考えが意識の端にあるとき、私たちはそういうことをやりがちなのである。

たとえば、死について書いた直後は、ほぼ全員がより強力な日焼け止めを買おうとするのに、数分後、日焼けしていることを自尊心の基盤にしている人たちは、強力でない日焼け止めを選び、日焼けサロンに行くことへの強い関心を示している。別の実験では、「喫煙者は早死にする」、「喫煙は致命的な肺がんにつながる」という、タバコの包装の警告メッセージを読んだ一五分後、喫煙をポジティブな自己イメージの一部ととらえている人は、喫煙について好意的な態度を示し、将来的に喫煙する可能性が高いと主張した（しかし、警告ラベルが死につながる健康への影響を示すのではなく、「喫煙はあなたの魅力を半減させる」と強調している場合、喫煙をポジティブな自己イメージの一部ととらえている人も、進んで禁煙しようと思うと報告している）。

同様に、死について考えた数分後、運転技術を自尊心の基盤にしている人は、違法な追い越しをしたり、赤信号を無視したり、スピード違反をしたり、一方通行の道に反対から入ったり、パブでビールを飲んだあとに友人をたくさん乗せた車でスピードを出し過ぎたりする可能性が高いと報告している。さらに本物そっくりの車のシミュレーターで、スピードを出して無謀な運転をした。

そのほかにも、自分の死すべき運命についてじっくり考えた数分後、スキンダイビング愛好家は、夜に照明なしで、または天候の悪いとき、あるいは気分が悪いときでも潜り、上昇中に減圧するための安全停止をしない可能性が高いと言っている。セックス愛好家も同様だ。死について考えた数分後、男性は避妊なしのセックスをしたがり、将来的にもっとたくさんのセックス・パートナーが欲しいと言う。さらに、ロッククライミング、スピード運転、行きずりのセックス、バイク乗り、スカイダイビング、大量の飲酒、スノーボード、ヘロインを試すこと、ハンググライダー、バンジージャンプ、いかだでの急流下りなど、あらゆる種類のリスクの高い無謀な活動をとくにやりたいとも報告している。

無意識の死の考えに対する防衛機制として重要な文化的価値観を肯定することは、健康に関係する態度と行動にも、驚くような影響をおよぼすことがある。現代医学を世界観の一部として重視する人々は、無意識の死の考えに対する反応として、そのような世界観を熱心に取り入れ、それにしたがって行動する。しかし、病気のときに現代医学より宗教的信仰に頼る人たちはどうなのだろう？　クリスチャン・サイエンティストのような集団の人々にとって、あらゆる身体的疾患は恐怖、無知、あるいは罪の結果であり、治せる力があるのは神だけである。そのため、信者は自分や家族のための医学的治療を拒否するよう迫られ、治療すれば生存率が九〇パーセントを超えるような病気で死にいたっている。広く報道されたある事例では、二歳の男の子がひと口のバナナを喉に詰まらせ、両親がほかの教会員を集めて一時間も輪になって祈っているうちに、彼は息を引き取った。一一歳のマデリン・ニューマンは未診断の糖尿病のせいで歩くことも話すことも、食べることも飲むこともできなかった。彼女は自宅の床の上で、祈る人々に囲まれて死亡した。

このような出来事はけっして珍しくない。二〇〇九年のアイルランドでの調査で、信仰にもとづく癒しを強く信じていると報告した回答者は、処方された薬の服用を守らず、自分の医者を不満に感じる傾向が強い。世俗的なイデオロギーも医療に対する抵抗を育むことがある。二〇一〇年秋、保守的な専門家が追随者に対し、連邦政府は信用できないからH1N1インフルエンザ・ワクチンを避けるように訴えた。このワクチンはオバマ大統領が社会主義革命を加速させるため、不妊症を引き起こすため、さらにワクチンにすべり込ませたナノサイズのマイクロチップによって一般市民を追跡するために、大量感染させる計画の一部だと主張する人もいた。

あなたがすでによく理解している考えだが、人は死を思い起こさせられると自分の世界観に固執し、その決定にしたがって生きる傾向が強まる。そのため、あなたが現代医学は悪だと信じている場合、病気になると思い起こさせられる死すべき運命が、自分の世界観と合う方法で病気に対処するようあなたを導く。その結果、無意識の死の考えはイデオロギーを動機とする服薬不履行を促進する傾向がある。たとえば、死について書いた数分後、アメリカのキリスト教原理主義者は、医療の代わりとしての祈りへの支持を強め、祈りのほうが医療より効果的だと評価している。彼らはさらに、宗教を理由とする医療拒否への支持が強く、自分は身体的疾患からの回復のために信仰だけに頼りたいと考えている。

ということは、近位防衛と同様に遠位防衛も両刃の剣である。ひとたび死の考えが意識にのぼらなくなると、遠位防衛が自尊心を高めて文化的価値観を強めるのを助ける。法律順守の最重要性を信じ、善良な市民であることに誇りを感じる人々は、より堅実に、無意識の死の考えが意識に戻ってくるのを防ごうとするかもしれない。それはいい。一方、ハンドルを握っての偉業で自分を評価するNASCAR(全米自動車競走協会)ファンは、無意識の死の考えを食い止めるために自尊心を高めようと、無謀にもアクセルを思い切り踏むかもしれない。これはよくない。

近位と遠位の防衛機制のちがいを理解することは、うまく行けば、心理学者と医療従事者が身体的健康を増進するための効果的な方策を開発するのに役立つだろう。死の考えが意識にあるとき、個人の健康的行動は有効だという楽観的な感覚を強化することによって、有益な近位防衛反応を助長できる。たとえば、エイズを有害で致命的な病気だと生々しく描き、早期発見の重要性と投薬治療の有効性も強調した直後で、死の考えが意識にあるとき、人々は近位防衛としてHIV検査を受ける気になるはずだ。しかし、HIV検査は生き延びるのに役立つ可能性がないと考えている人の場合、死の考えを意識から追い払うために、自分にリスクがあることを否定したり、薬物やアルコールを使ったりなど、不幸な近位防衛を展開する可能性が高い。さらに、しばらくして死の考えが意識の端に移って遠位防衛がかかわってくると、エイズの厳しい描写は、性的技量から自尊心を得ている人々にとって効果がない、あるいは逆効果になるおそれがある。エイズ予防のビデオを見た三〇分後、二万人以上の女性と寝たと豪語していることで知られるバスケットボールの名選手「ウィルト・ザ・スティルト（竹馬）」・チェンバレンのような人は、皮肉なことに、自尊心を高めて死を意識の端にとどめておくための遠位防衛反応として、複数のパートナーと避妊せずにセックスする傾向が強まるかもしれない。それなら、人々に死について考えさせる健康キャンペーンにとって最善の道は、健康に良い近位と遠位の防衛反応両方を十分に利用することである。それを実現するには、エイズ検査のような望ましい行動の効能を個人に認識させる一方、人は一般に見境のない乱交に眉をひそめ、避妊してのセックスを尊重することを強調するなどして、責任ある行動には自尊心を高める意味合いがあることを訴える必要もある。

死に対する近位と遠位の防衛反応の悪影響を最低限に抑えることによって、身体的健康を増進することはいいスタートである。しかし世界保健機構（ＷＨＯ）によると、健康とは「病気でないとか、弱っていないということではなく、肉体的にも、精神的にも、そして社会的にも、すべてが満たされた状態にある」ことだ。あるいは、古代ローマの詩人ユウェナリスが二〇〇〇年前に言ったように、「健全なる身体に健全なる精神が宿ることを祈るべきだ」。そしてこれから見ていくように、死の不安は精神の健康にも試練を与える可能性がある。

第10章
精神障害と恐怖管理のかかわり

人の精神状態にはつねに死への恐怖が存在することを、私たちは当然のことと思うかもしれない。……なぜなら、危険に直面したときの不安感の裏に、落胆と憂鬱の気持ちの裏に、つねに基本的な死に対する恐怖が潜んでいるからだ。その恐怖は非常に込み入った加工を施され、それとないかたちで現れる。……不安神経症、さまざまな恐怖状態、さらにはかなりの数の抑鬱的な自暴自棄状態や、多くの統合失調症は、死の恐怖がたえずつきまとい、所与の精神病理学的状態の重大な葛藤に織り込まれることを、はっきり示している。

――グレゴリ・ジルボーグ「死の恐怖」

縮れた茶色の髪に青い目、茶目っ気たっぷりの心理学専攻三年生のパットは、二〇代前半のとても聡明そうな若者だった。ある日、彼は笑みを浮かべて目を輝かせながら私（著者の一人）のオフィスに立ち寄った。「先生が認めてくださると思うものを書きました」と言って日記を開き、次の一節を指さした。

人は不安回避のメカニズムであり、けっして熟考しない。なぜ人は不安を回避しなくてはならないのか――そんなに本気で避ける不安の源、あるいは「原因」は何なのか？　何を恐れているのか？　人が真実を恐れていることはたしかだが、何についての真実なのだろう？　物事は自分の見えているものとはちがうのだろうか？　自分自身も自分が考えている自分とはちがうのか？

「へえ、これはとても鋭い考えだ」と私は彼に言った。「きみは人格理論や精神病理学の授業を受けたいんだろうね」

「いえ、そういう授業を取る必要はありませんよ」とパットは明るく言った。「もう心理学についてはすべてかなりわかっていますから。僕のいまの使命は、世界をもっといい場所にすることです。エイブラハム・リンカーンやウィンストン・チャーチル、ジョン・F・ケネディ、それにブルース・リーみたいに」

「ブルース・リー？」と私は尋ねた。「中国の武術家の？」

「そう、そのブルース・リーです」とパットが答える。リーはトースターと電子レンジを介して伝わるメッセージによって、自分に支援と助言をくれるのだと、パットは話し続けた。その時点で私は、パットは精神分析医になるための勉強をするより、精神分析医の診察を受けるほうがいいかもしれないと気づいた。

パットは地元の病院の精神衛生科でしばらく過ごしたばかりで、統合失調症と診断されていたことを、私はあとで知った。それ以降、私が朝七時にオフィスに着くと、パットが外で待っていることがよくあった。パットは地元のピザ店の同僚たちが彼の才能に関心がなさそうなことに落胆していたが、それを彼らの無知のせいにしていた。十分な時間とＪＦＫやブルース・リーからの導きさえあれば、自分はやがて宇宙の司令官というみずからにふさわしい地位に立つのだと、相変わらず自信満々だ。

結局、パットはピザ配達のアルバイトを失った。地球の状況を大きく変えることより、夕食が時間どおりに到着することのほうが大事なのだと、顧客から苦情が出たのだ。パットは数週のあいだにだんだん興奮するようになり、ある朝、私のオフィスにひどくだらしない格好で現れた。徹夜で自分の考えをまとめ、次のような支離滅裂な文を一〇〇ページ以上も書いていたのだ。

妙なこと――エセル・ケネディ、エミリー。＊ウォレンと彼の死んだ兄の電話。＊ニールと電話での疑問「きみは偏執症？」＊電話が切れたとき。＊僕は祖母が何のカードを投げるつもりかわかっていた。＊首から上全体がかゆかった。＊この紙は、僕の身に起こったが僕には理解できないし、しようとも思わない妙なことすべての記録である。＊テレビをとおして世界をコントロールしたとき。＊二回目の精神科入院について僕の心をよぎった考え。＊二回目の退院のあと、僕自身のものではなかった考え。＊考えられる自然発火のリスクを避ける。＊声が生じるとき、必ず「僕の心から出て行け」と言う。＊――パットを知っている世界の指導者がいる。＊忍者が僕をつけている。

それからしばらくして、パットはしぶしぶ精神病施設に入った。二週間後、パットは私のオフィスに戻ってきて、精神衛生科での経験についての日記を見せたがった。

一週間以上、僕は何もかもが可能な心の状態にあった。自然の法則にも逆らえると思う。……僕はいつの日か、ＪＦＫどころか、たぶん誰よりも優れた頭脳をもつことになる。そのような発達の鍵を握るのは、僕自身が学習の達人になることだ。この世でほかの誰にも見られなかったような発達の波が、パットの中に起こるのだ。おそらく僕には正式な大統領職の地位は必要ない。ペンと紙と演説で十分だろう。現状では、僕が大統領になることを妨げているのは有権者の偏見だけだ。僕がこの職に就くのに最もふさわしい人物であることはまちがいない。ふりをするかどうかの問題にすぎないと思う。僕はプレッシャーを感じない。不安を感じない。

それから二、三年、パットは職を転々とし、あちこちの精神衛生施設に一定期間入っていた。とても順調だった時期もあった。地元の工場での仕事を気に入っていたが、同僚たちは彼の聡明さに気づいていなかったし、本社で直接会いたいというパットのたびたびの申し入れに社長は応じなかった。自分を重役の地位に就けるなど、会社のやり方をちょっと変えれば、会社にも国にも世界全体にも大きなメリットになることを、パットは説明したかったのだ。ある日出勤すると、自分が解雇されたことを知って、パットはひどく驚いた。彼がそんなに長く雇われていたことに、私はひどく驚いた。

失業して数週間後、パットの母親から電話があり、パットが自殺したと聞かされた。母親に残したメモによると、彼は私に彼のランプ、本、そしてお気に入りの絵を遺していた。それは本書の第５章で触れた一六世紀の中国の風景画家、唐寅《とういん》の『わらぶき小屋で不死を夢見る』の大きな複製画だった。

われわれの考えでは、パットのお気に入りの絵も、彼が人間を「しゃべるソーセージ」と呼んだのも、偶然の一致ではない。芯に巣くう虫が彼をむしばんでいたのであり、統合失調症などの精神疾患をわずらう多くの人も同様である。

精神障害は一般にいくつかの要因が組み合わさって引き起こされるが、おそらくその多くに死の不安がかかわっている。消滅の恐怖に対する二つの盾――人生を有意義なものとし、自分自身を価値あるものとする考え方――が無事である限り、人はあまり精神的に動揺することなく生活を送ることができる。しかし遺伝的な性質、生化学的なアンバランス、不運な育ち、その他ストレスの強い生活のせいで、死にまつわる不安を鎮めるために二つの盾をうまく使えない人もいる。そのためそういう人たちは、感嘆すべき勇気と想像力をもって独自の防衛機制を確立しようとする。残念ながら、実存主義精神科医のアーヴィン・ヤーロムが言うこの「不器用な恐怖対処法」は、不十分であることが多い。恐怖が盾のひびから漏れてくるため、彼らはひどく苦しむ。

死の恐怖がさまざまな精神障害の一因となり、精神障害に表れる経緯を理解するために、臨床および実験が示す証拠にざっと目を通し、そのうえで、人々が死の恐怖をうまく管理できるようにするために、精神障害を恐怖の「管理ミス」としてとらえることの治療的意味合いを検討しよう。

統合失調症――死を拒む

パットのような統合失調症患者は、共通の文化的信念体系を分かち合うことができない、あるいはそうすることを嫌がる。どうしようもない恐怖に襲われて、統合失調症患者は想像の――ただし、あなたにとって本書が現実であるのと同じように、彼らにとっては現実の――世界をつくり上げて、その恐怖に対抗する。

たいていの場合、その幻想の世界には敵意を抱いた恐ろしい勢力があふれている。「精神病をわずらっていたとき、私が抱いていた主な妄想は、誰かが私を殺そうとしているというものだった」と、統合失調症患者のためのウェブサイトにある妄想チャットルームへの匿名の投稿者が書いている。「それはマフィアだと考えるようになり、そのあと通りで見かける人みんなが怪しい人物になり、私は彼らを自分の妄想に組み込んでしまった。すぐに誰もが私をつかまえようと躍起になっていた」

そのような勢力と戦うために、統合失調症患者はよく誇大妄想を抱き、自分は魔術師のように全能であり、肉体的にも不死身であると想像する。パットのように、世界の悪を正すという個人的使命を担っていると思う人もいる。このように統合失調症患者は、邪悪な力によって差し迫る危険にさらされているという感覚と、名誉なことにその力をくじく能力を与えられているという感覚のあいだで揺れている。パットが抱いた死に対する恐怖は、自然発火や忍者につかまることをしょっちゅう心配するところに表れている。しかし彼は自尊心を燃え上がらせ、ウィンストン・チャーチルやＪＦＫ、ブルース・リーのような人たちと手を結ぶ。自然の法則に逆らうことができると信じるパットは、無敵だと思っている。その自家製の盾が一時的に不安を和らげる。

統合失調症患者が死に対してどうしようもなく不安を感じたり、死についてしつこく考えてしまったりすることは、臨床観察によって実証されている。二〇五人の統合失調症の男性入院患者を対象とした研究で、八〇人が明らかに死のことばかり考えていて、死の恐怖と同時に統合失調症の症状が生じたり、その症状が重くなったりしていることがわかった。パットが日記に人は何の真実を恐れているのか、「自分自身も自分が考えている自分とはちがうのか」と記したとき、彼は心に探りを入れていた。そして実際、自分自身を含めた人間の経験の芯に巣くう虫としての死を特定するところまで、可能な限り近づいていたのである。

統合失調症患者の特異な世界観は、たとえ「正常な」人たちが認めているものよりひどくおかしいわけではなくても、他人から受け入れられる可能性は低い。もしあなたが統合失調症で、忍者にあとをつけてられているとか、自分は大統領だと考えているとして、いつも他人に疑われ、信じられないと拒絶されたら——たとえ直接的な敵意や軽蔑を示されなくても——すでにあなたにのしかかっている精神的問題が増すことは確実である。

恐怖症と強迫観念——死をすり替える

「私は恐怖に震えながら病院で寝ています」とジェシー・ヒューイットソンは書いている。「知っている顔はなく、あたりをうろついているのは医者と助産婦だけで、彼らの口が静かに動いています。陣痛がずっと続いていて、私はひどく混乱しています。妊娠するようなことをしたことがないのに、どうしてお産をしているのかしら？」

イギリスの『ガーディアン』紙で、ヒューイットソンは繰り返されるこの悪夢を説明し、初めて出産恐怖症に苦しむようになったのは一〇代のときで、そのころ悪夢が始まったと述べている。「出産恐怖症患者のなかには、自分は死ぬと思っている人もいれば、耐えられないことが起こると想像する人もいます」と彼女は書いている。「多くの患者にとって、自分のなかで赤ん坊が成長しているという考えが、ひどく不安なものなのです」。ヒューイットソン自身が妊娠したとき、彼女の恐怖は月を追うごとに大きくなっていった。

ヒューイットソンのような人が苦しんでいる恐怖症とは、特定の対象、活動、あるいは状況に対する持続的で過度の不安および回避と定義される。クモ、ヘビ、細菌、高所への強い恐怖はよく見られるが、どうしてそのような特定の恐怖が生まれるかは、基本的にいまだ謎である。

一世紀ほど前にフロイトが、恐怖症と強迫観念はある種の想像上の災いを払いのける働きをする、と提唱した。そういう想像上の災いの根底には死がある。フロイトの言うことはもっともだと思う。抑えられない死の恐怖はどうしようもなく、死はつねに迫って来ていて、つねに決定的だ。すべてをつねに恐れるより、何かをときどき恐れるほうがましである。そのため、さまざまな恐怖症や強迫観念を抱く人たちの場合、死の恐怖は塵埃《じんあい》恐怖からモグラ恐怖まで、さまざまなコントロール可能なものへの恐怖に流し込まれているのだ。

しかし、死の考えはそのような恐怖症とどれくらい密に関係しているのだろう？　恐怖症の人に死を思い起こさせると、その恐怖は増すのか？　それを解明するために、われわれはコロラド・スプリングス市の新聞に、クモが怖い人と、そうでない比較可能な対照群の人を募集する広告を出した。対照群の人たちは「クモについてどう感じるか、おおまかに教えてください」と言われると、ほとんどが「とくに気にならない」と答えた（「あの毛むくじゃらの小さいやつが大好き」とさえ言った女性もいた）。しかしクモ恐怖症の人たちは明らかに恐怖症の診断基準を満たしていた。「クモについてどう感じるか、おおまかに教えてください」と言われると、ほとんどが「すごく怖い」と答えた。「クモがいるかもしれないので、公園には行かない」とか「クモがいたことがあると思うと、その部屋では眠れない」と言う人もいた。

この質問に答えたあと、全員が性格の質問表に記入するが、半数には自分の死すべき運命について書く例の質問が入っている。残りの半数はテレビ視聴について書く。このあと被験者は「認知処理課題」として、花とクモの写真を自分のペースでスクロールしていく。そのあと、それぞれのクモがどれくらい危険だと認知したか、それぞれのクモが近づいた人を襲う可能性がどれだけあるかを報告する。自分の死すべき運命を思い起こさせられた恐怖症の被験者は、テレビ視聴について思い起こさせられた恐怖症の被験者より、クモを見るのにかけた時間が少なく、クモは危険で攻撃傾向があると報告したのに対し、恐怖症でない被験者のクモに対する反応には、死について考えることの影響はなかった。

この結果は、死のような大きくて手に負えないものへの恐怖が、恐怖症によってクモのようなもっと小さくて対処できる問題に投影されることになるという考え方を支持している。

強迫神経症（ＯＣＤ）も不安にあおられる障害としてよく知られる。ＯＣＤ患者には、細菌に感染するのが怖くてしょっちゅう手を洗う人もいれば、何かを捨てると悪いことが起こるのではないかと不安で、食べものや手紙や新聞をため込む人もいる。

アンナは三五歳で三児の母であり、誰かが自分の車のナンバープレートを盗んだと繰り返し考えてしまう。「そうなると、状況を確認せずにはいられません」とアンナは言う。「すぐに確認しない場合、確認できるまで心配です」。アンナの主な恐怖は、「誰か」がナンバープレートを取って、彼女に恐ろしい罪をなすりつけることだった。その人物が警察に、彼女は車を特定できないようにナンバープレートをはずしたのだと話すのではないかと心配なのだ。「そうしたら警察は私の車にナンバープレートがないのを見て、その意見が正しいと決めてかかるでしょう」と彼女は言う。「警察は私が危険な犯罪者だと考え、私を撃つしかありません」。ナンバープレートを確認できない場合、彼女はひどいパニック発作に襲われる。確認するために夜中にベッドから抜け出さなくてはならないこともあった。

ＯＣＤと死の恐怖の関係を調べるために、われわれは手を洗わずにはいられない人と、強迫観念のない対照被験者に、性格測定検査に記入するよう指示した。被験者の半数は死に関するいつもの質問に答え、残りの半数は他人に避けられたときのことを思い出すように言われる。次に、神経系の活動を測定するという名目で、実験者は被験者の指に滅菌電極用クリームを塗ってから、フィジオグラフ機（第3章に出てきたようなもの）につながっている電極を二分間装着する。そのあと電極がはずされ、被験者は実験室の洗面台でベトベトを洗い落としていいと言われる。われわれは彼らが手を洗うのにどれだけ時間をかけるか、さりげなく記録した。すると手を洗わずにはいられない人のうち、死を思い起こさせられた人たちがとくに長い時間をかけていた。

ＯＣＤの被験者は恐怖症患者と同じように、自分ではどうしようもない死の恐怖を細菌という避けやすいものに集中させていたようである。

クモに噛まれたり細菌に感染したりすると、実際に死ぬおそれがあることを踏まえると、死を思い起こさせることで恐怖症の反応や強迫的行為がひどくなるのも、とくに意外ではないかもしれない。しかし社交不安障害のような、死すべき運命と現実には直接的つながりのない不安はどうなのだろう？

ジムは診療所に初めて来たとき、自分の内気と社交不安の起源を幼いころまでさかのぼった。「覚えている限りずっと、この不安に悩まされてきました」と彼は言った。「学校でも引っ込み思案で、何を言えばいいかわかりませんでした。結婚したあと、妻が日常的な家族に対する責任をすべて引き受けるようになって、私は大喜びでやってもらいました」。子どものために医者の予約をとり、学校のＰＴＡの会合に出席し、人づきあいをすべて仕切るのはいつも妻だ。ジムが内気すぎて電話をかけるのさえ怖いので、持ち帰り用の料理を注文する電話も彼女がかける。ジムはＣＤを売る小さなミュージックショップに勤めていたが、顧客と直接話さなくてはならないときには固くなってしまう。「注文した商品が届いたことを知らせるために電話をかけなくてはならないとき、自分の声が小さくて途切れるとわかっているので、言葉が出てきません。口ごもって、息が詰まって、……それから残りのメッセージを、相手が理解できないのではないかと思うほど早口でまくしたててしまいます。言ったことを繰り返さなくてはならないこともあって、それがものすごく恥ずかしいのです」。ジムにしてみれば、仕事に行くことや社交行事の予定について考えるだけで、つらくてげっそりしてしまう。

ジムのように、消耗するほどの社交不安を抱える人にとって、フランスの実存主義哲学者ジャン・ポール・サルトルの有名な言葉どおり、「地獄とは他人のこと」である。社交不安障害は一般に、自尊心や他人に認められている感覚と関係がある――そしてこれまで見てきたように、死の考えは価値を感じたいという欲求を強める――ので、われわれは死について考えることが社交不安を増幅させるという仮説を立てた。

性格特性が社会的相互作用とどう関係するかについての研究に参加しているとしよう。あなたはジムで、あなたとほかの（社交不安が高いまたは低いと言って選ばれた）被験者は例の質問表に記入するために、ひとりずつ個別のブースに連れて行かれる。一部の人は死について書き、残りは強い痛みを感じることについて書く。そのあとあなたは、ブースのなかで好きなだけ時間をかけて好きなことを書いたあと、もっと広い部屋に行って、ほかの被験者と趣味や時事に関する意見について話すように言われる。実験者は、ほかの被験者と合流するのは一時間以内ならいつでもかまわないと言い、時間がわかるように時計を指さす。あなたはどれだけの時間、広い部屋に行く前に独りでブースのなかで書くことに費やすだろう？　自分の死を思い起こさせられることが、どのくらいあなたの行動に影響するだろう？

われわれの実験で、強い痛みについて書いた社交不安のある人たちがグループに合流するまで待った時間は、社交不安のない人たちよりけっして長くはなかった。その結果は、社交不安のない人が痛みか死のどちらを思い起こさせられた場合でも、変わらなかった。しかしジムのように社交不安があって、死すべき運命について書いた人たちは、自分のブースにかなり長くとどまっていた。

もうひとつよくある不安障害は食べものと関係している。アメリカ文化は女の子や女性の価値基盤としてやせていることを推進しているので、しばしば摂食障害が起こる。臨床医の報告によると、摂食障害のある人たちは死の恐怖にさいなまれていることが多い。拒食症患者は食べることを、衰えて死ぬ運命にある動物の体と結びつく獣的行為とみなす傾向がある。エイミー・リュウは自分の拒食症経験の回想録のなかで、摂食と死のつながりをとりわけ簡潔に、豪華な食事のときに開いたフォーチュン・クッキーの言葉で表現している。「食べると死ぬ」

女性にとって食べることと死の恐怖に実証できるつながりがあるのだろうか？　あなたは水泳代表チームの女子学生だとしよう。毎日大量のカロリーを消費し、いつもやせていて空腹だが、健康に良い食品を食べて、ビールはたまに飲むことにこだわろうとしている。あなたの心理学の教授が、おいしくて比較的栄養価の高い「健康的な」スナック食品――レーズンとナッツ、ヨーグルトがけのレーズン、チョコレートやタフィーがかかったピーナッツを混ぜ合わせたおいしい製品――の試食を、国民的な食品メーカーによる市場調査のために行なう研究に参加してほしいと言ってきた。一つのボウルに一〇グラムのおいしいスナック食品が入っている。「それぞれの製品を試食して評価する時間は四分です」と実験者が告げる。「好きなだけ食べてください」。そして実験者は部屋を出ていく。

ふだんなら、あなたはたまたま好みのスナック食品であるヨーグルトがけレーズンをむさぼるだろう。しかしそのスナックを味見するよう言われる少し前に、死についての気持ちに関する例の質問に答えなくてはならなかった（隣でスナックを食べている人は、歯の痛みについて考えなくてはならなかった）。あなたはどれくらい食べるだろう？

ふたを開けてみると、痛みについて考えた人は男性も女性も、一〇〇グラムのスナックのボウルから同じ量を食べたが、死について考えたあとでは、女性が食べた量は四〇パーセント少なかった。死を考えた男性は？　彼らは痛みについて考えた対照群と同じくらい食べた。死について考えることはどうやら、やせているという文化的理想を追いかけるよう女性を駆り立てるようだ。

PTSD――打ち砕かれた盾

二〇〇四年三月、マイク・ナシフはフォート・フッド陸軍基地からイラクに向けて、バグダッド南部のとくに戦火の激しい地域で敵の標的を偵察するために出発した。マイクと彼のチームは、武器倉庫や敵部隊の確認、あるいは地域パトロールの夜間任務に、ブラッドリー戦闘車またはハンビー（高機動多目的装輪車）に乗って出かけた。車両は少なくとも週に一度、簡易爆発物（ＩＥＤ）にやられるか、やられかけていた。彼が車両でそばを通りかかった駐車中の車のなかで、一〇〇キロの爆弾が爆発したこともあった。そのときマイクは記者にこう語った。「感じるんだ、臭いがして、味がする。体に一発強いバックビートが響く。体の両脇から誰かにすごい勢いで引っぱたかれているみたいで。つま先に、胸に、頭に、指に――全身にそれを感じる」

相棒をＩＥＤで殺されたとき、マイクは四時間かけて、ハンビー内で被害を免れた無線装置から、ずたずたになった仲間の血と組織をふき取った。それほど悲しく陰惨な仕事は想像できない。アメリカに戻ったあと、マイクは片頭痛、悪夢、物忘れ、不安、そして過度な警戒心に悩まされた。しだいに妻子から心が離れていく。「家の外に立って、窓越しに家族を見ている感じだった」と彼は言っている。それなのに邪魔された、あるいは反抗されたと感じると、すぐにカッとなる。長男が弟をいじめるのをやめようとしなかったとき、マイクは彼の喉をつかみ、壁に押しつけた。野球のバットを拾い上げ、居間で息子のモンスタートラックの玩具を粉々に打ち砕いたこともある。やがて彼の結婚生活は破綻し、子どもたちには隔週の週末にしか会えなくなった。

心的外傷後ストレス障害（ＰＴＳＤ）をわずらうほかの人たちと同様、マイクは最も直接的で単純なかたちの死の恐怖を経験した。軍事心理学者の推定によると、イラクとアフガニスタンからのアメリカ人帰還兵の一七～二五パーセントが、なんらかのＰＴＳＤを抱えて戻っている。地震やハリケーン、テロ攻撃、あるいはレイプや家庭内暴力のような個人的暴行が、この障害の引き金になる可能性もある。原因がどうであれＰＴＳＤを抱える人たちは、悲惨な出来事による精神的ショックがあまりに激しいため、現実認識が根底から揺るがされ――前章で遠位防衛機制を説明するためにたとえ話をした、古い家の屋根が嵐で吹き飛ばされたように――次々と押し寄せる悪夢やフラッシュバック、深刻な不安とパニック、そして管理不能な思考に苦しむことが多い。

自分が自分の人生の外に立っていて、窓越しに見ているというマイクの感覚は、ＰＴＳＤ患者に典型的である。自分は滅ぼされるのだという展望に直面し、闘争も逃走もする力がないと感じるとき、人はしばしば一時的に記憶を失う。物事がスローモーションで起こっているように思える。自分が自分の体から離れて、自分自身を遠くから見つめているように感じる。まるで夢か映画を見ているかのようだ。混乱し、何が起こっているかをはっきり理解できない。この状態を心理学用語で「解離」と呼ぶ。本人が自分自身を恐ろしい遭遇から解き離すからである。物理的に逃げられない人々にとって、解離は心的外傷《トラウマ》となる出来事の恐怖からの心理的脱出になる。

解離のおかげで、耐えがたいものが少なくとも短期的には多少耐えられるようになる。しかしそのせいで、人はトラウマとなる経験を受け入れることができない。トラウマとなる出来事が起こっているあいだに解離する人たちは、そのあとPTSDを発症する傾向が強い。以降、いつまでも危険を感じ、つねに不安で、危険を警戒している。目覚めているときは鮮明なフラッシュバックで、眠っているときは悪夢のなかで、最初のトラウマを繰り返し追体験する。慢性的な不安と最初のトラウマの過酷な回想に対処するために、PTSD患者は（たいていアルコールやドラッグ乱用の助けを借りて）長期的な解離状態に入ることが多く、これを臨床心理士は「精神的麻痺」と呼ぶ。

トラウマに対する反応としての解離の根底に、死にまつわる不安があることは研究で確認されている。トラウマになるような出来事で強い死の恐怖を経験する人はとくに、解離して、そのあとPTSDを発症する可能性が高い。二〇〇五年、ニューヨーク大学の学生が自分の死すべき運命を思い起こさせられ、そのあと九・一一のテロ攻撃のとき、またはその攻撃の映像を見ているときに、どう感じたかを思い出すよう指示されると、痛みや次の試験について考えた対照群の学生とくらべて、強い解離反応を報告している。この解離反応はつぎに、将来に対する強い不安につながった。

別の研究では、二〇〇五年にイランのザランドで起きた、死者七〇〇人以上、避難者七〇〇〇人近くの大地震を生き延びた人々を追跡した。地震の生存者はまちがいなく深刻なトラウマを経験している。数カ月後、自分の死すべき運命や地震のことを思い起こさせられたとき、地震後に解離しなかった生存者は不安のない反応を示した。その代わり外国人に対する反感を見せたが、これは残念だが典型的な恐怖管理の反応である。地震のときに解離を起こした生存者は、数カ月後にその出来事を思い起こさせられると、大きな不安を報告し、外国人への反感を表さなかった。他人の集団を犠牲にして自分の集団をもちあげるという通常の恐怖管理手段は、解離していた生存者には使えないようだった。そして二年後、解離した人たちのほうが解離しなかった人たちより、ＰＴＳＤを発症する割合がはるかに高かった。同様の結果は、アフガニスタン戦争から帰還したポーランド兵士や、コートジボワールの内戦の生存者にも示されている。

命を脅かすようなトラウマに対して、ほぼ誰もがなんらかの不安を経験するものだが、大半の人は不適応なほど解離したり、ＰＴＳＤを発症したりしない。そのような脅威に直面したとき、何が人を立ち直らせるのか、わかっていないことはたくさんある。しかし、人生は有意義であり自分には社会的価値があるという強い思いは、そのような死の恐怖に対抗する盾となることはわかっている。

鬱病——目に見える死

統合失調症、不安障害、そしてＰＴＳＤの少なくとも一部は、死の恐怖に対する不適応な反応であることを、これまでに見てきた。しかし、鬱病はどうなのか？　精神的苦悩による心の風邪のようなもので、ある年の統計ではアメリカの成人人口のおよそ一六パーセントがかかっている。

「たそがれの影が薄暗さを増し、朝の快活さがなくなり、森の散歩に対する熱意は弱くなった」とウィリアム・スタイロンは回想している。「そして夕方近くの働いている時間に、ある種のパニックと不安に襲われる瞬間があって……本能的に落ち着かない気分になる」。前には親しみやすく生き生きしていた古い家が不吉に思える。眠りは少しずつしか、あるいは常習的な睡眠薬の助けを借りなければ、けっして訪れない幸運だ。自尊心をすべて失った。話すことをほとんどしなくなった。彼はほとんど機能しなくなったのだ。

『ナットターナーの告白』(河出書房新社)や『ソフィーの選択』(新潮文庫)などの傑作小説を著した、聡明な作家が味わった苦悶はそんなふうだった。スタイロンは「第二の自分……相棒が、迫りくる災いと格闘しているのを、冷静な好奇心をもって見ることができる自分が一緒にいて」、自分の脳は「変化する自身の苦しみの程度を分刻みで記録する道具」になったと感じた。自分の心が「小さい町の時代遅れの電話交換機が、洪水でだんだんに浸水していくように」、ゆっくり溺れていくのを感じた。「正常な回路が一つずつ水に浸かっていくので、体の機能の一部と本能と知性の機能のほぼすべてが停止する」

深刻な鬱病――多くの独創的な芸術家や作家に見られる状態――の呪いに光を投じようと決意して、スタイロンは一九八九年のエッセイ『ヴァニティ・フェア』と一九九〇年の『見える暗闇：狂気について の回想』(新潮社)に自分の経験を詳細に書きとめた。後者のタイトルは、ジョン・ミルトン『失楽園』(平井正穂訳、筑摩書房)に次のように描かれた地獄の想像図から借りている。

戦慄すべき一大牢獄、四方八方焔に包まれた巨大な焦熱の鉱炉。だがその焔は光を放ってはいない。ただ眼に見える暗黒があるのみなのだ。そしてその暗黒に照らし出されて、悲痛な光景が、悲しみの世界が、鬼哭啾々たる影の世界が、展開している……。そこには、平和もなければ、安息もなく、すべての者に訪れるはずの希望も訪れないのだ。それどころか、果てしなき責苦と……

鬱病を存分に描写するなかで、スタイロンは極端な鬱状態が「一種の狂気である」ことを明確にしている。

鬱病の人はだいたい人生に不満で、自分や自分が住む世界にほとんど価値を見いだしていない。死に関係する悲観的なことをあれこれ考え、そのせいで鬱状態が長引き、さらにひどくなるおそれもあって、人生に目的と意義を認められない。鬱病は特定の出来事から生まれることもある。たとえば自分に近い人が亡くなったり、自分がひどい病気にかかったり、失業した場合だ。一方、とくにこれといった理由なしに、鬱病が忍び寄ってくる場合もある。

しかし、どうして鬱病が生じるかに関係なく、死すべき運命について考え込んだり、人生の意義や自分の重要性について疑うことは、不安と失望の下方スパイラルに一役買うことは明らかだ。そして原因にかかわらず、鬱状態の人はもはや自信をもって物事の文化的成り立ちに賛同したり、自分が文化の貴重な一員であると信じたりすることはない。

人生の意義や自分自身の価値に対する信頼が弱いことを踏まえると、鬱病の人はとくに、死を思い起こさせるものに弱いのではないかと、われわれは考えた。重度の鬱病の人に死すべき運命について考えさせるのは倫理にもとることだが、われわれは軽い鬱状態の人にいくつかの実験を行なった。鬱病のアメリカ人は一般に、そうでないアメリカ人ほどアメリカ支持をあらわにしないが、軽い鬱状態の人は死を思い起こさせられたあと、ふつうの市民より国家主義的になることがわかった。さらに、軽い鬱状態の人は死すべき運命を思い起こさせられたショックで自分たちの文化を擁護するようになったあとのほうが、人生には意義があると報告している。

これらの結果から、軽い鬱状態の人はだいたい、人生への盛んな熱意を奮い起こすほどの意義や自尊心を世界観から得ることはできないが、世界観をすべて捨てているわけではないことがうかがえる。しかし、重度の鬱病の人たちはＰＴＳＤを抱える人たちと同様、物事の文化的成り立ちを完全に捨て去っているかもしれないと、われわれは考えている。

自殺――不死のために死ぬ

苦渋に満ちた統合失調症のパットの例に見られたように、そして鬱病に対する反応でとくによく見られるように、精神的苦痛は自殺の試みにつながることがある。それにしても人はなぜ、まさに恐れている出来事を、誰もがほぼ一生をかけて懸命に避けていることを、わざわざ早めるのだろう？　肉体的あるいは精神的な痛みがあまりにひどくて、楽になるには死ぬしかないように思えるからという理由だけで、自殺が試みられ、なし遂げられることもある。そのようなケースでは、実際に行動できるように恐怖を和らげようと、薬物やアルコールが使われることが多い。自殺未遂のなかには、やり遂げるつもりはなく、むしろ他人からの助けや反応を引き出すことが目的の場合もある。

しかし皮肉なことに、死すべき運命の恐怖そのものから起こる自殺も多い。いずれにしろ死にとらえられるのなら、なぜわざわざ生き続けるのか、というわけだ。偉大なスペインの哲学者ミゲル・デ・ウナムノによれば、「自殺者の大半は、この世ではけっして死なないという保証があれば、自ら命を絶つことはないだろう。自殺者は死を待つ意志がないから自分を殺すのだ」。ドストエフスキーも『悪霊』（新潮文庫）のなかで同様の結論に達している。この小説に登場するピョートル・ステパノヴィッチは自殺しようとしていることを、こう説明している。「私が自分の命を奪いたいと思うのは……死の恐怖を抱きたくないからだ」

そしてさらに、古来の象徴的不死を望む気持ちがある。自殺する人はだいたい、自分は自分の死を超えて生きると純粋に信じている。みずから命を絶つ子どもでさえ、そのように感じるようだ。臨床研究から、自殺願望のある子どもはない子どもより、死は生の続きであり、そこでは長年の望みがかなうかもしれないと考える傾向が強いことがわかっている。さらに、人は死ぬとき、文字どおりの不死か象徴的不死のどちらかに通じる扉を通り抜けるのだという、シェイクスピアの戯曲によるクレオパトラと同じ考えをもっている人も多い。「衣をちょうだい、冠もかぶせて」と、彼女は毒蛇を取り上げながら宣言する。「私には不死へのあこがれがあるの」

場合によっては、自殺は文化が認める筋書きの一部である。信仰心の厚い人は、この世でのかりそめの存在から天国にある死後の世界に旅立つことがある。初期のキリスト教では、みずから切望して殉教した人たちの「不死の誕生日」を祝う年に一度の記念日があった。伝統的な日本文化では、過去からずっと続いて未来へと確実につながる不滅の家系の一部となることによって、死を超越できる。かつては切腹することで不名誉な行為を償い、先祖代々続く家系の重要人物としての地位を取り戻すこともできた。同様の慣習はさまざまな文化で今日も続いている。二〇〇一年九月一一日、世界貿易センタービル攻撃を実行したハイジャック犯の一人、ムハンマド・アッタは、次のようなメモを遺している。「死んで忠誠を誓う……神が敬虔な信徒のために用意したものを理解している――神は殉教者のために永遠の楽園を用意した」。不死のために死ぬのである。

自殺行為が神や国に仕えようとする英雄的努力と見なされるとき、死の恐怖がその一因であることは研究で実証されている。第7章で言及したとおり、イランの学生は死ぬことについて考えたあとのほうが、自爆して殉教者になることに関心を抱いた。死を思い起こさせることは、イギリス市民が語る「祝福されたこの土地、この大地……このイングランド」のために死ぬ意欲も強めた。このようにさまざまな背景において、自殺は文字どおりまたは象徴的な不死への道となるのだ。

依存症――死を拡散する

自殺は、限りある命の恐怖と悲惨さから逃れるための極端で取り返しのつかない方法であるのに対し、アルコールと薬物は、一時的ではあるがもっとはるかに日常的な逃げ道を提供する。儀式での精神活性物質の使用は、有史以前から今日までほぼあらゆる文化に普及している。どこの子どもも目を回すためにクルクル回ったり、斜面をころがったりするのが好きだということは、人間には生来、意識の変容を好む傾向があることを示している。人はほろ酔い気分を楽しむ。たまに薬物やアルコールを宗教的なことに、または気晴らしに、あるいは医療用に使うことは、必ずしも長期的な害をもたらすわけではないし、有益な効果を生む場合もある。

人が薬物を使う理由はさまざまだ。いい気分になるため、感覚的・官能的経験を増幅させるため、痛みを和らげるため、精力を高めるため、力がある感覚と自尊心を強めるため、創造性を刺激するため、社会的・霊的つながりを広めるため……そして恐怖を管理するため。現実から逃げて不安を抑えるために薬物に頼る人がいるのは、たしかに目新しいニュースではない。一般的に、十分な意義と自尊心のない人たちは薬物を適度に使うのではなく、その依存症になる傾向が強い。精神活性物質にはそれぞれ独自の生化学的効果があるが、どれもが不安を感じる能力を低下させ、自意識を弱め、知覚をゆがめ、時間の流れの感覚を変容させることによって、恐怖を管理するのに役立つ可能性がある。

前章では、自分の死すべき運命について考えたあと、人がアルコールをたくさん飲むことに触れた。最近の研究で、死を思い起こさせることが喫煙も増やすことが示されている。その依存症行動が死を思い起こさせられることへの反応として悪化することを実証するために、ジェイミー・アントらは、「基本的性格と喫煙行動」を分析する研究のために喫煙者を実験室に招いた。まず、被験者はニコチンに依存しているかどうかを確認する質問に答える。たとえば、「私はいますぐタバコがほしい」や「喫煙できれば、いま物事をもっとうまく処理できる」というような文に、どれだけ同意するかを採点する。そして目覚めたあとどれだけすぐに一本目のタバコを吸うか、ほぼ一日中寝込むほど体調が悪くてもタバコを吸うかどうかを報告する。被験者はそのあと、お気に入りブランドのタバコをもらい、どれだけ息を吸い込むか、どれだけ長く吐き出すか、どれだけ速く吸い込むかを測定する装置につながれて、五回タバコをふかす。次に、被験者は自分の死すべき運命について、あるいは次の試験で失敗する見込みについて熟考する。最後に、全員がまたお気に入りのタバコをもらい、先ほどの装置につながれてまた五回タバコをふかす。

結果は驚くべきものだった。かなり依存症になっている喫煙者は、死について考えたあとのほうがより強く、長く、速く、タバコをふかして、吸い込むニコチンの量を増やしたのだ。

薬物と同じような働きをして、人が不安を和らげ、自意識を消し、自尊心を一時的に高め、死の恐怖を鎮めるために、衝動的にのめり込んで問題になるおそれがある活動は、ギャンブルなどほかにもある。ビデオゲーム依存症は近年とくに深刻な問題になっている。ゲーマーは英雄になったような気になれて、さらに重要なことに、死が永遠ではないファンタジーの世界に引き込まれる。アバターは「無限の命」をもつことができる。死んだらまた始めればいいだけだ。あらゆる依存症と同じで複数の力が働いているとはいえ、病的なギャンブルとゲームは、死すべき運命の恐怖からの逃避が原因である可能性が高い。

無意味・孤立・死から救い出す

統合失調症、恐怖症、強迫観念、社交不安、摂食障害、ＰＴＳＤ、鬱病、自殺、そして依存症には、たしかに根本的な原因がいくつかある。これらの疾患の一つ以上をわずらう人は、さまざまな生化学的、行動的、そして心理社会的介入を受ける。しかし精神衛生専門家も私たちも、必要としている人たちを助けるさらなる方法を構築するために、死の恐怖がさまざまな精神障害をどれだけ生み出し、悪化させるかに気を配らなくてはならない。

オットー・ランク、ヴィクトール・フランクル、Ｒ・Ｄ・レイン、ロロ・メイ、アーヴィン・ヤーロムのような臨床心理学者によって開発された心理療法への実存的アプローチは、死の不安および関連の存在にまつわる懸念が精神疾患の原因と治療に果たす役割に取り組んでいる。実存的心理療法の核となる原理がとくに十分に詳述されているのは、ヤーロムの一九八〇年の著書『実存的心理療法（*Existential Psychotherapy*）』である。ヤーロムはまず、実存的心理療法に使われる特定のテクニックはないと主張する。その代わり実存的心理療法士は、患者一人ひとりをほかの誰でもないその人として扱い、深い本物の人間関係を築くことの重要性を強調する。そのためには患者の世界観、個人的に求めているもの、社会的つながりをよく知ること。そして療法士のことを、ほかのあらゆる人間と同様、幅広い存在にまつわる懸念や自分個人の精神的問題の影響を受けずにはいられない、ほかの誰でもないその人として知るよう患者に促すことが必要となる。

療法士はさらに、人間の自由と責任も強調する。人がすることのほぼすべてに選択の要素があり、私たちの選択には自分が責任を負うべき結果がともなう、ということである。自由と責任の意識に支えられた強い純粋な人間関係が、患者が恐怖管理の資源を強化しながら、いちばんよくある三つの存在にまつわる困難――無意味、孤立、そして死――に立ち向かうのを助ける基盤になるのだ。

存在の無意味さの問題に取り組むために、実存的心理療法士は患者がどうやって人生の意味を見いだすか、または見いだそうとするかを理解しようとする。生きることの意味は、神経学的障害、生化学的アンバランス、厳格なしつけや無秩序の教育法、トラウマとなるような経験、別の信念体系の認識、体や肉欲への不快感、経済的激変、愛する人の裏切りや喪失、そして身体的疾患など、さまざまな問題が原因となって、幼いころに不適切なかたちで形成されたり、成人してから傷つけられたりすることがある。それが結果的に、さまざまな精神障害における存在の意味の希薄さにつながることが多い。誇大な統合失調症患者は、ＪＦＫと協力するとか自然の法則に逆らえると主張するなど、特異な維持できない妄想に固執する。強迫神経症患者は、歩道のひび割れをまたぐことや、トイレで排尿後に三回水を流すことで頭がいっぱいになる――要するに、重要なことがあるという感覚を得るために、非常に狭くて象徴的に貧弱な目的に集中してしまう。鬱状態の人の段階的な幻滅やＰＴＳＤ患者のもっと急激な幻滅は、意味がすべて放棄または抹消されることによっておもに引き起こされる。意味がどう脅かされたのかという具体的なことはさておき、実存的療法は患者個人が以前の意味を再認識するか、既存の信念の説得力と持続力を増すように修正するか、新たな意味をまるごとつくり出すのを、助けることに注力する。

存在に意味がないという感覚はしばしば、文化にもとづく意味がすべて崩壊し、そのあと不条理で無関心な宇宙だけが残るという、患者の壮大な世界観から生じる。自尊心のある実存的心理療法士なら、人生に固有の意味や究極の意味があると主張する人はいない。そうではなく、自分自身の人生にとって重要なものに集中するよう促すことによって、患者をもっと身近な生活の視点に引き下げようとする。

ヤーロムは一九世紀のドイツ人哲学者アルトゥル・ショーペンハウエルの例を使って、この現象論的移行を説明している。ショーペンハウエルは哲学論文のなかで、不条理で無関心な宇宙の壮大な仕組みに重要なものはなく、したがって努力して得る価値のあるものはない、と主張する。しかしショーペンハウエルは個人的にこのことに悩んでいた。つまり彼にとって、人生に意義や目的がないように思えることは問題だったのだ。しかも皮肉なことに、重要なものは何もないことを他人に説くことがショーペンハウエルにとって明らかに重要だった。そして彼は、自殺する代わりに命尽きるまで哲学的著作を生みだし続けた。それも彼にとってはたしかに重要だったのだ。そのためヤーロムによると、個人が理詰めの壮大な人生観を捨てれば、必ずと言っていいほど、その人にとって重要な人生の側面が見いだされるものだ。したがって療法士の目標は、患者が意味を見つけるのを助け、それを支持し肯定するのに役立つ活動に向かわせることである。そうすればその意味は、自尊心の獲得と維持の頑丈な土台の役割を果たす。新たな、あるいは更新された意味と価値を十分に感じて、個人は自分自身と、他人が期待する自分をうまく区別できるようになり、自分のために何を求めているかを明らかにすることができる。そうなれば、自分の欲求、実存主義の用語でいう「意志」にもとづいて行動でき、（過去の不適切な選択を受け入れるだけでなく）自分の現在および未来の懸念について、落ち着いた勇気ある選択をして、自分の決定にも責任をもつことができる。

実存的孤立感への対応は、実存的心理療法で二番目によくある目標だ。第2章で触れたように、親の愛情はひどく未熟で不安になりがちな赤ん坊に、安全と安心の感覚を与える。そのあとは友人、家族、重要な他人との相互の愛情、信頼、そして尊敬にもとづく親しい関係が、同じ機能を果たす。実際、愛する人のことを考えると、死を思い起こすことで一般に生じる防衛反応が減ったり消えたりする。そして親しい人間関係が壊れたり解消されたりすることを考えると、死の考えが意識の近くにのぼってくる。したがって、人が新たな社会的きずなを育み、既存のつながりを強化し、疎遠になった関係を回復するのを助けることは、実存的心理療法の計画で優先されることが多い。強い人間関係は、物事の文化的成り立ちに対する信頼を支え、個人が自尊心を獲得し維持するのを助ける役割を果たす。

とはいえ、患者が自分は最終的に孤立していて独りなのだと言い張る場合、通常、実存的心理療法士はその主張に反論しない。なぜなら実存主義者によれば、私たちはみな最終的には仲間の人間から孤立しているからである。私たちができるコミュニケーションは直接ではなく、言葉などのシンボルをとおした間接的なものであり、シンボルに大きな力があるとはいえ、私たちは完璧に他人のことをわかることも、他人からわかってもらうこともできないのだ。ベッカーいわく、「私たちは外側からしか他人と接触しないのに、それぞれが豊富な内面生活を抱えていて……ほかの人とはどうしようもないほどの隔たりがある。……人に触れるのも人から触れられるのも体の外側であり、人の内側には手が届かず、自分の内側を人に明かすこともできない」。どんなに親しい最高の人間関係でも、このすき間を完全に埋めることはできない。ベッカーが言うように「たいていの場合、私たちは配偶者や親や友人には特別に心のこもったことを言いたいし、自分が夕日についてほんとうはどう感じているか、自分がほんとうはどういう人間だと感じているか、伝えたいことがあるのに、結局、不思議と情けないほどうまくいかない」。実存的心理療法では、患者はこの否定できない真実を受け入れるように手助けされる。そうなってはじめて、彼らは他者との関係から得られるものと得られないものを理解できるようになる。もしあなたが相手に自分を完全にわかってほしくて人間関係を結ぶなら、必然的に失望し、挫折することになる。実存的孤立を克服するために他者を利用しようとすることによって、人は多くを求めすぎ、そのためにしばしば得るものが少なすぎる結果に終わる。

他者との関係が提供できないものを理解すると、提供できるポジティブなものに集中できるようになる。実存的な孤立感と孤独感を和らげる良好な人間関係を築くためには、目標を自分自身のニーズを満たすことではなく、他者を知るようになることとするのが重要だ。そして療法士と患者の関係は理想的には、その努力がどのようなものかを示すモデルとしての役割を果たすべきである。ヤーロムはオーストリア生まれのイスラエル人哲学者マルティン・ブーバーにならって、これを「我‐それ」関係ではなく「我‐汝」関係と呼んだ。誰かをニーズを満たしてくれるものとしてではなく、ひとりの人間として知るようになることによって、相手もあなたと同じように最終的には独りなのだと気づけるようになる。それでもあなたがたにはその共通点がある。ひとたび、互いに相手について知ることには限界があるのだと受け入れれば、あなたは誰かを親しいと感じ、愛することができて、愛されることもできる。愛は人と人のあいだの仕切りをすべて取り除くわけではないが、愛のおかげで人は尊重し尊重され、自分と同じ実存の船に乗っている他者とのつながりを感じ、そうして不安感と孤独感を最小限にすることができる。

実存的心理療法士の考えでは、患者は意識的に死に悩むこともあるが、たいていは死の不安に対する不十分な防衛機制が問題の一因になっていることに気づいていない。したがって治療の重点は恐怖管理のための資源、つまり人生は有意義だという認識、自尊心、そして他者との連帯感を、患者が強化するのを手助けすることに置かれるのが一般的だ。しかし、患者が死すべき運命を悩ましいとか、問題だと意識的に考えている場合、実存的心理療法士は、患者が自分の死すべき運命を受け入れるられるようにすることに注力する。私たちが日常的に遭遇する死を思い起こさせるものから逃れるために、意識から死の考えを消し去る近位防衛が始動し、そのあと物事の文化的成り立ちへの信頼を強化し、自尊心を高める遠位防衛が働く。これらの防衛機制の継続的な活動は、死の恐怖を食い止めはするが、死すべき運命を受け入れる助けにはならない。それには、精神分析医のハロルド・サールズの言う「あらゆる人にとって、生きるという複雑な営みすべてが、この魅力的で、苦痛で、スリル満点で、退屈で、元気づけられる、そして恐ろしい営みすべてが、いつの日か必ず終わるという単純な事実」と、もっと息長く、意志をもって、感情的にはつらくて動揺しても、ともかく向き合って、最終的に受け入れることが必要である。この事実の受容を促すために、実存的心理療法士は患者に、死について継続的に考えさせ、死に対して鈍感になるよう努力させることもある。

このアプローチと合致する話だが、死にかけたことのある人や、この世で残された時間が少ないことをわかっている高齢者は、いまこの瞬間が大事だと語り、物を所有することより親しい人間関係を重視していて、自分の死すべき運命はそれほど怖くないし、身構えることもないと話している。このことから当然、こんな疑問が生じる。命の危険がないときや高齢でない場合に、自分の有限性を受け入れる態度を育むことはできるのか、もしできるなら、どうすればいいのか――この疑問を本書の最終章で掘り下げるつもりだ。

どの程度意識しているかはさまざまだが、死の恐怖は誰にでもある。ほとんどの人は、物事の文化的成り立ちを受け入れて自尊心を求めることによって、死の恐怖から身を守る。しかし恐怖管理の盾にはいくつかのひび、あるいは少なくともへこみがあるため、いろいろと最適とは言えない態度や行動が生まれる。そういう意味で、私たちの多くは実存的心理療法を必要としている。そして私たちはみな、精神的健康のかがみのような人でさえ、死ぬ運命にある。したがって、どうすれば精いっぱいうまく死とともに生きられるのかを考えるべきである。

第11章

死とともに生きる

永遠にからみ合う二つの古い単純な問題
近くにあるのに、とらえ所なく、忘れられず、まごつかされ、ひっかけられる
次々と時代が移っても解けず、次の時代に送られ、
私たちの時代となった――そして、私たちもまた次に送る
――ウォルト・ホイットマン『生と死』

本書の冒頭で、歴史、科学と人文学、室内実験の結果、そして人々の日常的葛藤を検討することで、人間の経験の芯に巣くう虫としての死を明らかにしようと提案した。人間の精神における死の役割を探究する旅は、古代の埋葬所から未来的な極低温貯蔵研究所、キリマンジャロ山麓からサンフランシスコの高校の学食、典型的な三歳児の心から際立った症状の統合失調症患者にまでおよんだ。これまでわかったことをざっと要約してから、私たちは個人および社会として、どうすればうまく死に対処する方法にたどり着けるのかを考えよう。

きっかけはアーネスト・ベッカーだった。人間は死を恐れ、死を超越することにとらわれているとい

う考えは、古代より宗教思想にも哲学思想にも広まっているが、ベッカーは一九七三年の『死の拒絶』で、この考えを力強く明確に表現して、読者の心をとらえた。この本は当時おおいに注目を集めたのは確かで、死を一般的な話題にもち込み、ピュリッツァー賞を獲得し、映画『アニー・ホール』にも登場し、若きビル・クリントンを含めて大勢の読者の人生に影響を与えた。しかしその波は大半が急速に消えていった。なぜなら、ベッカーの分析は具体的な分野の進歩に直接貢献しなかったからだ。街角やインターネット、大学の教室や学会、政治首脳会議や企業の重役会議での会話を、科学が支配する世の中で、ベッカーの考えは眠ったままだった。

ベッカーが著してから一〇年後、たまたまこの本と出会った三人の若い実験社会心理学者が、死の恐怖は多くの人間の行為の原動力になっているという考えに引きつけられた。われわれはその考えを広めようと発奮し、乾ききっていた社会科学の分野に水を注げるくらい大きい波を起こしたいと願ったが、二つの――正反対だがどちらも――いら立たしい反応に遭遇した。同僚の科学者の多くは、自分たちは死についてそれほど考えていないので、人が考え、感じ、行なうことのほぼすべてに、死の恐怖がつきまとっているとは信じられない、と主張した。一方、人間の営みに死に神がかかわっていることを原理的には認めていいと言う人もいたが、その認識を実験的に裏づける方法はないので、死すべき運命の問題に関する着想は、物知りな人がパーティーでしゃべるネタの域を出ることはないと主張した。

われわれは人間のありようについてのベッカーの分析を恐怖管理理論の形にまとめ上げるとすぐ、その理論からどんどんあふれ出てくるさまざまな仮説を検証するための実験を考案しはじめた。三〇年あまりの歳月と五〇〇件以上の研究を経たいま、死の認識が人を弱らせるほどの恐怖を生み、その恐怖を管理するために、人間は自分が進行中の文化のドラマにとって重要な貢献者だと考えるという、ベッカーの中心的主張を裏づける圧倒的な証拠が蓄積されている。ベッカーが推測したように、自尊心は不安一般の衝撃を減らすが、とくに死についての不安を和らげることがわかった。それとなくどころか意識下であっても、死について思い起こさせられると、人は物事の文化的成り立ちやカリスマ指導者への支持、神の存在への確信と祈りの効果への信頼に、さらに傾倒するようになることもわかった。死を思い起こさせられると、人は信念を共有しない人たちに対する軽蔑の念を増幅させ、彼らの死亡を慰めとするほどになる。死を思い起こさせられると、人は衝動的にタバコを吸い、酒を飲み、暴食し、買い物をする。自分の体や性欲を不快に感じる。自尊心を支えるために無謀な運転をし、日焼けサロンで肌を焦がさずにはいられない。恐怖症や強迫観念、そして社交不安が悪化する。

これらの発見の多くは、ベッカーの著作の一語一語に見られる非常に具体的な考えを裏づけており、なかには、セックスと死のつながりのように一見とっぴに思えるようなものもある。しかしそのようなつながりを提唱することと、それを実験で立証することとはまったく別である。そして研究結果が蓄積されるにつれ、われわれもほかの研究者も、ベッカーや彼の先達たちさえ予想もしていなかった驚くべき方向に導かれ、本書で探究してきた領域から踏み出している。

第1章で紹介した最初の恐怖管理の実験を覚えているだろうか？　地方裁判所の判事が、自分の死すべき運命について考えたあとには、売春婦と疑われる人物に対して厳しい反応を示したのだ。これは法学の分野に暗い影を落とす。死すべき運命の暗示は法的手続きにはよくあることだが、それが実際の証拠とは関係なく、裁判の結果に決定的に影響をおよぼすのであり、しかもとくに死刑の場合に当てはまるのだ。アーカンソー大学法科大学院のドナルド・ジャッジズ（法律家にぴったりの名前！）によると、「初期段階の死の認識を振り払うために、無意識に自分の世界観を守ろうとすること」が動機となって、「恐怖管理が……判決と立法の両方において……死刑の陰の推進力となっている可能性がある」。実際に最近の研究で、殺人や凶悪犯罪の発生率が高く、死の恐怖が呼び起こされる可能性の高い物騒な時代には、保守的な州で死刑の宣告と執行が増えているが、リベラルな州では減っていることがわかっている。ニューヨーク市立大学法科大学院のジェフリー・キルヒメイアーは、判事、検事、そして被告側弁護人は、「正義を求め、より公正な死刑制度を実現するために……判決に対する恐怖管理の影響を知っておくべき」だと断じている。

死を思い起こさせるものは医療の現場にもたくさんあり、医療従事者の患者に対する診断や治療に影響する可能性がある。イスラム教徒でないアメリカ人の医学生が自分の死を思い起こさせられたあと、イスラム教徒またはキリスト教徒の患者が胸の痛みを訴えている、まったく同じ緊急入院カルテを点検したとき、キリスト教の患者には深刻な心臓病リスクがあると評価し、イスラム教の患者にはそれほど深刻でないという評価をくだした。このことは医療従事者が自分の文化的アイデンティティを用いて自分自身の死の不安を管理すれば、その結果、診断に先入観が入るおそれがあることを示唆している。別の研究では、家族に救急処置室に連れてこられた呼吸困難の重い肺疾患患者を、どう治療するかを医学生が報告した。患者は入院時に意識がはっきりしているようで、人工的な生命維持手段を拒否していたにもかかわらず、自分の死を思い起こさせられた学生は、できる限り患者を延命することを決意していた。彼らの治療の選択は、患者の望みよりむしろ自分自身の存在にまつわる懸念によって決定されていたのだ。

最後に、恐怖管理の研究は、意識的な死の考えは近位防衛を始動させ、意識の外で起こる死の考えは遠位防衛を起動することを証明することによっても、人が死すべき運命の暗示にどう反応するかについての理解を深めた。第9章で見たように、この斬新な洞察には、健康に関連してより良い意思決定を下すための重要な含みがたくさんある。

恐怖管理の研究は世界中で続いており、うまく行けばこれから数年のうちに、人生における死の役割の理解をさらに広げることができるだろう。

人生の夢から目覚める

われわれが本書を著した目的のひとつは、人が自分自身の文化的世界観にどっぷり浸かっているとき、自分が送っている人生の夢から目覚めるのを助けることだった。オーストリア人画家のグスタフ・クリムトは一九一〇年の著名な絵画『死と生』に、同じような考えを表現している。

ほとんどの人はふつう死の現実に対して眠っているが、この絵のなかには目覚めてその現実に対して目を開いている一人の若い女性がいる。しかし、この若い女性のように死に対して目を開いているいま、私たちは死について何ができるのだろう？


創世記によると、はじめに神は自分のかたちにアダムとイヴをつくり、二人をエデンの園の世話人として置いた。はじめは至福のときであり、エデンは完璧な場所だった。死はなく、恥もなく、罪もなかった。アダムとイヴは、善悪を知る木と命の木の実に触れない限り、園にある豊富な楽しみをなんでも試す自由を与えられた。すべて順調だったのに、ヘビにそそのかされたイヴが善悪を知る木から取った禁断の実を一口かじり、その実をアダムに手渡してしまう。神は快く思わなかった。アダムとイヴを楽園から追放し、彼らに——そして彼らの子孫である私たちに——死の前触れとして、労働と苦しみの一生を運命づけた。

聖書の見方によると、木の実を食べることで得た知識のせいで、アダムとイヴは死すべき運命を背負った。科学的な観点からすると、大脳新皮質の発達によって、人間の象徴的思考、自意識、過去を振り返り未来を予想する能力、そして自分の死すべき運命の認識が生まれた。この意味で、西洋の宗教の寓意的基礎である「人間の堕落」は現代科学と重なる。すなわち、知識が増えることで死の認識にたどり着き——そしてそれがすべてを変えたのだ。

死そのものではなく死を知っていることが、聖書の木の実の芯に巣くう虫である。その認識こそが私たちを人間たらしめたのであり、たゆまぬ不死の探求を引き起こした——その探求は人類の歴史がたどった道に深く影響を与え、今日もまだ続いている。

何千年も前、ギリシャの哲学者エピクロス（紀元前三四一～二七〇年）は、死の恐怖を認めないこととそこから生まれる問題が、人間という種の特徴を決定している、と主張した。紀元前一世紀、エピクロスを信奉するローマの詩人で哲学者のルクレティウス（紀元前九四～五一年）が『物の本質について』のなかで、死の恐怖のせいで人々は宗教や非宗教の権威に頼りすぎるようになり、自分自身の経験や重大な判断を信用する代わりに、迷信にもとづく筋の通らない信念に固執するようになった、と説明している。さらに、自意識やそれと同時に生じる自分の有限性の認識を避けるために、人は自分の人生をくだらない気晴らしに費やしたり、お金や物品を強欲にため込むことや、やみくもに権力と栄誉を渇望することに取りつかれている。ルクレティウスの主張によると、そのような飽くなき欲望のせいで、人間はみじめになりがちで、ひどい危険にさらされる。

エピクロスとルクレティウスはどちらも聡明で先見の明があった。彼らは宇宙を、無限数の原子が空間を跳ね回り、計画も目的もなく絶えず合体したり分裂したりして、ときに予測不能な方向に曲がって、予想もしない結果を生みだすものとして説明していた。この見方は、近代物理科学やダーウィンの進化論、アインシュタインの相対性理論の基礎を先取りしていた。そして人間は死を超越しようとする試みに強く突き動かされているという彼らの説は、アーネスト・ベッカーが明確に表現し、恐怖管理の研究が実証した、近代心理科学の実存主義の基礎を先取りしていた。

では、どうすれば私たちは個人的な苦悩や憎しみを生まず、そして殺し合うことなしに、自分の避けられない死すべき運命に対処できるようになるのだろう？　つまり、どうすれば死とともにうまく生きられるようになるのだろう？

エピクロス派の癒し

ルクレティウスを含めたエピクロス派の人たちにとって、この心理的難題を抜け出す方法は単純だ。まず、私たちは自分の抱いている死の恐怖に気づかなくてはならない。次に、死を恐れることは理屈に合わないと認めなくてはならない。エピクロス派の主張によると、結局、悪いことは感じることができる者にのみ起こりうる。死んだ人には感覚がいっさいなく、母胎に宿る前の状態と同じだ。したがって、死んでいることは存在していないのと変わりない。自分が生まれる以前のことを怖がる人はいないのに、なぜ死を思い悩むのか？　私たちの生涯が始まる前の何十億年にわたって支配していたのと、まったく同じ無感覚状態なのだ。ひとたびこのことに気づけば、死の不安はなくなり、私たちは不死を切望しなくなるだろう。エピクロスによれば、これで「人生の死すべき運命がもっと楽しめる」ようになる。

実際、見方によっては、死の認識によって人生を味わう力が鋭くなる。野のユリや空の鳥は、私たちのような存在にまつわる苦しみを免れている。しかし、限定された内省的生きものにしかない畏怖と喜びも感じられない。「死の事実をおぼろげに認識することから、人生の最終的な美しさが引き出される」と、スコットランドのエッセイスト、アレクサンダー・スミスが一八六三年に書いている。人は子どものころ、スミスが戯れる動物たちの喜びになぞらえたその場の楽しさを何時間も味わうが、大人になると、「あとさきを考え、現世も来世も包含する真剣な喜びを」味わう。いちばん記憶に残る最高の経験は二度と起こらないかもしれない、というか結局は二度と起こらないことを、たとえなんとなく漠然とではあるにしても、私たちは知っている。だからこそ、私たちはそういう経験をとても大切にするのだ。

さらに、マーサ・ヌスバウムやタイラー・フォルク、スティーヴン・ケイヴのような現代の思想家を加えると、死は生き続けるために必要だということになる。死がなければ、人類は変動する環境条件に適応できないだろう。誰も死ななければ、新しい人間が遺伝的多様性、独自の発見、技術イノベーション、そして芸術的創造を提供する余地がなくなってしまう。人間の生物学的・文化的進化は、必然的に止まることになる。「これからの世代が成長するために」私たちはみな死ななくてはならない、とルクレティウスが書いている。「これからの世代にしても、一生をまっとうすれば、あなたがたのあとに続くことになる。前の世代もあなたがたと同じように消え去ったのであり、これからの世代もまた消え去るのだ。こうして、一つのものから別のものが生まれることはやまない。生命は誰かの私的財産ではなく、誰もが使えるものなのだ」

それならば、エピクロス派の世界では、神はアダムとイヴが現実的な人間のありように気づかないままでいたがっていると決めてかからずに、エデンの園で二人にルクレティウスの『物の本質について』のことを話すだろう。そしてアダムとイヴは、時間の砂に足跡をいっさい残さない一時的な住人としてでも、この世の楽園に喜んで住むだろう。

二つの処方箋

ここまでの主張には説得力があり、真剣に検討する価値がある。しかし、論理的根拠をもとに死の不安を取り除こうとするエピクロス派の努力は、今日までみごとに失敗している。この三〇〇〇年間、人々はそれほど変わっていない。いまだに死ぬことをかたくなに嫌がり、文字どおりと象徴的な不死を得ることに熱心に打ち込んでいる。死——ハムレットの表現では「行けば帰らぬ人となる未知の国」——は、自意識のある生きものにとって、あまりに恐ろしくて心配せずにはいられない。死の不安は合理的ではないかもしれない。だが人間もつねに理性的ではないのだ。

私たちは動物であり、あらゆる生きものと同様、生物学的に早死に抵抗する傾向がある。死におとなしくしたがう生命体は、あっというまに遺伝子プールから消し去られてしまうだろう。私たちには、存在が脅かされると恐怖を生みだす辺縁系など、生き続けるためのさまざまな身体システムがある。そして危険な世界で生き残るために、この恐怖は欠かせない。その一方、大脳皮質のおかげで私たちは、自分がつねに脆弱であり、死すべき運命を避けられないことに気づいている。したがって、私たちはその恐怖を感じる可能性をつねに管理しなくてはならない。

死の不安をすぐに退けられないのなら、死そのものを消し去るのはどうだろう？　もし死なないのなら、心配することは何もないだろう。それとも、あるのだろうか？　オーブリー・デ・グレイやレイモンド・カーツワイルのような現代の不死研究者が、寿命を無限に延ばしたり、体の部位をロボットの部品と交換したり、自分自身をフラッシュドライブとコンピュータークラウドにアップロードする方法を解明したとしても、偶然の出来事や事故が取り返しのつかない致命的な結果を生むのを、完全に阻止することはできない。現在、飛行機事故での死亡が悲劇である理由は、残りの人生が何十年も失われるからだ。しかし寿命がもっとずっと長い場合、あるいは無限である場合、空中での不運な出来事で灰になることは、もっと長大な時間を失うことになるので、もっと不穏な話になる。つまり皮肉なことに、死が不可避でない世界では、死の不安は取り除かれないどころか、さらに強まるおそれがあるのだ。

そういうわけで、死の不安や死そのものを消し去ることが不可能なようであれば、しかもそれがおそらく望ましいことではないのであれば、ほかに何ができるのか？ 生と死は古くからの問題であり、ポリオの治療やロケットの月面着陸とちがって明らかな解決策はなく、各世代が最新の知識、歴史的状況、そして個人的経験に照らして取り組まなくてはならないという、ウォルト・ホイットマンが詩のなかで示した意見はおそらく正しかったのだろう。しかし恐怖管理の観点からすると、死とともにうまく生きるための実行可能なアプローチが二つあるように思われる。第一に、私たちは自分の死すべき運命の現実をもっと自覚して受け入れることができる。第二に、何も傷つけずに死を超越する感覚を強めることも可能だ。

死すべき運命を受け入れよ

アルベール・カミュは『カミュの手帖』（新潮社）に、「死を受け入れよう。そのあとならどんなことでも可能だ」と書いている。大昔から神学者と哲学者は（そして最近は心理学者も）、死に対する無意識の恐怖がおよぼす破壊的影響を弱め、日常生活を味わう力を高める手段として、死すべき運命を受け入れることの重要性を強調してきた。

あなたは今日のこの時間、自分のすばらしい柔らかい体――子どものときは遊び、若いときはスポーツとセックスを楽しみ、大人になっておそらく子どもをもうけた幸せな体であり、たくさんのアイデアを授けてきた奇跡的な脳と、たくさんの人をたくさん愛してきた鼓動する心臓を支えている、まさにその体――が、あなたより前に存在したほかのあらゆる動物や人間と同じ屈辱的な道をたどることになるという、動かしがたい事実に向き合おうとしているとしよう。悲しく不愉快な知らせだ。その冷酷な現実と向き合うために、あなたはまず何から始めるだろう?

古今東西、死と正面から向き合うためのさまざまなアプローチが実践されてきた。中世の修道僧は机の上に人間の頭蓋骨を置いていた。チベットのラマ僧は命の無常を忘れないために、人間の頭蓋骨でつくられた儀式用の椀を使った。同じ目的で、東洋でも西洋でも賢者は自分の棺のそば、あるいはなかで眠った。「バルド・トドゥル(現在『チベット死者の書』として普及している)」や『アルス・モリエンディ(往生術)』のような「ハウツー」マニュアルも一般的に使われてきた。

ルクレティウスの熱烈な崇拝者だったミシェル・ド・モンテーニュは、著名な一五八〇年の『エセー』(宮下志朗訳、白水社)のなかの「哲学することは、死に方を学ぶこと」の章で、死を受け入れるためのアプローチを説いている。モンテーニュにとって、死は逃れられないので対決しなくてはならない敵である。

――毅然として死を受けとめて、これと戦うことを学ぼうではないか。そして、まず第一に、死から、われわれに対する最大の強みを奪いとるためにも、ふつうとは正反対の方法をとってみよう。つまり、死からその異常さを取り除いてしまって、死とつきあって、慣れ親しみ、もっぱら死のことを思い浮かべるようにしてみたらどうだろうか。絶えず死のことを想像してみる、それもあらゆる顔立ちを思い描いてみるのだ。馬がつまずいても、瓦が落ちてきても、ピンかなんかがちくっと刺さっただけでも、「ところで、これが死だったらどうなのだろう?」と思いをめぐらせてみよう。こうやって、ぐっと気をひきしめて、ふんばってみるのだ。お祭りとか、喜ばしさのさなかにあっても、われわれ人間の条件を思い起こさせてくれる、このことばを必ず口に出してみようではないか。そうした歓喜が、いかにさまざまな死の標的となり、なんとかして捕まえてやろうとして、死が狙っているのかを、ふと忘れてしまうほど、快楽に押し流されないようにしよう。

死ぬという見通し(そして避けられない事実)に慣れ親しむための熱心な努力をとおして、人は理想的には、モンテーニュの言う「いつでもできる限りの備えはできているので、死がそれこそ突然におそってきても、わたしになにか新しいことを教えるといったことにはなりそうにもない」ところまで、精神的に強くなる。そのように勇気づけられて、モンテーニュはルクレティウスの助言に同意できる。

「なぜ、たっぷりと食べた客のように、人生から立ち去らないのか」

モンテーニュから数世紀後、オランダの哲学者セーレン・キェルケゴールは、死を受け入れる最善の方法として、不安の学校に入学することを勧めている。彼が提案しているのは、自分個人のアイデンティティを含めて、文化によって構築された信念がすべて一時的に打ち砕かれるところまで、どうしようもない死の恐怖が意識に入るのを許すことである。この極度に希薄な瞬間、人は「信じて飛び込む」――キェルケゴールの場合はキリスト教に――経験ができる。不安の学校を卒業しても、死の不安が完全に取り除かれることはない。そうではなく、死の事実を曲げることも否定することもなく向き合うことで、人生を味わう力が深まり、仲間の人間に対する思いやりが広がることになる。

世界のあらゆる宗教は同じように変化を起こす役割を果たせる、と考えるキェルケゴール後の哲学者や神学者もいる。自分自身の死すべき運命と深く向き合うのに、型どおりの宗教への忠誠は必要ない、と主張する実存主義思想家もいる。マルティン・ハイデガーによると、一人ひとりが自分は「死に向かっている」と認識しなくてはならず、誰もがそれぞれの死に方をするのだから、勇気をもって死を自覚し受け入れて真に生きることこそ、当人が試みるべきことである。

このようにじっくり死を見つめることに対しては、世俗的な環境よりも、魂や来世についての宗教的概念が深く染み込んでいる社会のほうが、心を開きやすいのかもしれない。アメリカ人はとくに、死について考えたり死ぬことに対処したりするのをひたすら避ける傾向があり、物質的豊かさとテクノロジーのおかげで、死すべき運命の暗示を寄せつけないようにするのが容易である。それでも、西洋の文化にも死を受け入れることに心を開こうとする兆しが、少なくともわずかながら見られる。

一九八〇年には、アメリカ人ジャーナリストのデレック・ハンフリーが、尊厳ある安楽死の権利を擁護する法律のロビー活動をするために、ヘムロック協会を設立した。二〇〇四年には、スイス人社会学者のベルナール・クレタがスイスとベルギーとフランスで「モータル・カフェ（死すべき運命のカフェ）」を開いた。ソーシャルワーカーや牧師の主催で、コーヒーショップやレストランで催される気軽な集まりで、個々人が気楽な雰囲気で死について語る。ジョン・アンダーウッドが二〇一一年に、「デス・カフェ（死のカフェ）」をイギリスとアメリカにもち込んだ。参加者は「とにかく死について話したい人たちだ」とアンダーウッドは述べている。「ほぼ全員にとって死とかかわることは、たとえ短い時間でも人生を豊かにする前向きなプロセスなのだ」

五つの超越モード

死と和解することは、心理的・社会的メリットの多い価値ある目標であることはたしかだ。しかし私たち人間は、自分自身の個人的存在を超える揺るぎない重要性の意識なしには、そのような平静さを十分に獲得できる心理構造になっていない。アメリカの精神科医ロバート・ジェイ・リフトンは、『断たれたつながり：死と生の連続性について（*The Broken Connection: On Death and the Continuity of Life*）』のなかで、死の超越には五つの核となるモードがあると述べている（そのうちいくつかは、文字どおりの不死と象徴的不死に関する章ですでに考察した）。

生物社会的超越は、自分の遺伝子、歴史、価値観、そして財産を伝えることによって、あるいは永遠に持続する家系への帰属意識や、民族または国のアイデンティティによって、将来世代と文字どおりつながることで実現する。

神学的超越は、魂や文字どおりの不死の可能性への信念をともなう。進行中の生命の躍動に対する精神的つながりという、より象徴的な意味にもなりうる。

創造的超越は、芸術、科学、テクノロジーの分野における革新や教育をとおして、将来世代に貢献することで実現する。

自然的超越は、すべての生命、自然、さらには宇宙と、一体になることである。突き詰めると、これはチャールズ・リンドバーグが心の平静を見つけた方法である。思い出してほしい。リンドバーグは死の恐怖に駆られ、文字どおりの不死を必死で追い求めることに、人生の大半を費やした。しかしアフリカを訪れたときに心境の変化が起こり、自然の不死を受け入れた。「アフリカの平原で野生動物を見ていると、私の文明人としての価値観が……生は死の必要性を受け入れるという、時代を超えた展望に取って代わった。個々の動物は、死を免れないが永遠に続く命の流れの発露なのだ。……それならば死のなかには、人間が生得の権利としてもっていることに気づかず、何世紀もやみくもに追い求めてきた永遠の命がある。死ぬことによってのみ、私たちは生き続けることができる」

最後に、経験的超越の特徴は、畏怖と感嘆の念の高まりをともなう時間の超越の感覚である。ある種の薬物はこの種の経験を促進し、瞑想、さまざまな文化的儀式、そして「フロー」の感覚、つまり思索や喜びに完全にのめり込む感覚をともなう活動も、またしかりである。そのような経験的超越が実現するのはとくに、ほかの四モードのいずれかの状態にあるとき、すなわち、子どもと遊んでいるとき、宗教儀式にたずさわっているとき、創造的活動に没頭しているとき、自然界にどっぷり浸かっているとき、である。

にっちもさっちも

前述した死の超越のモードはすべて、文化的に構築された物事の成り立ちに根ざしていて、文化的世界観のなかには、私たちをより建設的な超越の道へと導いてくれるものもある。となると、問題はアーネスト・ベッカーが言うように、「人生を豊かにする錯覚は何か？」だろう。

一九四一年の傑作ホラー映画『狼男』で、狼男の父親であるジョン・タルボット卿が、人生に対する二つの異なるアプローチを説いている。

人生がとても単純な人もいる。これは良い、あれは悪い、これは誤り、あれは正しい、と決める。誤りのなかに正しさはなく、悪のなかに善はなく、陰影やグレーはなくて、すべてが黒か白だ。……ところで、善も悪も正も誤も、多面的で複雑なものだと気づく人もいる。すべての面を見ようとするが、見れば見るほどわからなくなってくる。

このアプローチは、二種類の世界観を反映している。ここでは一方を「にっち」、もう一方を「さっち」と呼ぶ。

「にっち」は白か黒の物事の成り立ちであり、そこには文字どおりと象徴的な不死を達成するための明白な処方箋がある。残念ながら、「にっち」に賛同する人の大半は、自分たちの信念が絶対真実だと断言し、善と悪ははっきり区別できると主張する。「主義《イズム》」――原理主義《ファンダメンタリズム》、ファシズム、共産主義《コミュニズム》、ある種の自由市場資本主義《キャピタリズム》――は「にっち」である。プロテスタント神学者のパウル・ティリッヒによると、すべての「イズム」の根本的な問題は、自分たちのやり方を唯一のやり方だと、はきちがえていることだ。「自分たちの神話や教義、儀式や法律を最良として、それに服従しない人たちを迫害する」

「にっち」世界観は、意味、自尊心、そして不死のための明確で単純な基盤となるので、それを信頼し、そこに価値を感じる人たちに、魅惑的な心理的安心感をもたらす。「すばらしい感覚だった」と、元ヒトラー青年隊メンバーのヘンリー・メテルマンは回想する。「再び自信をつけた偉大な国家に属していると感じた。ドイツはすっかり安全な状態で、私は強いドイツの構築を助けるつもりだった」

悪に対する勇敢な勝利は、超越を感じるすばらしい方法であり、それはナチスにとってだけではない。一九世紀のトーマス・マコーリー卿が『古代ローマの諸相（*Lays of Ancient Rome*）』に記した著名な詩は、そのような感情の好例を示している。

そこで勇敢なホラティウス、
門の守護者が宣言する
「この世のあらゆる人間に
いつかは死がやって来る

ならば先祖の霊のため
そしてあまたの神殿のため
恐ろしい敵に立ち向かうより
いい死に方があろうか」

このように肝をすえて死すべき運命を認める態度は魅力的だが、先祖の霊のため、あまたの神殿のために働くことは、ほかの動機をすべて合わせたよりも多くの残虐行為と殺戮を生み出したかもしれない。なぜだろう？ 「にっち」タイプの世界観は「我々」対「彼ら」という部族気質を育む傾向があり、これまで見てきたように、それが憎悪を生み、集団間の対立をあおるからである。

「にっち」の代案は「さっち」だ。こちらはあいまいさを受け入れて、すべての信念にはある程度の疑念がつきものであると認める生き方である。「さっち」世界観は融通がきく。「さっち」の支持者は自分の信念や価値観を真剣にとらえているが、ほかの考えにも心を開き、自分の考えだけが真実だとは主張しない。正誤も善悪も、はっきり分けられるとは限らないことをわかっている。その結果、自分と異なる人にも寛容な傾向がある。

「さっち」は、意義や価値は人間がつくり出したものであると認めることを意味する。人はそれぞれ、自分の断片的な経験を出会うアイデアや「真実」と結びつけて、自分が生きている現実を構築し、その世界を最大限に利用できるような人になるのだ。究極の意義や真実というものがあるのかもしれないが、私たちはそれを完全に把握することはできない。なぜなら、私たちの認識には感覚器官と知的能力の限界や、文化の目隠しによる制約があるからだ。これは気がかりな事実かもしれないが、自由をもたらすとも考えられる。私たちは他人に与えられる現実像を受け入れなくてもいい。むしろ、自分が人生から手に入れられるものを最大にし、他人におよぼす害を最小にする、そんな意義をつくり出す努力が可能なのだ。

それでも、意義、自尊心、そして不死が、けっして絶対確実ではないせいで、「さっち」は心理学的に言うとイバラの道だ。不安が広がる。死の恐怖が漠然としたしつこい不安として現れる。「さっち」に生きる人たちは、薬物やアルコールによる自己治療、大量消費とくだらない快楽による自己耽溺、そして怪しい本やニューエイジ指導者やスピリチュアリティ熱による自己啓発に、逃げ込むことも多い。

これではにっちもさっちもいかない。「にっち」は心理的安心感をもたらすが、世界から悪をなくそうという怒れる独善的な十字軍の犠牲となる人たちに、ひどい損失を与える。「さっち」はもっと思いやりのある世界観を生むかもしれないが、死の不安を和らげる効果はあまりない。どうにかして、「にっち」のように心理的安心感をもたらすが、「さっち」のようにあいまいさを寛容に受け入れる、そういう世界観をつくり出す必要がある。

問いかけ、答えよ

死を受け入れよう。死すべき運命にあることは恐ろしい反面、だからこそ人は勇気と思いやりと将来世代への気遣いにあふれ、だからこそ人生が崇高なものにもなることを、きちんと理解しよう。意義と価値、社会的つながり、精神性、個人的成果、自然との一体感、そしてつかの間の超越経験を、あなたなりに組み合わせて、変わることのない意義を求めよう。そのための道筋を示しながら、不確実なことや異なる信念を抱く人たちへの寛容さを促す、そんな文化的価値観を推進しよう。

それが現代科学に裏づけされた古代の知恵だ。しかしこのような考えが、近い将来、人間の営みの方向性を変える可能性はないのだろうか？　人間はあまりに予測不能で、悲劇的で、異様な世界に住む、はかない生きものであることを考えると、みじめさと対立はほぼ確実にしつこく続き、ひょっとすると、人間が自滅するところまでいくかもしれない。

私たちはエデンの園には戻れないし、そもそもそこにはいなかった。しかし、死の認識が人間の営みに与える広い影響について、私たちがいまもっている膨大な知識は、死すべき運命の人生をよりうまく生き抜く方法の手がかりを与えてくれるかもしれない。本書に述べられている考えは、あなた自身とあなたが住む世界を理解するための効果的な方法を教えてくれると、われわれは信じている。そして意識的および無意識の死の考えが、いろいろと残念な心理的・行動的防衛機制を起動する経緯を知っているので、あなたはその反応に気をつけて、改めることができると思う。そうなれば、選択したり行動を起こしたりするにあたって、みずから決断できる。

あなたは恐怖から行動しているのか、それとも他人によってそうするように操られているのか？　かたくなな防衛機制に突き動かされているのか、それとも人生で心から大切にしている目標を追いかけているのか？　他者に対応するとき、死の恐怖を管理しようとする努力がどれくらい彼らの反応に影響しているか、あなた自身の防衛機制が彼らに対する反応に影響しているか、考えているだろうか？　このように問いかけ、それに答えることによって、私たちは自分自身の人生の楽しみを広げ、周囲の人々の人生を豊かにし、さらにそれ以上の影響をもたらすことができるだろう。

謝辞

本書はわれわれが三〇年以上も共同で行なってきた研究を発表するものである。大勢の同僚、元教え子と現教え子、教え子の教え子たちのおかげで、われわれの仕事も私生活全般もとても豊かになり、とくに死の認識が人生に果たす役割についての理論および実験的理解が深まったことに感謝したい。なかでも第8章から第10章まででその研究を詳しく扱った、友人であり同僚でもあるジェイミー・ゴールドバーグとジェイミー・アントへ、ありがとう。二人のジェイミーのほかにも、具体的な貢献を紹介できないほど大勢いるので、ここにアルファベット順にリストアップし、心からの感謝を伝えたい。ジョン・アレン、アリサベス・エイアーズ、ジャック・ブレーム、マイク・ブロイス、ブライアン・バーク、ジョン・バーリング、エマニュエル・カスタノ、スティーヴン・ケイヴ、スティーヴ・チャップリン、アルマンド・チャタード、フロレット・コーヘン、キャシー・コックス、デイヴィッド・カリアー、マーク・デュシェーヌ、サマンサ・ダウド、シェリー・デュヴァル、ゲリー・エルチャク、ヴィクター・フロリアン、イモ・フリッチェ、マイケル・ハロラン、エディー・ハーモン＝ジョーンズ、ジョシュ・ハート、ジョー・ヘイズ、ネイサン・ヘフリック、ギラッド・ヒルシュベルガー、ニコラス・ハンフリー、エヴァ・ジョナス、ペリン・ケセビル、サンダー・クール、スピー・コスロフ、マーク・ランドー、ジョエル・リバーマン、ダニエル・リヒティー、ユリ・リフシン、デブ・ライオン、アンディー・マーテンズ、モリー・マックスフィールド、サイモン・マッケイブ、シャノン・マッコイ、ホリー・マクレガー、マリオ・ミクリンサー、マット・モティル、バルフォー・マウント、ランドルフ・オッシュマン、ヘザー・オマヘン、ジェリー・ピヴェン、マーカス・クイリン、トミ＝アン・ロバーツ、エイブラム・ローゼンブラット、ザック・ローゼンフィールド、ザック・ロスチャイルド、クレイ・ルートレッジ、バスティアン・ラジェンス、マイク・サルツマン、ジェフ・シメル、ミシェル・シー、レイラ・セリムベゴヴィッチ、リンダ・サイモン、メリッサ・センケ、エリック・ストラチャン、ダニエル・「サリー」・サリヴァン、オリット・トーブマン＝ベン＝アリ、ケン・ヴェイル、マット・ヴェス、タイラー・フォルク、デイヴ・ワイズ、ボブ、ウィックルンド、トッド・ウィリアムズ。

ネイル・エルギーとアーネスト・ベッカー財団に、アーネスト・ベッカーの考えを生かし続け、二〇年以上にわたって恐怖管理理論とその研究に財政的、知的、そして心理社会的支援をしてくださったことを、深く感謝する。映画製作者のパトリック・シェンとグレッグ・ベニックには、アーネスト・ベッカーと恐怖管理理論についてのすばらしいドキュメンタリー映画『死からの逃走：不死の探求（*The Flight from Death: The Quest for Immortality*）』について（そしてその映画画像の使用を寛大に許してくれたことを）感謝する。さらに、ランダム・ハウスからW・H・オーデンの詩「文化の前提」の一部の転載、ベーシック・ブックスから『子ども時代とその後の死の発見（*The Discovery of Death in Childhood and After*）』のシルヴィア・アンソニーによる母親と子どもとのインタビューの一部などの転載について、それぞれの許可をいただいたことに謝意を表する。

国立科学財団（とくにジーン・インターマッジオ、スティーヴ・ブレックラー、ブレット・ペルハム）、国立衛生研究所（とくにリスベス・ニールセン）、そしてジョン・テンプルトン財団（とくにジョン・マーティン・フィッシャー）に、われわれの研究を財政的に支援してくれたことを感謝する。スキッドモア大学、アリゾナ大学、コロラド大学・コロラドスプリングス校、そしてこれらの学校を真の高度な研究所にしてくれた多くの人々に、われわれが研究と執筆を探究できる自由と資源のある純粋に学問的な環境を提供してくれて、心からありがとうと言いたい。

われわれのすばらしいエージェントであるジル・ニーリムと、ニーリム・ウィリアムス&ブルーム・リテラリー・エージェンシーのスタッフ（とくにホープ・デーネカンプ）に、特別な感謝と称賛を。ジルの揺るぎないほがらかさ、的確な導き、最初から最後までこのプロジェクトに注いだ熱意は、この本を現実にするのに不可欠だった。ランダム・ハウスの編集主任のウィル・マーフィーにも、ジルと同じようにわれわれの考えは幅広い読者に広めるべき重要なものだと信じ、われわれがきちんと仕上げられるまで原稿を書き直し続けることを断固主張してくれたことに、心から感謝している。とても有益なフィードバックをしてくれた編集補佐のミカ・カスガに、そしてエヴァン・カムフィールドをはじめとするランダムハウスの制作チームにも、ありがとうと言いたい。背景調査に協力し、物語の一部に貢献し、組織の問題について情報を提供し、われわれの散文、とくに研究の説明文を、より生き生きとした人を引きつけるものにしてくれた、ブロンウィン・フライヤーにも称賛と感謝を。

最後に、われわれの両親、配偶者、子どもたちに、ありがとう。ブランシュとフランク・ソロモン、モーリーン・モナガン、ルビーとサム・ソロモン、マレーとエディスとリズとジョナサンとカメリア・グリーンバーグ、トマス・P・ピジンスキー、メアリー・アン・ピーターシャック、ウェンディー・マトゥシェフスキー、マリヤ・ミジンスキー。彼らの愛情と支えのおかげでわれわれはここまでたどり着き、この本を生みだすことができた。彼らはわれわれの生涯を通じて助けてくれた。シャーウッド・アンダーソンの墓碑銘の格言のとおりだ。「死ではなく人生こそが大いなる冒険だ」

著者
シェルドン・ソロモン、ジェフ・グリーンバーグ、
トム・ピジンスキー
Sheldon Solomon, Jeff Greenberg, Tom Pyszczynski

それぞれ、スキッドモア大学、アリゾナ大学、コロラド大学・コロラドスプリングス校の心理学教授。ともに「恐怖管理理論」の提唱者であり、共同研究者として知られる。先進的な研究が評価され、アメリカ国立科学財団（NSF）の賞および助成を獲得。その成果は、現代のさまざまな動向を解読するカギとして、多数のメディアで紹介され、大きな注目を集めている。

訳者
大田 直子（おおた なおこ）
翻訳家。訳書は、エリエザー・スタンバーグ『〈わたし〉は脳に操られているのか』、スティーブン・ジョンソン『世界をつくった６つの革命の物語』、ムッライナタン＆シャフィール『いつも「時間がない」あなたに』など多数。

なぜ保守化し、感情的な選択をしてしまうのか
人間の心の芯に巣くう虫

2017年2月25日　第1刷発行

著　者　シェルドン・ソロモン、ジェフ・グリーンバーグ、トム・ピジンスキー
訳　者　大田 直子
発行者　宮野尾 充晴
発　行　株式会社 インターシフト
〒156-0042　東京都世田谷区羽根木 1-19-6
電話 03-3325-8637　FAX 03-3325-8307
www.intershift.jp/
発　売　合同出版 株式会社
〒101-0051　東京都千代田区神田神保町 1-44-2
電話 03-3294-3506　FAX 03-3294-3509
www.godo-shuppan.co.jp/
印刷・製本　シナノ印刷
装丁　織沢 綾

カバー イラスト：© anninskaya (Shutterstock.com)
図版（本文 p.189）Hans Thoma, Adam and Eve (1897). Hermitage Museum, St. Petersburg, Russia.

Printed in Japan
ISBN 978-4-7726-9554-1　C0011　NDC140　188x131

マルコムＸの霊言

Spiritual Interview with MALCOLM X

"Too much radical!" — this phrase came to me firstly.

However, we must listen to his words carefully. In his anger, we can easily find a part of God's anger. It's not so sophisticated, but easily can be understood.

MALCOLM X spiritually said more than Former President Mr. Obama had said (about Black People) in his presidency.

MALCOLM X, this radical leader of Black Muslim Movement, was a real forerunner of the Age of emancipation of Black People. We have to agree with him on this point.

But I'm not sure he is a real savior or not.

To tell the truth, he just woke up through my invitation from his spiritual realm sleeping.

はじめに

「過激すぎる！」―― これがまず私の頭をよぎった言葉だった。

しかしながら、彼の言葉には慎重に耳を傾けるべきだろう。彼の怒りの中にも、私たちは神の怒りの片鱗《へんりん》をたやすく見出《みいだ》すことができる。彼の言い方は洗練《せんれん》されてはいないが、かえってそれゆえに分かりやすく心に響くのだ。

マルコムＸの霊言は、オバマ前大統領が在任中に言いえなかった（黒人差別解消などの）極論《きょくろん》にまで届《とど》いているのだ。

マルコムＸというブラック・ムスリム運動のラディカルなリーダーは、黒人解放時代の真の先駆《さきが》けでありえたのだ。この点で、私たちは彼に同意せざるをえない。

しかし、彼が「真の救世主であるかどうか」には、いささか疑問がある。

本当のところ、彼は私の招霊《しょうれい》により、異界《いかい》の眠りから目覚《めざ》めたばかりなのだ。

May his words save his soul and new world!

2017. 8. 29

Master Ryuho Okawa

彼の霊言が、彼自身の魂を救い、新世界をも救わんことを！

2017年8月29日

大導師《だいどうし》　大川隆法《おおかわりゅうほう》

Contents

目　次

* This spiritual interview was conducted in English. The Japanese text is a translation added by the Happy Science International Editorial Division.

※本書は、英語で収録された霊言に和訳を付けたものです。

This book is the transcript of spiritual messages given by Malcolm X.

These spiritual messages were channeled through Ryuho Okawa. However, please note that because of his high level of enlightenment, his way of receiving spiritual messages is fundamentally different from other psychic mediums who undergo trances and are completely taken over by the spirits they are channeling.

It should be noted that these spiritual messages are opinions of the individual spirits and may contradict the ideas or teachings of the Happy Science Group.

本書は、マルコムXの霊言《れいげん》を収録したものである。

「霊言現象」とは、あの世の霊存在の言葉を語り下ろす現象のことをいう。これは高度な悟《さと》りを開いた者に特有のものであり、「霊媒《れいばい》現象」(トランス状態になって意識を失い、霊が一方的にしゃべる現象)とは異なる。

ただ、「霊言」は、あくまでも霊人の意見であり、幸福の科学グループとしての見解と矛盾《むじゅん》する内容を含《ふく》む場合がある点、付記しておきたい。

Spiritual Interview with MALCOLM X

August 26, 2016 at Special Lecture Hall, Happy Science
Spiritual Interview with MALCOLM X

マルコムXの霊言

2016年8月26日　幸福の科学 特別説法堂にて
マルコムXの霊言

Malcolm X (1925-1965)

An American activist for black human rights. Born as Malcolm Little. His father was believed to have been murdered by a racist group when Malcolm was 6 years old. At age 20, he went to prison for larceny, and became a member of the Nation of Islam (NOI) during his sentence. After he was released, he became a preacher and the spokesperson for the NOI and recruited members. But in 1964, he left the NOI and founded the Organization of Afro-American Unity. He criticized Martin Luther King, Jr.'s civil rights movement and insisted that blacks be given more universal human rights. He was known throughout America through his television appearances and lectures, where the white media exaggerated his aggressive stance. In 1965, Malcolm X was assassinated while speaking at a convention. His autobiography is considered to be one of the most important nonfictional pieces in the 20th century.

Interviewers from Happy Science

Masayuki Isono
Executive Director
Chief of Overseas Missionary Work Promotion Office
Deputy Chief Secretary, First Secretarial Division
Religious Affairs Headquarters

Yuta Okawa
Managing Director
Director General of Speech and Opinion
El Cantare-belief Promotion Division
(Managing Director,
Deputy Chief of CEO's Office, Religious Affairs Headquarters
Advisor of General Headquarters
Activity Promotion Strategist of Political Headquarters
Activity Promotion Strategist of International Headquarters)

Masashi Ishikawa
Vice Head Minister of Tokyo Shoshinkan

※ Interviewers are listed in the order that they appear in the transcript. The professional titles in the brackets are the position at the time of the interview.

マルコムX（1925－1965）

アメリカの黒人運動活動家。出生名はマルコム・リトル。父は彼が6歳のとき人種差別主義者に殺害されたとされる。20歳のとき窃盗罪で刑務所に服役し、獄中でイスラム運動組織「ネーション・オブ・イスラム」（ＮＯＩ）の教えに出会い同組織に帰依。出所後はＮＯＩの伝道師やスポークスマンとして活動し信者を増やすが、1964年、ＮＯＩを脱退し、「アフリカ系アメリカ人統一機構」を設立。彼はキング牧師の公民権運動を批判し、より普遍的な黒人の人権の獲得を主張、テレビ出演や講演を通して全米に知られたが、白人メディアにより戦闘的姿勢が強調された。1965年、集会で登壇中に暗殺。彼の自伝は20世紀の重要なノンフィクションの一つに挙げられている

質問者（幸福の科学）

磯野将之　（理事 兼 宗務本部海外伝道推進室長 兼
第一秘書局担当局長）

大川裕太　（常務理事 兼
エル・カンターレ信仰伝道局担当言論局長）
〔収録時点・常務理事 兼 宗務本部総裁室長代理 兼
総合本部アドバイザー 兼 政務本部活動推進参謀 兼
国際本部活動推進参謀〕

石川雅士　（東京正心館副館長）

1 Malcolm X's Spiritual Advent and the "Bullet of God"

Masayuki Isono Now, we will start the spiritual interview with Malcolm X. Perhaps the spirit of Malcolm X is already in Master's body, I assume.*

Malcolm X [*With eyes closed and in a deep tone.*] Ah, here I am.

Isono OK. Thank you very much for coming today. It's a great honor to ask you several questions because you are...

Malcolm X You white?

Isono White? No, I'm not white. I'm Asian, Japanese.

* In this spiritual interview, Malcolm X's spirit was already present before he was summoned.

1　マルコムX霊、「神の銃弾」と共に登場

磯野将之　ただ今より、マルコムXの霊言を始めさせていただきます。たぶん、すでにマルコムXの霊が総裁先生に入っていると思われます（注）。

マルコムX　（目を閉じたまま重々《おもおも》しくうなずく）うん、来てるぞ。

磯野　はい。本日はお越しくださり、まことにありがとうございます。質問させていただくことができ、たいへん光栄です。といいますのは……。

マルコムX　君、白人？

磯野　白人？　いえ、白人ではありません。私はアジア人で、日本人です。

（注）本霊言では、招霊する前にマルコムXの霊が来ている状態であった。

Yuta Okawa He looks white, but he is very Japanese.

Malcolm X Black?

Isono Not black.

Malcolm X Yellow?

Isono Yes, yes.

Malcolm X Yellow? You're almost white.

Isono Sorry [*laughs*], but I'm not white.

Yuta Okawa Welcome to Happy Science, Mr. Malcolm X.

Malcolm X Who are you?

Yuta Okawa I'm one yellow Asian Japanese man.

大川裕太　彼は白人に見えますが、日本人そのものです。

マルコムX　黒人？

磯野　黒人ではありません。

マルコムX　黄色《おうしょく》人種？

磯野　はい、そうです。

マルコムX　黄色？　ほとんど白じゃないか。

磯野　すみません（笑）。しかし、白人ではありません。

大川裕太　幸福の科学へようこそお越しくださいました、ミスター・マルコムX。

マルコムX　君は誰なの。

大川裕太　私は、黄色人種のアジア系の日本人男性です。

Malcolm X Yellow Asian Japanese? Hmm.

Yuta Okawa As you know, yellow means "coward" in English.

Malcolm X Hmm?

Yuta Okawa Yellow means coward in Japane... English.

Malcolm X Hmm? In Japanese-English?

Yuta Okawa In English. As you experienced yourself, I've also experienced some kind of racial discrimination in the United States.

Malcolm X Racial discrimination, hmm.

Yuta Okawa So, I can understand your position.

マルコムX　黄色人種のアジア系の日本人？　ふーん。

大川裕太　ご存じの通り、英語では「黄色」には「臆病《おくびょう》な」という意味があります。

マルコムX　うん？

大川裕太　黄色は日本語……英語で「臆病」という意味です。

マルコムX　うん？　〝日本語英語〟？

大川裕太　英語でです。あなたが経験されたように、私もアメリカで、ある種の人種差別を経験しました。

マルコムX　人種差別ね、ふーん。

大川裕太　ですから、あなたのお立場は理解することができます。

Malcolm X Really?

Yuta Okawa Yes.

Malcolm X Hmm? Hmm. What's happened to me!?

Isono Today, you came to Master Ryuho Okawa, the founder of Happy Science. By his great spiritual power, you are now able to talk to us through Master's body.

Malcolm X Why?

Isono This is a miraculous opportunity for you to give your true opinions or true thoughts on the United States, black people, the religion, Islam, and so on.

Malcolm X Hmm. [*Clicks tongue.*] Hmm?

Isono As a matter of fact...

マルコムX　本当かね。

大川裕太　はい。

マルコムX　うん？　うーん。これは、どうなっとるんだ⁉

磯野　本日、あなたは、幸福の科学の創始者である大川隆法総裁先生のところに来られました。総裁先生の偉大な霊能力によって、総裁先生の肉体を通して、私たちと話すことができるようになったのです。

マルコムX　なんで？

磯野　今回の霊言は、合衆国や黒人、イスラム教などについて、あなたの真意、あなたの本心を述べていただける奇跡の機会なんです。

マルコムX　うーん。（舌打ち）うん？

磯野　実際……。

Malcolm X It's my first time. Hmm…

Isono Yes, first time.

"We don't need dreams, just action"

Yuta Okawa Several days ago, one of your acquaintances, Martin Luther King, was also summoned by Master Okawa.* So next, today, we would like you to speak. We'd like to ask…

マルコムX　こんなのは初めてだな。うーん……。

磯野　はい、初めてです。

必要なのは「夢」ではなく「行動」

大川裕太　数日前、お知り合いのマーティン・ルーサー・キングも総裁先生に招かれました（注）。ですから今度は、今日、あなたにお話を伺いたいと考えています。お聞きしたいのは……。

★ The spiritual message from Martin Luther King, Jr. was recorded two days earlier, on August 24, 2016. Refer to *Spiritual Interview with Martin Luther King, Jr. American Problem and Dream* [Tokyo: IRH Press, 2016].

（注）本霊言の2日前の2016年8月24日、キング牧師の霊言を収録。『キング牧師 天国からのメッセージ』（大川隆法著・幸福の科学出版刊）参照。

Malcolm X He is weak, very weak.

Masashi Ishikawa Weak?

Malcolm X A weak person. He hesitated to use violence. I mean, he needs braveness. You know?

Yuta Okawa Actually, one of the most remarkable differences between you and Martin Luther King is dreams.

マルコムX　あいつは弱い。全然、弱い。

石川雅士　弱いですか。

マルコムX　弱い人間だよ。暴力を用いることに対して腰が引けてた。だから、あいつは度胸《どきょう》が足らん。そうだろ？

大川裕太　実際、あなたとマーティン・ルーサー・キングがいちばん顕著《けんちょ》に違う点の一つは、「夢」です。

March 1964, Malcolm X and Martin Luther King, Jr. happened to meet at the United States Senate. This was the only opportunity for the two to meet (left photo).

1964年3月、マルコムXとキング牧師が連邦上院議会で偶然、出会った際の写真。二人が接近した唯一の機会だった。

Malcolm X Dreams?

Yuta Okawa Martin Luther King noticed the "American Dream." But you noticed the "American Nightmare."

Malcolm X No, no, no, no, no, no, no, no! You are wrong. You should be killed!

Yuta Okawa Oh, really?

Malcolm X I'll shoot you! Bsh! Bsh, bsh! [*Gestures as if shooting a machine gun.*]

Yuta Okawa & Ishikawa [*Laugh.*]

Yuta Okawa Actually, these were your words [*laughs*]. OK, these were your words. You remarked that King is very weak and he said, "I have a dream." You said the situation of the United States is not a dream, but a

マルコムX　夢？

大川裕太　マーティン・ルーサー・キングは「アメリカの夢」に注目しましたが、あなたは「アメリカの悪夢」に注目されました。

マルコムX　違う、違う、違う！　君は間違っとる。生かしておけん！

大川裕太　そうなんですか。

マルコムX　撃ち殺す！　ビシュッ！　ビシュビシュッ！（マシンガンで狙撃《そげき》する構え）

大川裕太＆石川　（笑）

大川裕太　これは実際、（生前の）あなたの言葉なのですが（笑）。はい、あなたの言葉です。あなたがおっしゃるには、キング牧師は非常に弱く、彼は「私には夢がある」と言いましたが、あなたがおっしゃるには合衆国の状況

nightmare. This is…

Malcolm X No, no. We don't need any dreams. We just need ACTION [*makes fist with right hand*]! Only.

Isono What kind of action do you think...

Malcolm X Kill white people.

Isono Kill white people?

Malcolm X Bad white people. White Christian people. There were people who worshiped the white Christian *dämonisch* religion like the KKK*, you know?

* An abbreviation for the Ku Klux Klan. A secret, white supremacist society formed in America around the time of the Civil War. They insist that only the white people of Northern European descent, such as White Anglo-Saxon Protestants (WASP), are the descendants of Adam. They also insist that such people are the only ones with a soul, that they are chosen by God, and that they should be prioritized over and be separated from other races.

は「夢」ではなく「悪夢」だと。これは……。

マルコムX　違う、違う。夢など必要ない。必要なのは、（右手を強く握る）「行動」のみ！

磯野　どういった行動をお考えで……。

マルコムX　白人を殺せ。

磯野　白人を殺す？

マルコムX　悪い白人だよ。白人のキリスト教徒だよ。ＫＫＫ（注）とか、白人のキリスト教の悪魔の宗教を崇拝する奴らがいただろうが？

（注）クー・クラックス・クラン（Ku Klux Klan）の略称。南北戦争の頃にアメリカで生まれた白人至上主義の秘密結社。「プロテスタントのアングロ・サクソン人（WASP）など、北方人種を祖先に持つ白人のみが、アダムの子孫であり、唯一魂を持つ、神に選ばれた民である。よって、他の人種から優先され隔離されるべきである」と主張する。

Isono Yes, we know the KKK, Ku Klux Klan.

Yuta Okawa Historically—this is one point, actually—your opinion was segregation between white people and black people.

Malcolm X Se-gre-gation, yeah?

Yuta Okawa Segregation, yes. Sorry for my poor pronunciation.

Malcolm X [*Draws the letters "r" and "l" in the air.*] "r" and "l." Japanese people [*laughs*] cannot pronounce.

Yuta Okawa So the KKK also had such opinion. You and the KKK kept a great, familiar relationship.

Malcolm X No, no! No!

磯野　はい、ＫＫＫのことは知っています。クー・クラックス・クランですね。

大川裕太　歴史的には、ここは一つのポイントですが、あなたは「白人と黒人を隔離《かくり》せよ」というご意見でした。

マルコムX　「か・く・り」だよ。ああ？

大川裕太　はい、「隔離」です。発音が悪くてすみません。

マルコムX　（空中にrとlの字を書きながら）“r”と“l”。日本人は（笑）発音できんからなあ。

大川裕太　それで、ＫＫＫも、そういう意見でした。ですから、あなたとＫＫＫはたいへん親密な関係を持っていました。

マルコムX　違う違う！　違う！

Yuta Okawa Actually, historical researchers pointed it out like that.

Malcolm X Completely, no!

Yuta Okawa OK.

Isono So, how were you different…

Malcolm X They are demons! We are gods!

Yuta Okawa OK.

Isono Are you upset?

Malcolm X No, no.

Isono No?

Malcolm X No, no. Hmm. Just humor.

大川裕太　実際、歴史研究者が、そう指摘しているのですが。

マルコムＸ　まったく違う！

大川裕太　わかりました。

磯野　では、どう違って……。

マルコムＸ　奴らは「悪魔」で、われらは「神」だ！

大川裕太　なるほど。

磯野　怒ってらっしゃいますか。

マルコムＸ　いや、そんなことはない。

磯野　怒っていらっしゃらない？

マルコムＸ　いや、うん。ユーモアで言ってるだけだから。

Isono Just humor?

Malcolm X Never mind.

Yuta Okawa OK. Ah.

Malcolm X "shoots" an interviewer

Ishikawa So…

Malcolm X [*Points at Ishikawa.*] Oh, you are a weak person, too.

Ishikawa But I'm suntanned, so…

Malcolm X You should go because...

Ishikawa I'm suntanned. Compared to them, I look dark [*laughs*].

磯野　ユーモアですか。

マルコムＸ　気にしなくていいよ。

大川裕太　わかりました。

質問者を「銃声」で翻弄《ほんろう》するマルコムＸ

石川　では……。

マルコムＸ　（石川を指差して）ああ、君も弱い男だな。

石川　ただ、私は日焼けしていますので……。

マルコムＸ　君は帰ったほうがいいよ。だって……。

石川　日焼けしていますので、彼らに比べれば色が黒いです（笑）。

Malcolm X [*Pointing at the floor in front of Ishikawa*]... you fell down.*

Ishikawa [*Laughs.*] Thank you so much. After this session...

Malcolm X Be quiet. Keep silent.

Ishikawa Keep silent [*laughs*]. It's impossible...

Malcolm X Because I have a lot of power, so... Hmm.

Yuta Okawa So...

Malcolm X [*Gestures as if shooting a machine gun at Ishikawa.*] Dddddd!

* In the past, Ishikawa left during a spiritual interview due to poor health. He was an interviewer in that spiritual interview.

マルコムX　（石川の前の床を指差して）……倒れたんだろ（注）。

石川　（笑）ありがとうございます。このご収録が終わりましたら……。

マルコムX　静かにしてろ。黙ってろ。

石川　黙って（笑）。そういう訳には行きませんので……。

マルコムX　私の力はすごいからね。うん。

大川裕太　では……。

マルコムX　（石川をマシンガンで狙撃する真似）ドドドドドドッ！

（注）石川が以前の霊言収録で質問者を務めた際、体調不良で途中退出したことを指していると思われる。

Ishikawa [*Laughs.*]

Isono Could you please stop shooting?

Malcolm X OK, OK, OK.

Ishikawa So, I think...

Malcolm X Bullet of God! [*Makes machine gun sound.*] Bbbbbb! Buh!

Ishikawa I am defeated [*laughs*]. Can I ask a question?

Malcolm X One question.

Ishikawa One question. Martin Luther King led the March on Washington. Martin Luther King, Jr. was the leader of the civil rights movement.

Malcolm X Leader? Yeah.

石川　（笑）

磯野　撃つのをやめていただけませんか。

マルコムＸ　わかった、わかった。

石川　私が思うに……。

マルコムＸ　神の銃弾！（石川を狙撃する真似）ブブブブブブッ、ブーッ！

石川　やられました（苦笑）。質問してよろしいですか。

マルコムＸ　一問だけな。

石川　一問です。マーティン・ルーサー・キングはワシントン行進を率《ひき》いました。キング牧師は公民権運動のリーダーでした。

マルコムＸ　リーダー？　ああ。

Ishikawa And he…

Malcolm X Civil rights? Yeah.

Ishikawa …led the March on Washington. At that time, about 60,000 white people joined that march. And I think, in your opinion, this was organized by white people, white people's strategy.

Malcolm X Hmm…

Ishikawa So, what do you think about the March on Washington?

Malcolm X You have a problem in your mind, your brain. Go to the hospital and check it.

Ishikawa Go to... [*laughs*] check it. I need to replace my brain…

石川　そして、彼は……。

マルコムＸ　公民権か？　ああ。

石川　……ワシントン大行進を率いて、その時、白人約６万人が行進に参加しましたが、あなたのご意見によれば、「あれは白人が企画したもので、白人の戦略だ」ということであったと思います。

マルコムＸ　うーん……。

石川　そこで、ワシントン大行進については、どう思われますか。

マルコムＸ　君は頭に、脳に問題がある。病院に行って診《み》てもらえ。

石川　診てもらう……（笑）。脳を取り換える必要がありますね……。

Malcolm X Ah, yeah, something's wrong.

Ishikawa Ah, something, so not totally wrong?

Malcolm X [*Draws small circles next to his head with his right index finger.*] Maybe about this portion. Hmm. You have a bullet in your brain, also.

Isono Because you shot him in the head.

Ishikawa Spiritually, yeah, I was gunned down.

マルコムX　そう、悪いところがあるから。

石川　ああ、「ところがある」ですか。「全部」ではなくて。

マルコムX　（人差し指で自分の頭の右横を指してクルクル回しながら）たぶん、このへんだ。君も脳に弾が入ってるよ。

磯野　あなたが彼の頭を撃ちましたので。

石川　霊的には、はい、撃ち倒されました。

2 Joining the Black Muslim Movement

Yuta Okawa [*Laughs.*] May I ask a question about your situation today? Historically…

Malcolm X Ah? Today's situation? [*Spreads his arms like a savior.*] The resurrection of Jesus Christ or Moses.

Isono But you are a Muslim, not a Christian, aren't you?

Yuta Okawa Not a Christian.

Malcolm X Uh? OK, OK, Muslim. Now, Muhammad. Yeah. Black King Muhammad.

Yuta Okawa Yes. As a historical fact, you were shot and you passed away in 1965.

2 「ブラック・ムスリム運動」を始めた経緯

大川裕太 （笑）現在、あなたが置かれている状況について、質問してよろしいでしょうか。歴史的には……。

マルコムX ああ？ 現在の状況？ （救世主風に両手を大きく広げて）イエスかモーセの復活だよ。

磯野 でも、あなたはイスラム教徒で、キリスト教徒ではありませんよね。

大川裕太 キリスト教徒ではありません。

マルコムX ああ？ そうかそうか。イスラム教徒だ。じゃあ、ムハンマドだ。うん。黒人王ムハンマド。

大川裕太 はい。歴史的事実としては、あなたは1965年に撃たれて亡くなっています。

Malcolm X No, no one can kill God. No.

Isono So, you think you are still alive?

Malcolm X Yeah! From the beginning of this Earth till the end of this Earth.

Isono It sounds like you are the Almighty God.

Malcolm X Yeah, almost. Hmm.

Isono OK, so you were a god.

Malcolm X [*Takes a shooting pose at Isono.*]

Isono Don't shoot me [*laughs*]. Please [*audience laugh*].

マルコムX　いや、神は誰にも殺せない。違う。

磯野　では、今もご自分が生きていると思ってらっしゃるのでしょうか。

マルコムX　そうだ！「地球の始まり」から、「地球の終わり」に至るまで。

磯野　まるで、全能の神のように聞こえますね。

マルコムX　そう、ほとんど近いな。うん。

磯野　わかりました。では、神でいらしたんですね。

マルコムX　（磯野に向けて狙撃の構え）

磯野　撃たないでください（笑）、お願いします（会場笑）。

Muslims and blacks have been persecuted by white people

Yuta Okawa OK. I understand your way of thinking. When I read your book…

Malcolm X [*Begins massaging his own back.*]

Yuta Okawa …from you I felt an atmosphere which was very similar to great spirits like ●Zoroaster or such kind of people. I felt that your world is very similar to such spirits, or Dostoyevsky or those kinds of people.

Malcolm X Oh, you speak a lot.

Yuta Okawa Excuse me.

● The founder of Zoroastrianism. He taught the teachings of dualism between good and evil in ancient Iran. It has been revealed at Happy Science that he is a spirit from the ninth dimension (see page 154). Refer to *The Laws of the Sun* [New York: IRH Press, 2013].

イスラム教徒も黒人も白人に迫害されてきた

大川裕太　はい。あなたのお考えはわかります。私はあなたの本を読んだ時……。

マルコムＸ　（背中の凝《こ》りをほぐすように叩き始める）

大川裕太　……ゾロアスターなどの高級霊と、非常に似た雰囲気を感じました。あなたの世界は、そうした霊人たちのものと近いように感じました。あるいはドストエフスキーとか、そういった人たちの。

マルコムＸ　ああ、君は話が長い。

大川裕太　すみません。

●ゾロアスター教の開祖。古代イラン地方で善悪二元論的な教えを説いた。幸福の科学は、彼が九次元存在（155ページ参照）であることを明かしている。『太陽の法』（大川隆法著・幸福の科学出版刊）参照。

Malcolm X Hmm.

Ishikawa I'd like to ask from a different angle. I think Muhammad Ali*...

Malcolm X Muhammad... Oh, oh, [*Takes a boxing pose.*] I know, I know, I know, I know.

Ishikawa The super strong boxer was influenced by you. And maybe he converted to Muslim because of your influence.

Malcolm X Yeah.

マルコムＸ　うん。

石川　違った角度からお伺いしたいのですが、モハメド・アリ（注）は……。

マルコムＸ　モハメド……ああ、ああ（ボクシングの真似をする）、知ってる、知ってる。

石川　あの超・強いボクサーのアリは、あなたの影響を受けていました。彼は、あなたに影響されてイスラム教に改宗したようですが。

マルコムＸ　そうだよ。

* A former professional American boxer (1942–2016). Former WBA and WBC World Heavy Weight Champion. Ali converted to Islam after meeting Malcolm X and resonating with his ideology. Upon joining the Nation of Islam (refer to page 58), he changed his ring name from Cassius Clay to Muhammad Ali (photographed 1964).

（注）アメリカの元プロボクサー（1942－2016年）。元WBA・WBC統一世界ヘビー級チャンピオン。マルコムXと出会いその思想に共鳴し、イスラム教に改宗。1964年、ネーション・オブ・イスラム（59ページ参照）への加入を機に、リングネームをカシアス・クレイからモハメド・アリに改めた。写真はマルコムXとモハメド・アリ（1964年撮影）。

Ishikawa Why are Muslim people so strong, like you and Muhammad Ali?

Malcolm X Muslim people are hmm... nearly equal to black people. They have been persecuted by white people! Especially white Christian people! The messengers from devils! So, Muhammad Ali also became our supporter, one of my... what do you say, fighter? Fighter. Yeah, yeah, yeah. Fighter of brotherhood. Ah-ha, he is famous. Yeah, yeah, yeah, yeah, yeah.

Ishikawa Black people, Muslim people... Are you Avengers*? Huh?

Malcolm X Avengers [*laughs*]. No, *revengers*.

* A piece featuring a team of various American comic book heroes. A film was made in 2012 which was considered a big hit, and a sequel was released in 2015.

石川　なぜイスラム教徒は、そんなに強いのでしょうか。あなたや、モハメド・アリのように。

マルコムX　イスラム教徒は、うーん……黒人とほとんど同じなのよ。白人から迫害されてきたんだから！　特に白人のキリスト教徒だ！　悪魔の手先の！　だからモハメド・アリも、われらの「支持者」に……いや、何て言ったかな。「闘士」か。闘士、そう、そう、そう。同胞たちの闘士になった。そう。彼は有名だね。そう、そう、そう、そう、そう。

石川　黒人でイスラム教徒であるあなた方は、「アベンジャーズ」（注）ですかね。

マルコムX　アベンジャーズって（苦笑）。いや、〝リベンジャーズ〟だ。

（注）複数のアメリカン・コミックヒーローが登場し、チームを組んで活躍するクロスオーバー作品。2012年に映画化され大ヒットを記録し、2015年に第2作が公開された。

Ishikawa Revengers [*laughs*]. Not avengers.

Malcolm X Uh-huh.

He chose the purity of the emancipation movement of black people

Yuta Okawa First of all, you were a believer of the Nation of Islam*.

Malcolm X No. First, I was a Christian.

Yuta Okawa Yeah, it's true, yeah. After you became a prisoner, you encountered the teachings of Elijah Muhammad, the leader of the Nation of Islam, and you acted firstly as an executive of the Nation of Islam.

* An American religious movement by African-American Muslims. It was founded in 1930 and succeeded by Elijah Muhammad in 1934, who led its development. NOI advocated the establishment of a black country. Some points differ from traditional Islamic doctrine, such as the belief that blacks are the origin of humanity whereas whites are devils.

石川　リベンジャーズ（笑）。アベンジャーズではなくて。

マルコムX　うん。

黒人解放運動の「純粋性」を選んだ

大川裕太　あなたは最初、「ネーション・オブ・イスラム」（注）の信者でした。

マルコムX　いや。最初はキリスト教徒だよ。

大川裕太　はい、確かに。服役されてから、あなたはネーション・オブ・イスラムのリーダーであるイライジャ・ムハンマドの教えに出会われました。そして、まず、ネーション・オブ・イスラムの幹部として活動されました。

（注）アメリカにおけるアフリカ系アメリカ人のイスラム運動組織。1930年に創始され、1934に組織を継いだイライジャ・ムハンマドのもとで発展を遂げた。黒人国家建設を標榜し、黒人が人類の始祖であり白人は悪魔であるとするなど、教義面で伝統的イスラム教と異なる点もある。

Malcolm X Yeah.

Yuta Okawa But eventually, you quit that organization…

Malcolm X [*Sighs.*]

Yuta Okawa …and became a true believer of Islam.

Malcolm X Are you a journalist? Journalist?

Yuta Okawa No, no, no.

Malcolm X No?

Yuta Okawa I like you.

Malcolm X From *The New York Times*?

Yuta Okawa No [*laughs*]. No, no.

マルコムX　そうだよ。

大川裕太　ただ、最終的にはその組織を辞《や》めて……。

マルコムX　（ため息）

大川裕太　……正統的なイスラム教徒になられました。

マルコムX　君はジャーナリストか。ジャーナリスト？

大川裕太　いえ、いえ。

マルコムX　違うの？

大川裕太　あなたのことは好きです。

マルコムX　ニューヨーク・タイムズか？

大川裕太　いえ（笑）違います。

Malcolm X No?

Yuta Okawa As a Happy Science member, I like Christia…

Malcolm X I know Christian Science, of course. *The Christian Science Monitor*?

Yuta Okawa No, a different religion.

Malcolm X Uh-huh, OK [*clicks tongue*]. And what?

Yuta Okawa And I'd like to ask you about your career.

Malcolm X Career?

Yuta Okawa Career, yeah.

Malcolm X Yeah, yeah, yeah. Career. A prisoner and a teacher of Black Muslims. That's my career. Yeah.

マルコムＸ　違うの？

大川裕太　私はハッピー・サイエンスのメンバーとして、クリスチャ……。

マルコムＸ　クリスチャン・サイエンスなら知ってるがな。クリスチャン・サイエンス・モニターか？

大川裕太　いえ、別の宗教です。

マルコムＸ　ああ、そうか（舌打ち）。それで？

大川裕太　あなたの経歴についてお伺いしたいのです。

マルコムＸ　経歴？

大川裕太　はい、経歴です。

マルコムＸ　はい、はい、はい。経歴は、囚人《しゅうじん》。それからブラック・ムスリムの教師。それが私の経歴だね。うん。

Yuta Okawa But, you know, Elijah Muhammad…

Malcolm X [*Pretends to shoot Ishikawa.*] Pan!

Yuta Okawa Oh, OK [*laughs*].

Malcolm X [*Continues to pretend shooting.*] Pyu!

Isono Please don't shoot him.

Yuta Okawa OK. Actually…

Malcolm X [*Pretends to shoot Ishikawa with a gun and makes a shooting sound.*] Shoo, pyaa!

Ishikawa [*Laughs.*]

Isono Please be calm.

大川裕太　ですが、イライジャ・ムハンマドが……。

マルコムX　（石川を狙撃する真似）パン！

大川裕太　はい、わかりました（笑）。

マルコムX　（銃声を真似る）ピュッ！

磯野　彼を撃たないでください。

大川裕太　はい、実際……。

マルコムX　（石川を狙撃する構えをし、銃声を真似る）シュー、ピャーッ！

石川　（苦笑）

磯野　落ち着いてください。

Yuta Okawa You finally had disbelief in Elijah Muhammad.

Malcolm X Ah, Muhammad, false Muhammad. Yeah, yeah, yeah.

Yuta Okawa What did you think about the Nation of Islam, your first organization?

Malcolm X Our movement is a great movement. I'm not wrong. But he, as a leader, had some defects, you understand? The short…

Yuta Okawa Shortcomings?

Malcolm X …short points, short points. He lied and deceived me and he gathered a lot of money for himself to use for his own sake. And he raped several teenagers, children, of course female. But I kept in my mind that I worshiped him and that these scandals were false stories

大川裕太　あなたは最終的にイライジャ・ムハンマドを信じられなくなりました。

マルコムX　ああ、ムハンマドな。にせものムハンマド。そう、そう、そう。

大川裕太　最初に所属していた組織であるネーション・オブ・イスラムについて、どう思われていたのでしょうか。

マルコムX　われわれの運動は偉大な運動だ。私は間違ってない。だが彼は、指導者として欠陥があった。わかるかな。欠……。

大川裕太　欠点ですね。

マルコムX　欠点だよ。欠点があった。嘘をついて、私を騙《だま》して、自分のために使おうとして金をたくさん集めて、ティーンエイジャーの女の子たちをレイプした。だが、私は彼を崇拝する心を持ち続けていて、そういうスキャンダルはＣＩＡとかＦＢＩとかの白人が書いた作り話で、

written by the CIA or FBI-like white people, I mean, a conspiracy to make him fall down.

But I, myself, understood that he did many bad things. So, this is the reason of my separation from the Black Muslim movement. So, I, myself, wanted to be a leader and wanted the genuine emancipation movement of black people through Muslim teachings. That's the reason.

And another reason is, I'm very famous in the American journalism and journalism in the world. So, he and his surroundings had some kind of jealousy toward me. It was beyond my control. So lastly, he and his followers prompted and planned to kill me and my family. No one can hesitate to separate from these kinds of groups. So, I just chose the purity of justice of the Muslim movement of black people. These are the reasons and the excuses of mine.

要するに彼を倒すための陰謀《いんぼう》だと思ってた。

だが、彼がいろいろ悪事を働いていることが私自身わかったんで、ブラック・ムスリム運動から離れたわけだ。だから自分がリーダーになろうと思った。イスラムの教えを通して、本物の黒人解放運動をやろうと思ったんだ。そういう理由だったのよ。

もう一つの理由は、私はアメリカと世界のジャーナリズムで非常に有名だったから、彼と周りの連中が私に嫉妬して、私としてはどうすることもできなくてね。しまいに彼らは、私と家族を殺す計画まで立てたんだから、そんなグループからは誰だって迷わず抜けたくなるだろう。だから私は、黒人によるムスリム運動の正義における「純粋性」を選んだまでだ。それが理由で、私としての釈明だね。

3 Condemning the 400 Years of White Evil

Yuta Okawa OK, thank you. And…

Malcolm X Pyu! [*Pretends to shoot Ishikawa with a pistol. Ishikawa leans back.and laughs.*]

Yuta Okawa …I think one great motive of Martin Luther King was love. I think it was love and faith in the true God. You also had faith in Islamic teachings, but the biggest motive of yours was rage, I guess.

Malcolm X Rage?

Yuta Okawa Is it true?

Malcolm X Anger. Anger or revenge.

3　400年にわたる「白人の悪」を糾弾《きゅうだん》

大川裕太　はい、ありがとうございます。そして……。

マルコムX　ピュッ！（石川に向けてピストルを撃つ真似。石川、のけぞりながら苦笑）

大川裕太　……マーティン・ルーサー・キングの動機の一つとして大きかったのは「愛」だと思います。愛であり、真なる神への信仰です。あなたもイスラムの教えを信仰しておられましたが、あなたの最大の動機は「激しい怒り」だったのではないかと思います。

マルコムX　レイジ？

大川裕太　そうだったのでしょうか。

マルコムX　怒りかな。「怒り」であり、「報復」かな。

Yuta Okawa Revenge. Yes.

Malcolm X Hmm, yeah, it's true because they are Satans.

Isono "They" mean white people?

Malcolm X Yeah. And "I am that I am."*

Why he hates white people

Isono OK. This is a very basic question, but why do you have so much hatred against white people?

Malcolm X They fired my house and they killed my father who was a black priest. And they, you know the

* According to the Book of Exodus in the Old Testament, God spoke those words when Moses asked for His name.

大川裕太　はい、「報復」です。

マルコムX　うん、そう。確かに奴らはサタンだからな。

磯野　奴らとは白人のことですか。

マルコムX　そうだ。そして私は「在《あ》りて在る者」（注）だから。

なぜ白人を憎むのか

磯野　はい。非常に基本的な質問なのですが、なぜ、そこまで白人を憎んでいらっしゃるのでしょうか。

マルコムX　奴らは私の家に火をつけて、黒人牧師をしていた父を殺したんだよ。奴らは……ＫＫＫってわかる？

（注）旧約聖書の「出エジプト記」で、モーセが神の名を尋ねた時、神が答えたとされる言葉。

KKK? [*Makes a triangle above his head with both hands to express the KKK hood.*] The ghost-like white people? The clothing, yeah, yeah. [*With a face in disgust.*] They are very evil people. They set fire and have machine guns, and they easily kill black people, even my father.

He was a very, very pure religious person who just said, "We, black people, should return to the continent of Africa. We have no freedom in the United States. We must leave this land and set up and rebuild a new country in the African continent." This was his opinion, like... Do you know Zionism movement*? This movement gathered a lot of Jewish people from all over the world and built a new country of Israel in the Middle East.

Like that, my father insisted that we, black people, have no Utopia or Canaan in the United States, so we should go back to Africa. It's like 400 years ago. We were living in the continent of Africa, but we were

* The Jewish movement to build a Jewish nation in Israel (Palestine). It started in the 1890s and concluded in 1948 when Israel was founded. Zionism means "to return to the land of Zion (a hill in Jerusalem)."

(両手で頭上にＫＫＫの三角形の頭巾《ずきん》を示す動作をして) ゴーストみたいな白人の。あの衣装を着て、そう、そう。(顔をしかめて) とんでもなく悪い奴らだから。火をつけてマシンガンを持って、平気で黒人を殺す。私の父まで。

父は本当に心のきれいな宗教家で、言ってたことは、ただ、「われわれ黒人はアフリカ大陸に帰るべきである。アメリカではわれわれには自由がない。この国を離れ、アフリカ大陸に新国家を打ち立てねばならない」と。それが父の意見で、ちょうど……シオニズム運動（注）ってわかるかな？　あの運動に世界中のユダヤ人が集結して、中東にイスラエルという新国家を建国したんだ。

それと同じで、父が主張してたのは、「アメリカには、われわれ黒人のユートピアは、カナンの地は、ない。だからアフリカに帰るべきだ」ということだった。400年前みたいに。われわれはアフリカ大陸に住んでたのに、ア

（注）イスラエルの地（パレスチナ）にユダヤ人国家を建設しようというユダヤ人の運動。1890年代に始まり、1948年のイスラエル建国として結実した。「シオン」（エルサレム市街にある丘の名）の地に帰るという意味。

compelled to be imported from Africa to the United States. They, I mean the white people, white Christian people, are bad guys! They deprived us of our history, our culture, our language, our happiness and our religious worship. They did wrong, wrong, wrong, wrong, wrong, wrong, wrong, wrong, wrong, wrong, wrong deeds, a lot.

They should reflect upon that. Or, they should apologize to us. Return to us the 400 years! Our happiness of 400 years!! If they cannot do that, we should return to the African continent and build a new country.

Yuta Okawa I think before the advent of you, black people were not so strong in the United States. But your movement or strong faith in the Islamic teachings strengthened the African people in the United States. I agree. So…

フリカからアメリカに強制的に〝輸入〟されたんだからな。奴ら白人は、クリスチャンの白人たちは悪人だ！　奴らは、われわれから「歴史」も、「文化」も、「言語」も、「幸福」も、「信仰」も奪ったんだよ。ひどいひどい、それはもうひどい間違いを山のように重ねてきた。

そのことを反省すべきだろう。あるいは、われわれに謝るべきだろう。400年という歳月を返せ！　400年分の幸福を、われらに返せ!!　それができないというなら、われわれはアフリカ大陸に帰り、新たな国をつくるべきである。

大川裕太　あなたのadvent（出現、到来、救世主などの降臨《こうりん》の意）以前は、黒人はアメリカでは、あまり強くなかったと思います。しかし、あなたの運動やイスラム教への強い信仰のおかげで、アフリカ系アメリカ人たちは強くなることができたというのは、私も同感ですので……。

Malcolm X You used *advent*?

Yuta Okawa Oh, yeah.

Malcolm X Oh, good sound.

Isono Because he respects you.

Malcolm X You know a lot of English. You have intelligence in your English. *Advent*. It's a good sound.

Yuta Okawa Thank you. OK.

Malcolm X "Advent of Jesus Christ," "Advent of Malcolm X." Yeah, the same sound. Good, good, good. Nice English!

マルコムX　「advent」って言った？

大川裕太　はい。

マルコムX　ああ、いい響きだねえ。

磯野　彼はあなたを尊敬していますので。

マルコムX　英語をよく知ってるじゃない。使う英語に知性があるよ。「Advent」。いい響きだ。

大川裕太　ありがとうございます。はい。

マルコムX　「イエス・キリストの降臨」、「マルコムXの降臨」。同じ響きだね。いいね、いいね、いいね。ナイス・イングリッシュ！

“Realizing justice” over “the history of Satans”

Yuta Okawa I think your braveness is a very special thing or a precious thing. So, what was the source of your braveness or…

Malcolm X The realization of justice! That’s all. I have seen a lot of bad deeds. It’s a crime of white people. They say the culture of white people is the fundamentals of American justice. They made a lot of laws on those fundamentals, I mean the white culture, the white American culture, and WASPs.

But they *were* and they *are* wrong. In the dictionary, *white* means pure, purity, or innocent. *Black* means bad things. Evil, like that. This is their prejudice, you know? They think like that. “Black is bad. The word ‘black’ or ‘negro’ means Satan.” I, myself, was called Satan when I was in jail. They, the white policemen, called me, “You are Satan.” My name was Satan at

「サタンの歴史」に対する「正義の実現」

大川裕太　あなたの勇敢さは、本当に特別なものであり、貴重なものであると思います。その勇敢さの元《もと》は、何だったのでしょうか。

マルコムX　「正義の実現」！　それしかない。私は悪事を山ほど見てきたからね。白人たちの犯罪だ。彼らは、「白人文化がアメリカの正義の基本原理だ」と言って、その基本原理の上に法律をたくさんつくった。要するに、白人文化であり、白人米国文化であり、WASP《ワスプ》だよ。

だが、それは間違いだったし、今でも間違ってる。辞書では、白は「清純」とか「無垢《むく》な」とかいう意味で、黒は「悪事」とか「邪悪な」とかいう意味だけど、これが彼らの偏見なんだよ。わかる？　彼らは、そんなふうに考えてる。「黒は悪い。黒とかニグロという言葉は、サタンの意味だ」ってわけだ。この私も、刑務所に入ってた時は「サタン」と呼ばれてたからね。白人の警官たち

that time. But no, no, no, no, no. *They* were Satans. American history was the history of Satans.

When I was born in the United States, it's the same as the rebirth of Jesus Christ or the rebirth of Moses or the rebirth of Muhammad, the founder of Islam. Ah-ha! This is the new age.

Ishikawa The Founding Fathers of America established a nation based on the philosophy, "all men are created equal." So, their philosophy was wrong?

Malcolm X Yeah, yeah, yeah. Sometimes you say good things.

Ishikawa Sometimes... thank you so much. That concept did not include black people or the Native Americans. Even George Washington persecuted the Native Americans.

から「お前はサタンだ」と呼ばれたよ。私の名前は当時「サタン」だったけど、違う違う違う違う違う。彼らこそサタンだったんだ。アメリカの歴史は〝サタンの歴史〟だった。

私がアメリカに生まれたのは、イエス・キリストの再誕やモーセの再誕や、イスラム教の創始者ムハンマドの再誕に等しいわけよ。なあ！　これこそ新時代だね。

石川　アメリカ建国の父たちは、「人はみな平等に創られている」という思想に基づいて国づくりをしましたが、その思想が違っていたということですね。

マルコムX　そう、そう、そう。君、たまにはいいこと言うね。

石川　たまには……ありがとうございます。その考え方の中に、黒人やアメリカ先住民は含まれていなかったわけです。ジョージ・ワシントンでさえ、アメリカ先住民を迫害しました。

Malcolm X [*Swings around on the chair while pretending to shoot a machine gun.*] We must kill *all* of them. Bbbbbbbbbbb!

Isono Please don't kill our audience [*audience laugh*].

Malcolm X They needed 15 bullets to kill me. I'm a monster for them.

Ishikawa The right to revolution* is a basic, fundamental right…

Malcolm X Revolution, yeah! Good.

Ishikawa If the government is not good…

Malcolm X A real revolution. Yeah. I have a

* Right of revolution (right of resistance) is the people's right to resist the abuse of power by the government, which the people entrust. In modern times, it was proposed as a natural right by John Locke.

マルコムX　（回転椅子を左右に回転させ、周囲をぐるっとマシンガンで狙撃する真似をしながら）奴らは、ぜーんぶ殺さんといかん。ブブブブブブブブブブブブッ！

磯野　聴衆は殺さないようお願いいたします（会場笑）。

マルコムX　私を殺すには弾丸が15発必要だったんだ。奴らからすれば、私は〝怪物〟だからな。

石川　「革命権」（注）は基本的人権で……。

マルコムX　革命、そう！　いいねえ。

石川　政府が良くない場合は……。

マルコムX　真なる革命だ。そう。私には革命的な力が

（注）革命権（抵抗権）とは、人民により信託された政府による権力の不当な行使に対して人民が抵抗する権利。近代においてはジョン・ロックにより自然権の一つとして提唱された。

revolutionary power. A magical power! Black power, huge black power. I'm the center and the core of the huge black power, so they controlled weaker black people. They, meaning the white people, killed me by using criminals. I was the trumpet of God.

Christianity is "hypocritical" and "weak"

Yuta Okawa I'd like to ask you about Christianity.

Malcolm X Christianity! [*Clicks tongue.*] Aaghh!!

Yuta Okawa Some black people have strong faith in Christianity.

Malcolm X They should abandon it, and rely on Islam.

Ishikawa So, your basic policy is "an eye for an eye"? "Don't love your enemies" or "You don't have to

ある。魔法の力だ！　黒人パワー、巨大な黒人パワーだ。私は巨大な黒人パワーの中心で中核なんで、奴らが、白人どもが、弱い黒人を操《あやつ》って、犯罪者を使って私を殺したんだ。私は「神のラッパ」だったのよ。

キリスト教の「偽善」や「弱さ」を非難

大川裕太　キリスト教についてお伺いしたいと思います。

マルコムX　キリスト教！（舌打ち）ああっ‼

大川裕太　黒人の中には、キリスト教を深く信じている人もいます。

マルコムX　捨てなきゃ駄目だね。イスラム教に帰依《きえ》しないと。

石川　あなたの基本方針は「目には目を」なのでしょうか。「汝《なんじ》の敵を愛すなかれ」ですとか。「人は」……。マーティ

meet…" Martin Luther King said…

Malcolm X Don't love your enemy... ah, it's a hypocritical attitude. Do you understand!? If you receive my punch [*throws a punch with right hand*] on your right side [*taps right cheek with right hand*], yeah, you must show [*taps left cheek with left hand*] your left side and I'll present the next punch [*throws a punch with left hand*] for you. This is the Christian love. Is it right?

Ishikawa At least, they didn't practice that kind of teaching.

Malcolm X When they do bad things, they should apologize to us. That is the justice of God.

Ishikawa For example, the KKK also bombed Mr. King's house.

ン・ルーサー・キングが言ったのは……。

マルコムＸ　「汝の敵を愛すなかれ」って……ああ、そんなのは偽善的な態度だろう。わかる⁉　私のパンチを（右フックで殴《なぐ》る動作）右の頬《ほお》に（自分の右頬を右手でピタピタ叩く）受けたら、（左の頬を叩く）左を差し出せ。そうしたら（左フックで殴る動作）もう一発パンチをお見舞いしてやるからさ。それが「キリスト教的な愛」なんだろ？

石川　少なくとも、彼らはその教えを実践しませんでした。

マルコムＸ　悪いことをしたなら、謝らなきゃ駄目だよ。それが神の正義だろう。

石川　たとえば、ＫＫＫはキング牧師の自宅も爆破しました。

Malcolm X Ah. Then, we should burn all the KKK's houses.

Ishikawa But he said…

Malcolm X That's justice!

Ishikawa …we need to meet hate with love or…

Malcolm X It's OK. They are Satans, so we should kill them by dint of God's power.

Ishikawa But Jesus said…

Malcolm X Replacing God.

Ishikawa …"Those who live by the sword will perish by the sword." Is it not correct?

マルコムＸ　ああ。なら、ＫＫＫの家は全部焼き討《う》ちにせんといかん。

石川　しかし、彼いわく……。

マルコムＸ　それが正義である！

石川　「憎しみには愛で報《むく》いなければならない」とか……。

マルコムＸ　いいのいいの、あいつらサタンなんだから。神の力によって殺さないと駄目なのよ。

石川　しかし、イエスがおっしゃるには……。

マルコムＸ　神に代わって。

石川　「剣で生きる者は剣で滅《ほろ》びる」と。これは正しくないのでしょうか。

Malcolm X No, no. Jesus Christ is a weak person, so don't rely on him. I'm stronger than him, so please hear my teachings.

Ishikawa You're like the second coming of Muhammad?

Malcolm X No, no, not second. Yeah, the new advent of a savior. Yeah.

Yuta Okawa I think you left a famous message that, in order to realize justice, "by any means necessary," you, or other members, need to fight against evil by white people. So, "by any means necessary," this is, in order to realize the aim, all means are permitted to be used. This way of thinking is very similar to…

Malcolm X [*Begins shadowboxing.*]

Yuta Okawa …Marxism or those kinds of teachings.

マルコムX　駄目、駄目。イエス・キリストは弱い人だから、イエスなんかに頼ってちゃ駄目。私のほうが強いんだから、私の教えを聞いてください。

石川　あなたはムハンマドの再来のような方なのですか。

マルコムX　いや、「再来」じゃなくてさ。そう、「新たな救世主の降臨」だな。うん。

大川裕太　あなたは、「正義を実現するためには、あなたや他の仲間は『必要とあらば、いかなる手段を使ってでも』白人による悪と戦わねばならない」という有名なメッセージを残されたと思います。「必要とあらば、いかなる手段を使ってでも」とは、目的を達成するためなら、どんな手段でも許されるということです。この考え方は……。

マルコムX　（シャドーボクシングを始める）

大川裕太　……マルクス主義や、その類《たぐい》の教えと非常に似

What do you think about this way of thinking?

Malcolm X Life is like boxing, so we have enemies. When enemies punch us, we must return something. It's a game. In this world, Satans and gods are fighting, and angels have been fighting, long, long years. So, only Satans can attack us and we cannot do anything to them? It's injustice, I think so. God must have some power on them or God should perish them from this earth. I think so. Am I wrong? Am I wrong?

Attempted to make a worldwide movement to emancipate the black people

Yuta Okawa Historical researchers said you got relatively few supporters compared with Martin Luther King. So, what do you think about that?

Malcolm X Because I belonged to Black Muslims. It's not my group. It was set up by my teacher. I had the

ています。このような考え方について、どう思われますか。

マルコムＸ　人生はボクシングみたいなもんだから、敵がいるわけよ。敵のパンチを食らったら、何かやり返さないといかんだろう。試合なんだからさ。この世ではサタンと神が戦ってて、天使たちも、長年ずっと戦い続けてる。サタンだけが攻撃できて、こっちは何もできないのは、不公平ってもんじゃないの？　神はサタンに対して力を持たなきゃいかんし、それか、神がサタンを地上から滅《ほろ》ぼすべきだろう。違うか？　違うかな？

世界中で黒人解放運動を起こそうとした

大川裕太　歴史研究者たちは、「あなたの支持者は、キング牧師に比べると少なかった」と言っています。それについては、どう思われますか。

マルコムＸ　私は「ブラック・ムスリム」に入ってたからね。自分のグループじゃなくて先生がつくったやつで、

second status in that sect, so it was a little difficult to have other friends, I mean, for example, Muslims of white people or yellow people, like that.

When I became independent from them, I set up my own group. I made a trip to the Middle East and Egypt and I've been to Mecca and made worship at the shrine of Mecca. After that, I got a lot of friends of other groups or people.

So, I've changed a lot. I developed my history, one by one. In my childhood, I was brought up as a Christian. "Love each other, be helpful and be lovely to other people," my father taught me like that. But my father was killed. And after that, I became a bad boy and I was thrown into jail for a ten-year sentence. During that time, I met the faith of Muslims and very much converted and I relied on the teachings of Muhammad. After that, I became one of the religious leaders of Black Muslims. And after that, I set up my own group and I wanted to keep cooperation with other Muslim people, Muslim brothers of yellow

私はその宗派ではナンバー・ツーだったんで、他の人たちと友人になるのは、ちょっと難しかったんだよ。たとえば白人や黄色人種のムスリムとかだな。

彼らから独立してからは自分のグループを立ち上げて、中東やエジプトに旅行して、メッカにも行って、メッカの神殿にも参拝したよ。そのあとは、他のグループや他の人たちの友人が大勢できた。

だから、私はずいぶん変わったのよ。自分の歴史を一歩一歩、築き上げてね。小さい頃はクリスチャンとして育てられて、父から「人と愛し合って、人の役に立つ、人に優しい人間になれ」とか教わってたけど、父が殺されて、そこから私は悪くなって、10年の刑で刑務所に入れられた。その間にイスラム教の信仰に出会って、深く回心《かいしん》して、ムハンマドの教えに帰依した。そこから、ブラック・ムスリムの宗教指導者の一人になって、さらには自分のグループをつくって、他のイスラム教徒とも協力関係を保とうとした。アフリカやアジアやその他の国の、黄色人種や白人や、当然黒人も含めた、ムスリムの同胞たちとね。

people or white people and, of course, black people, Africa and Asia and with other countries.

But this tolerant attitude was misunderstood by the group where I first belonged, Black Muslims. People could not understand. They just thought about Black Muslims in New York or the United States only, just the American movement. But I wanted to make a new movement from all over the world to emancipate the black people, like Nelson Mandela of South Africa or other people who were killed by white Christians. Of course, I have some kind of friendship with Japanese people, yellow people, who were killed in the last World War.

Ishikawa In the Middle East, recently, Mr. Baghdadi established a new country.

Malcolm X Hmm?

Ishikawa It's called Islamic State. You said you

ところが、私のそういう寛容な姿勢が、最初に属してたブラック・ムスリムから誤解された。理解できなかったんだな。彼らは、ニューヨークやアメリカのブラック・ムスリムのことしか考えてなくて、アメリカ国内の運動のことしか思ってなかったから。でも私は、「黒人解放の新たな運動」を世界中で起こしたいと思ってた。南アフリカのネルソン・マンデラとか、白人のキリスト教徒に殺された他の人たちみたいにね。もちろん、先の世界大戦で殺された黄色人種の日本人に対しても、ある種の友情は感じてるよ。

石川　中東では最近、バグダディが、新しい国をつくりました。

マルコムX　ふーん。

石川　「イスラム国」と呼ばれています。あなたはアフリ

wanted to return to Africa, so what are your thoughts on Islamic State?

Malcolm X Oh, it's a good one. Yeah, yeah. It's a good one. When they want to set up a new country in the Middle East for their own sect, oh, it's a good one. White people should be told, "Shut up!" or "Get out, white Americans!"

Ishikawa For example, originally, India was one country. But India was divided into India and Pakistan, and after that Bangladesh became independent. So, for example, is it possible for you to divide the United States into a Christian country and a Muslim country? Is it an option? Or, will they just return to Africa?

Malcolm X People who like cow and ox belong to India, and people who like pig are... Ah, quite cont... People who like pig… Oh? Oh, oh, oh, oh, oh, oh… [*Hits head with fist several times.*]

カに帰りたいと言われましたが、イスラム国についてはどう思われますか。

マルコムX　ああ、いいんじゃないの。うん、いいね。中東に自分たちの宗派の新しい国をつくりたいというなら、ああ、いいことだよ。白人には、「黙れ！」「シロのアメリカ人は出てけ！」と言ってやらんとな。

石川　たとえばインドは、もともとは一つの国でしたが、インドとパキスタンとに分裂し、その後、バングラデシュが独立しました。そこで、たとえばアメリカをキリスト教国とイスラム教国に分けることは考えられますか。そういう選択肢もあり得るのか、それともアフリカに帰るしかないのでしょうか。

マルコムX　牛が好きな人はインドに住んで、豚が好きな人は……ああ、逆か。豚が好きな人が……あれ？　あれ、あれ、あれ……（自分の頭をコツコツ叩く）。

Yuta Okawa Hate pigs?

Malcolm X People who hate to kill pigs belong… Oh, no, no, no. People who want to eat pigs should belong to India. People who don't want to kill oxen and cows belong to… Hmm? India, oh? Oh, oh, oh. Pig and ox, pigs and oxen and…

Ishikawa In Hinduism, cows are holy…

Malcolm X Yeah, yeah, yeah.

Ishikawa Yeah. Muslim people are not allowed to eat pigs.

Malcolm X It's their option. I don't know exactly. But Muhammad prohibited eating pigs.

大川裕太　豚が嫌いな人ですか。

マルコムX　豚を殺したくない人は……ああ、いや、いや。豚を食べたい人はインドに住むべきで、牛を殺したくない人は、ん？　インドか、あれ？　ああ、ああ。豚と牛、豚と牛と……。

石川　ヒンドゥー教では牛は神聖な……。

マルコムX　そう、そう、そう。

石川　はい。イスラム教徒は豚を食べることは許されていません。

マルコムX　本人たちの選択だね。私は、よく知らんけど。ムハンマドは豚を食べることは禁じたんだ。

4 Insisting the Superiority of Black People

Black people were "the beginning of humankind"

Yuta Okawa May I ask you about your historical recognition?

Malcolm X Uh-huh.

Yuta Okawa Actually, your movement, Black Muslim movement, teaches that historically in the ancient time, all black people were Muslim. But in reality, most of African people believe in different religions, including voodoos or also Christianity, or some kind of animistic belief. And in some Islamic nations, for example in Sudan, black people were threatened by Arabic people. Black people were used like slaves by Arabic people. Even in Islamic countries, such things occurred. So, what do you think

4　黒人の優位性を主張するマルコムX

「黒人が人類の始まりである」

大川裕太　あなたの歴史認識について伺ってよろしいでしょうか。

マルコムX　いいよ。

大川裕太　実際、ブラック・ムスリム運動では、あなたたちの教えによると、歴史上、古代には黒人はすべてムスリムだったということです。しかし実際は、アフリカの人々のほとんどは様々な宗教を信じています。ブードゥー教やキリスト教やアニミズム的な信仰などです。また、イスラム教国の中には、たとえばスーダンのように、黒人がアラブ人の脅威にさらされ、アラブ人に奴隷《どれい》のように使われていたところもありました。イスラム教国でも、そうしたことが起きていました。こうした黒人とイ

about this real situation of black people and Muslims?

Malcolm X I just said that before Jesus Christ, before Moses, and of course before Muhammad, there were black people in Africa in the ancient age. So, we were the beginning of men, I mean humankind. Humankind, or Adam and Eve, were black people. But Christians or the white Christian society denies this fact. They paint Jesus Christ as having blue eyes and a white face and as a tall, Anglo-Saxon-like person.

But he is Hebrew, and he must be close to black people or yellow people, maybe black. So, historically, they were wrong. They regarded Jesus Christ as a white person, but historically in the ancient age, black people were superior to white people. White people were slaves at that time. Even the Egyptians and people of other countries, for example, you know King Solomon or Queen Sheba*? Ah, yeah, it's a south part of Egypt.

* Solomon is an ancient king of Israel who appears in the Book of Kings in the Old Testament. Queen Sheba, Solomon's wife, was from the kingdom of Sheba which some believe was a part of current Ethiopia, so she could be black.

スラム教徒の実情について、どう思われますか。

マルコムＸ　私は、「イエス・キリストより前から、モーセより前から、もちろんムハンマドよりも前から、古代アフリカには黒人がいた」と言っただけだよ。だから、われわれが人類の始まりなんだ。人類は、あるいはアダムとイヴは黒人だったのに、キリスト教徒は、白人キリスト教社会はこの事実を否定して、イエス・キリストを、青い目で顔の色が白くて背が高いアングロサクソン風の人物として描いてる。

だが、イエスはヘブライ人で、黒人か黄色人種、たぶん黒人に近かったはずなんで、歴史的に見て彼らは間違ってた。イエス・キリストを白人と見なしてたけど、歴史的には、古代には白人より黒人のほうが優れてたんだよ。当時は白人が奴隷だったんで。エジプトとか他の国の、たとえば、ほら、ソロモン王とかシバの女王（注）ってわかる？　だからエジプトの南の、つまり、何て言ったっけ……。

（注）ソロモンは旧約聖書『列王記』に登場する古代イスラエルの王。シバの女王はソロモンの妻で、彼女の出身地であるシバ王国の所在地は現在のエチオピアとの説があり、彼女は黒人だったとの説もある。

It means, how do you say…

Isono Ethiopia?

Malcolm X Ethiopia. They were black people. The Old Testament respected black people. So, they were wrong, and they are still wrong. Jesus Christ is not a white American or a white European.

On the rise in black people and Muslims in recent years

Isono Yeah, I quite agree with that. I would like to ask a different question. Almost 50 years after your time, now, the United States has its first black president, President Barack Obama (at the time of recording). Do you know him?

Malcolm X Ah, half-black Obama. Like caffe latte.

磯野　エチオピアですか。

マルコムX　エチオピアだ。彼らは黒人だった。『旧約聖書』では黒人が敬《うやま》われてたんで、彼らは間違ってた。いまだに間違ってる。イエス・キリストは、白人のアメリカ人でも白人のヨーロッパ人でもないんだよ。

近年の黒人やイスラム教徒の台頭《たいとう》について

磯野　はい、その点については大賛成です。別の質問をさせていただきます。あなたの時代から50年ほど経った現在、アメリカには、初の黒人大統領がいます。バラク・オバマ大統領（収録当時）ですが、ご存じでしょうか。

マルコムX　ああ、半分黒人のオバマね。カフェラテみたいな。

Yuta Okawa I think you also have white blood.

Malcolm X Yeah, a little.

Isono So, what do you think of him? Or, what do you think about the United States having a black president?

Malcolm X It's not so bad, but he is also a weak person, so we need a black president with strong power. He must be stronger than he is. I think so. He must give some punishment to white people.

Isono OK. Now, in the United States, the presidential election is proceeding. Mr. Donald Trump, who is the candidate for the Republican Party, said that all Muslims should be banned from entering the United States. What do you think of that?

Malcolm X I'll kill him [*audience laugh*].

大川裕太　あなたにも白人の血が入っていると思いますが。

マルコムX　ああ、少しね。

磯野　彼については、どう思われますか。あるいは、アメリカに黒人の大統領が出たことを、どう思われますか。

マルコムX　悪くはないけど、彼も弱いからね。必要なのは、「強い力」のある黒人大統領だ。彼は、もっと強くないと駄目だと思うよ。白人に対して何か罰を与えないと。

磯野　わかりました。現在アメリカでは大統領選の最中ですが、共和党の大統領候補であるドナルド・トランプ氏は、「ムスリムは全員、アメリカへの入国を禁止されるべきだ」と言いました。それについては、どう思われますか。

マルコムX　殺す（会場笑）。

Isono You will kill him?

Malcolm X I have one plan. Plan B is how to shoot him [*holds up an imaginary gun*].

Ishikawa Based on the second amendment*?

Malcolm X We don't need him. We must eliminate him. He should go to Mexico. Mexican people will kill him. That's the conclusion.

Ishikawa In your opinion, is Hillary Clinton the better choice?

Malcolm X No, Hillary is a pig. No. I don't like her.

Yuta Okawa Recently, in Europe also, a lot of

* The amendment stating that the nation must not violate one's right to bear arms.

磯野　殺すんですか。

マルコムX　計画が一つある。プランBは、どうやって撃ち殺すかだ（狙撃の真似）。

石川　合衆国憲法修正第二条（注）に基づいてですか。

マルコムX　あいつは要らん。消さんと駄目だ。あいつはメキシコに行くといい。メキシコ人が殺してくれるから。それが結論。

石川　ヒラリー・クリントンのほうがいいというお考えですか。

マルコムX　いや、ヒラリーは豚だから。ノー。あんな女は嫌だね。

大川裕太　最近ヨーロッパにも、多くの移民が中東やア

（注）国民が武器を保持する権利を侵してはならないと定めた修正条項。

immigrants have been coming from the Middle East and from Africa, and racial…

Malcolm X It's a positive attitude. In my age or period, we were aiming to go back to Africa. But now, Islamic people are coming to the United States and want to change the constitution of America and establish an Islamic country in this North America. Ah, it's hopeful. It's indeed good. At that time, I will be reborn into the United States again and become a black president.

Yuta Okawa Oh, really? Also recently, in Britain, the first Muslim mayor of London started to lead. Is this a good tendency for you?

Malcolm X Hmm?

Yuta Okawa Now, black or Muslim people started to rule the Western world, so is that a good tendency?

フリカから押し寄せていまして、人種……。

マルコムX　それは積極的な姿勢じゃないか。私の時代には、われわれはアフリカに帰ることを目指してたけど、今はイスラム教徒がアメリカに来ていて、合衆国憲法を改正して、この北米の地にイスラム教国を建国したがってる。ああ、頼もしいね。実にいいね。そうなったら、私はアメリカに再誕して黒人大統領になるから。

大川裕太　そうですか。イギリスでも最近、初のムスリムのロンドン市長が就任しました。これは、あなたから見て、いい傾向でしょうか。

マルコムX　うん?

大川裕太　今や黒人やイスラム教徒が欧米を支配し始めていますが、いい傾向でしょうか。

Malcolm X Of course, of course, of course, of course. But they must insist punishment to white people.

Yuta Okawa Not cooperation, but punishment?

Malcolm X Punishment. White people have more than 400 years of sin, so they need punishment. God will send them to the [*extends both hands toward the floor*] deep, deep, deep, deep, deep, deep, depths of Hell. So, [*extends right hand toward the ceiling*] all black people are going to Hell and [*raises both arms and lowers them toward the floor*] all white people are going to… Oh, ah, [*raises both arms toward the ceiling while laughing*] all black people are going to Heaven and [*lowers both arms toward the floor*] all white people are going to Hell. Yeah. That's the fair attitude of God.

Isono How about colored people like us?

マルコムX　当然、当然。ただし、「白人に対する罰」を主張しなきゃ駄目だ。

大川裕太　「協力」ではなく、「罰」ですか。

マルコムX　「罰」です。白人は400年以上も罪を重ねてきたんだから、罰が要る。神は白人を、（両手を床に向ける）深い深い深～い地獄の底に突き落とされる。だから（右手を天井に向けて伸ばす）黒人は全員地獄行きで、（両手を床に向ける）白人は全員……じゃなくて（両手を上に伸ばし、笑いながら）黒人は全員、天国に行き、（両手を床に向ける）白人は全員、地獄に堕《お》ちるだろう。そう。それが神の公平な処遇だね。

磯野　私たちのような有色人種（黄色人種）はどうなりますか。

Malcolm X You are in the middle, so [*draws an imaginary lower line with both hands*] you are at the bottom of Heaven. It's your residence.

"Faith first and the political system follows"

Ishikawa I would like to ask about democracy.

Malcolm X Democracy?

Ishikawa Yeah. For example, in Africa, they experienced the Arab Spring and they tried to transform from a military regime into a democratic political system, but they failed. In the Middle East, a lot of countries adopt autocracy. So, can democracy co-exist with Islamic teachings?

Malcolm X Hmm, it's a current topic, so I'm not so acquainted with such kind of matters, but even in the United States, we don't have any democracy.

マルコムX　君たちは中間だから、（両手で下のほうに横の線を描いて）天国のいちばん下だな。そこが君たちの居場所だよ。

信仰が第一であり、政治体制はその次

石川　民主主義についてお伺いしたいのですが。

マルコムX　民主主義？

石川　はい。たとえばアフリカでは、「アラブの春」を経験して、軍事政権から民主主義政治へ変革を試みましたが、失敗しました。中東では、多くの国が独裁制を採っています。民主主義はイスラムの教えと共存できるのでしょうか。

マルコムX　うーん、それは時事問題で、私はそういった問題には明るくないけれども、アメリカであっても、われわれには「民主主義」なんてないからね。「白人民主

White democracy only. We have been excluded from American democracy. Nowadays, some of the black people have some political power in the United States, but it is very limited.

So, I don't know about North Africa and the Middle East exactly, but I think political system is next to faith. I mean, faith first and the political system follows. We must obey God's order. If God orders one person to have the power over the people, they must obey that God's order. But if God thinks that people are well-educated and can have the power to elect their delegates to congress, it's time to start democracy. It's OK, of course. But it depends on God's will.

"God must rewrite the Old Testament"

Ishikawa I think Allah is the God of mercy and I think white people were also created by Allah or the Creator God. In the future, can black people live together with white people after white people repent their deeds?

主義」しかないから。われわれはアメリカの民主主義から締め出されてきたんだよ。最近はアメリカにも、多少は政治的な力のある黒人もいるが、ごく限られてる。

北アフリカや中東のことは詳しく知らないけど、政治体制は信仰の次であって、つまり「信仰が第一」で、政治体制はそれに従うものだろう。神の命《めい》には従わねばならない。もし神が、ある一人の人間に、人々を支配するよう命じられたなら、人々はその神の命に従わねばならない。しかし神が、「人々には教育が行き届いたので、議会に送る代表者を選ぶ力を持つことができる」とお考えなら、民主主義を始める時が来たということだ。それは、もちろん構わないけれども、神のご意志にかかってるね。

神は『旧約聖書』を書き直すべき

石川　アッラーは慈悲の神であると思いますし、白人も、アッラーすなわち創造神によって創られたのだと思います。将来的には、白人が自分たちのやったことを反省したあとであれば、黒人は白人と共に生きていくことがで

Malcolm X Repent! Repent! Repent! Repent! Repent. They never repent.

Ishikawa They never repent [*laughs*]. Then, black people can never live together with white people?

Malcolm X God must rewrite the Old Testament again. God made Adam and Eve from black soil…

Interviewers OK, OK.

Malcolm X …then appeared a black couple. That is the beginning of humankind. After that, God made a lot of, for example, animals, and he rested. It's Sunday. And he hit upon [*raises right index finger*] a new idea next Monday. "Oh, I forgot white people. [*Looks around as if searching for something.*] I must make white ones, but I don't have enough black soil." So, he had to bring

きるでしょうか。

マルコムX　反省しろ！　反省！　反省！　反省！　あいつら絶対、反省しないから。

石川　絶対、反省しませんか（苦笑）。では、黒人は白人と一緒に生きていくことは絶対、できないのでしょうか。

マルコムX　神に『旧約聖書』を書き直してもらわないと。神は黒い土からアダムとイヴを創り……。

質問者一同　はい、はい。

マルコムX　……そして黒人のカップルが誕生した。それが人類の始まりで、それから神は動物なんかをたくさん創り、そして休まれた。それが日曜日だよ。翌日の月曜日、神は（右手の人差し指を上げる）新しいアイデアを思いつかれた。「ああ、白人を忘れてた。（何かを探すように下を見回す）白人を創らないといけないけど、黒い土が足りないな」。だから、チベットから雪男を連れて

yeti from Tibet and made white people. Yeah. That's the truth.

Ishikawa Then, yeti is the origin of white people?

Malcolm X Yeah, yeah, yeah, yeah. Yeti, yeti, yeti. Or, hmm…

Ishikawa That's why they like Dalai Lama?

Malcolm X [*Rolls eyes.*] Or, a polar bear, a white bear. Or, a white mammoth, like that. A part of an animal.

A "new utopia" centered around black people

Yuta Okawa So now, after your death, the reconciliation between the white people and black people is proceeding. "Finally, the kingdom of Heaven is coming near," maybe most people of the United

きて白人を創らないといけなかった。そう、それが真実なのよ。

石川　ということは、雪男が白人の起源なわけですか。

マルコムX　そうそう。雪男雪男。それか、えーと……。

石川　だから白人はダライ・ラマが好きなんでしょうかね。

マルコムX　（あきれて目を上に向ける）それか、ホッキョクグマ、白熊。それか、白マンモスとか。動物の一部だよ。

黒人中心の「新たなユートピア」

大川裕太　さて、あなたが亡くなったあと、白人と黒人の間の和解が進んでおり、アメリカ人の多くは「ようやく天の王国が近づいた」というふうに考えているかもしれません。今日の状況については、どう思われますでしょうか。

States are thinking like that. What do you think of today's situation?

Malcolm X But they needed more than 400 years. How do you explain these 400 years?

Yuta Okawa OK. The United States needs reflection upon those behaviors.

Malcolm X And! Another problem! Jewish! Einstein! Dr. Einstein! He came from Germany to the United States and made the atomic bomb together with another doctor. And atomic bombs were dropped on Hiroshima and Nagasaki. They're bad. We must kill white people and Jewish people, also. They're bad. They're bad and evil to yellow people. So, yellow people and black people must cooperate.

Ishikawa Is it a new racial discrimination?

マルコムX　でも、400年以上もかかったじゃない。この400年を、どう説明するのよ？

大川裕太　はい。アメリカは、そうした行為を反省する必要があります。

マルコムX　それと！　問題はまだあるぞ！　ユダヤ人！　アインシュタイン！　アインシュタイン博士！　彼はドイツからアメリカに来て、他の博士と一緒になって原爆をつくった。そして広島と長崎に原爆が落とされた。彼らは悪だ。白人と、ユダヤ人も、殺さないと駄目だ。悪い奴らだ。黄色人種にとっての悪だ。だから、黄色人種と黒人は協力しないといけない。

石川　それは新たな人種差別では？

Malcolm X New utopia...

Ishikawa New utopia!?

Malcolm X …is the slavery of white people. They need 400 years. They must serve us.

Ishikawa Then after that, will they be forgiven? White people will be forgiven?

Malcolm X Yeah, at that time, it depends. Hahaha.

Isono In Happy Science, we believe all people have divine nature within us.

Malcolm X No, no, no, no. It's wrong. It's wrong. It's wrong. Only black people have divine…

Isono How about Asian yellow people?

マルコムX　新たなユートピアで……。

石川　新たなユートピアですか⁉

マルコムX　白人の奴隷制だ。400年は必要だね。彼らがわれわれに仕《つか》えるべきなんだ。

石川　では、そのあとで彼らは、白人は許されるのでしょうか。

マルコムX　そう、その時は、状況によるな。ハハハ。

磯野　幸福の科学では、すべての人に神性《しんせい》が宿っていると信じています。

マルコムX　いや、いや、いや、いや。それは違うな。違ってる。黒人だけに神の……。

磯野　アジアの黄色人種は、どうなのでしょうか。

Malcolm X It's half.

Isono Half!? [*Interviewers and audience laugh.*]

Malcolm X Half size of the divinity.

Isono So, zero in white people?

Malcolm X Zero. No, zero or minus is the white people. Yeah. They have the nature of devils. You know? Devil is black. Black heart. Evil spirits.

Isono No, no. I don't agree with that.

On the relation between Japan's defeat and the black emancipation movement

Yuta Okawa And I'd like to ask you about your opinion about Japan.

マルコムＸ　半分。

磯野　半分ですか⁉（質問者、会場、笑）

マルコムＸ　半分だけ神性がある。

磯野　では、白人にはゼロですか。

マルコムＸ　ゼロ。いや、白人の神性は「ゼロ」か「マイナス」だ。そう。彼らには〝悪魔の性質〟が宿ってる。知ってる？　悪魔は黒いんだよ。黒い心で、悪霊だ。

磯野　いえ、それには賛成できません。

「日本の敗戦」と「黒人解放運動」の関係について

大川裕太　日本についてのご意見を伺いたいと思います。

Malcolm X Japan? [*Adjusts his glasses.*]

Yuta Okawa Japan and the United States experienced a great war. The Japanese justice was to emancipate Asian people from colonization at that time. What do you think about the opinion of past Japan or Japanese role in history?

Malcolm X Hmm… Japan. Yeah, we, black power, fought against the Vietnam War. It was a war to kill Asian people, and it was an arrogance of the white Christians. So, it's almost the same. American people should have been defeated by the Japanese army at that time. After that, they can change their mind and they can think that the white, yellow and black are all equal. They should repent of these 400 years.

Japan fought against this myth, I mean traditional thinking of the white Americans, but was defeated. They were defeated. You were defeated. It's not enough. So, we needed—*we* means, as you know,

マルコムX　日本？（眼鏡を直す）

大川裕太　日本とアメリカは、大戦を経験しました。当時の日本の正義は、アジアの人々を当時の植民地支配から解放することでした。かつての日本の意見や、歴史上での日本の役割については、どのようにお考えでしょうか。

マルコムX　うーん……日本ねえ。そう、われわれ黒人勢力はベトナム戦争に反対して戦った。あれはアジア人を殺す戦争で、白人キリスト教徒の傲慢《ごうまん》さだった。だから、ほぼ同じだな。アメリカ人は、あのとき日本軍に負けるべきだったんだ。それで初めて、彼らは心を入れ替え、白人も黄色人種も黒人も、みな平等だと思えるようになるんで。彼らは、この400年間を悔《く》い改めなければならない。

日本は白人アメリカ人の伝統的考え方という〝神話〟と戦ったが、負けた。彼らは負けた。君たちは負けた。それでは不十分なので、われわれ、マハトマ・ガンジーやネルソン・マンデラ、もちろんマーティン・ルーサー・

Mahatma Gandhi, Nelson Mandela, of course Martin Luther King, Jr., and Malcolm X—these people had to fight against white superiority. So, you had to be stronger than you used to be at that time.

Now, you, Japan or Japanese people, are under the control of the United States and you cannot have real sovereignty of your own. You cannot defend yourself. You have some kind of army-like force, but you cannot fight against other intruding countries by yourself. So, you must change your constitution.

It's a sin of America. Sin of the white America. Sin of the white American superiority to yellow people or colored people. You must destroy that kind of prejudice. [*Gestures as if he punches a wall with his right fist.*] Go! Kill! [*Shoots an imaginary machine gun.*] Dadadadadada! No more Hiroshima, no more Nagasaki. White Americans, go back to the North Pole or the Siberian area. Yeah.

キング・ジュニア、そしてマルコムX、こういう人たちが白人優越主義に対して戦わなければならなかった。だから君たちはあのとき、もっと強くなければ駄目だったんだ。

今、君たち日本あるいは日本人はアメリカに支配されていて、自分たちの本物の主権を持つことができてない。自分で自分を守ることもできない。ある種の軍事力のようなものはあるにはあるけれど、侵略してくる他国に対して自力で戦うことはできない。だから、憲法を変えなければ駄目なんです。

これは「アメリカの罪」だ。「白人アメリカの罪」だ。黄色人種や有色人種に対する「白人アメリカ人優越主義の罪」なんだ。君たちは、そういう偏見を打ち砕かなくてはならない。（右のこぶしで壁を打ち破る動作）行け！　殺せ！　（マシンガンを撃つ真似）ダダダダダダ！　ノーモア広島、ノーモア長崎。白人アメリカ人は北極かシベリアに帰れ。そうだよ。

5 Claiming to be the Origin of the "Revenge Powers of Islamic People"

Osama bin Laden is his "disciple"

Ishikawa Then, in your opinion, for example, 9/11 or terrorism caused by Islamic extremists should be justified because of their sins?

Malcolm X Oh, I am the origin of their worship. I'm aiding them. I'm making a wind to them. GO, GO, GO, GO, GO. Yeah.

Ishikawa For example, did you guide Osama bin Laden?

Malcolm X Ah, he came to this world, so...

Ishikawa To your realm? Or your world? Your territory?

5　「イスラム教徒の報復の力の根源」を自称

オサマ・ビン・ラディンは「弟子」である

石川　では、あなたのご意見では、たとえば９・１１やイスラム過激派によるテロは、彼ら（白人）の罪があるので、正当化されるべきということでしょうか。

マルコムＸ　ああ、私が彼らの崇拝の根本だから。私が力を貸してるんであって、私が彼らに追い風を吹かせてるのよ。行け行け行け行け行け、そうだ。

石川　たとえば、オサマ・ビン・ラディンを指導されましたか。

マルコムＸ　ああ、彼はこの世界に来て……。

石川　あなたの次元に？　あなたの世界、領域にですか。

Malcolm X Huh?

Yuta Okawa Is he your friend now?

Malcolm X Not my friend.

Ishikawa Osama bin Laden attacked the U.S., and killed more than three thousand people.

Malcolm X He is my disciple.

Yuta Okawa Oh.

Isono Did you give him some order or inspiration to destroy the World Trade Center and to kill white people?

Malcolm X Hmm… hmm… [*Thinks for a few seconds.*] Ah, yes, yes, yes. Almost all of the anger or revenge powers of Islamic people are from my aspiration.

マルコムX　うん？

大川裕太　今、彼はあなたの友人なのですか。

マルコムX　友人じゃないよ。

石川　オサマ・ビン・ラディンはアメリカを攻撃して、3000人以上、殺しました。

マルコムX　私の弟子だ。

大川裕太　ああ。

磯野　あなたは彼に、ワールド・トレード・センターを破壊して白人を殺せという命令、またはインスピレーションを与えたのですか。

マルコムX　うーん……うーん……（数秒間考え込んで）ああ、そう、そう、そう。イスラム教徒の「怒り」や「報復」の力は、だいたい全部、私の強い念《おも》いから来てるから。

Ishikawa How about Khomeini*?

Malcolm X Khomeini?

Ishikawa The leader of Iran. Is he your friend?

Malcolm X He is… the national god of Iran. So, there is a little difference, but yeah, he, himself, is a strong person. He's one of the gods of Islamic countries. So, we are almost equal.

Ishikawa Before his appearance, the Iranian government had a close relationship with the U.S.

Malcolm X Yeah, yeah.

* Ruhollah Khomeini (1902-1989) also known as Ayatollah Khomeini (Ayatollah is the title of a high-ranking Shiite cleric) or Imam Khomeini. He led the Iranian Revolution in 1979 and acted as the supreme leader of Iran.

石川　ホメイニ（注）はどうですか。

マルコムX　ホメイニ？

石川　イランの指導者です。彼はあなたの友人ですか。

マルコムX　彼は……イランの民族神だね。だから、少し違うけど、彼自身は力のある人なので。イスラム諸国の神々の一人だから、私とだいたい同格だな。

石川　彼が出て来る前は、イラン政府はアメリカと密接な関係にありました。

マルコムX　そう、そう。

（注）ルーホッラー・ホメイニ（1902－1989年）。「アヤトラ・ホメイニ」（アヤトラはシーア派高位者の称号）「ホメイニ師」とも。1979年のイラン革命を指導し、イランの最高指導者を務めた。

Insisting the similarity between his revolution and the Meiji Restoration

Yuta Okawa Sometimes critics say about you that your opinion was very strong and good, but that you couldn't realize your opinion because you had little means to realize that. You only spoke hatred, and as an activity or a movement, the power was not so strong. So, if you lived longer than the real situation, what would you have done in the United States? Terrorism, or war, or…

Malcolm X You are influenced by white journalism, so there is a little difference. You know, the Meiji Restoration of Japan? At that time, the lower class power, the people, destroyed the Tokugawa…

Yuta Okawa Government.

Malcolm X …government. We are the New York

「自らの革命」と「明治維新」の類似性を主張

大川裕太　批評家があなたのことを、「言論は非常に強力で素晴らしいが、その言論を実現する手段をほとんど持たなかったため、実現することはできなかった。憎しみを語るばかりで、活動や運動としては強力ではなかった」と評することがあります。そこで、もしあなたが実際より長生きできていたとしたら、アメリカで何をやったでしょうか。テロか、戦争か、あるいは……。

マルコムX　君は白人ジャーナリズムに影響されてるから、少し違うところがあるな。日本の明治維新は知ってるね？　あの時は下級の人たちの力が、民衆が、徳川……。

大川裕太　幕府ですね。

マルコムX　……幕府を倒したんだろう。われわれは

restoration or revolution. It's the same…

Yuta Okawa Oh, I see.

Malcolm X It was the Japanese revolution of the repressed, I mean the people who were under the upper class people and made revolution, in the era of Meiji. We are the underclass of the American society, and we are aiming to make a rebellion, revolution, or restoration against WASPs. So, it's the same. At the time, your age, Japanese, only 150 years ago or so, you used violence to destroy Edo Bakufu.

Yuta Okawa Yeah.

Malcolm X You needed a sword. You needed a bullet. So, it's almost the same.

Ishikawa But Japanese people have the samurai spirit,

「ニューヨーク維新」あるいは「ニューヨーク革命」であって、同じことであって……。

大川裕太　ああ、なるほど。

マルコムX　あれは、抑圧された人たちによる日本の革命だった。要するに、明治時代に、上流階級の下にいて革命を起こした人たちだ。われわれはアメリカ社会の下層階級で、WASP《ワスプ》に対して「反乱」、「革命」、「維新」を起こそうとしてる。だから、同じなのよ。当時、あの時代、日本人は、ほんの150年ほど前、江戸幕府を倒そうとして暴力を用いたんだろう。

大川裕太　はい。

マルコムX　刀も必要だし、弾丸も必要だった。ほとんど同じだよ。

石川　ただ、日本人には侍《さむらい》精神があり、基本的に一般市

and we basically didn't kill ordinary citizens…

Malcolm X I'm also a samurai, New York black samurai.

Ishikawa Yeah, yeah, but terrorists, including you, maybe killed ordinary citizens. So, that's a big difference. I think so. American military also killed…

Malcolm X No, no difference, no difference, no difference. Ah.

Ishikawa We attacked military ships or warships. But Americans attacked…

Malcolm X You, Japanese people, fought against the real samurais of Edo Bakufu. But these samurais were farmers or other class, not real samurais. I know about that.

民は殺しませんでした……。

マルコムX　私も「サムライ」だよ。ニューヨークの〝ブラック・サムライ〟だ。

石川　はい。しかし、あなたもそうですが、テロリストは一般市民も殺したのではないかと思います。ですから、そこが大きな違いだと思います。アメリカ軍も……。

マルコムX　いやいや、違わないよ。違わない。違わない。ああ。

石川　私たちは軍艦は攻撃しましたが、アメリカ人が攻撃したのは……。

マルコムX　君たち日本人は江戸幕府の本物のサムライと戦ったが、そのサムライたちは農民や他の階級の人たちで、本物のサムライではなかったというのは知ってるよ。

President Bush is "a demon"?

Ishikawa Actually, according to our spiritual research, your disciple, Osama bin Laden, fell to Hell, so he's not in the heavenly world.*

Malcolm X Hmm.

Ishikawa So, I don't think he returned to Heaven.

Malcolm X But President Bush, the father and his son, both presidents will go to Hell.

Yuta Okawa Oh, really?

* According to a Happy Science spiritual reading, the spirit of Osama bin Laden, who was killed by the American military in 2011, is unable to recognize his death and believes he is forming an underground resistance group. Refer to *Are Islamic Extremists Jihadists or Terrorists?* [Tokyo: HS Press, 2014].

ブッシュ大統領は「悪魔」である？

石川　実は、私たちの霊査《れいさ》によると、あなたの弟子であるオサマ・ビン・ラディンは地獄に堕ちていて、天上界にはいません（注）。

マルコムX　うーん。

石川　ですから、彼は天上界に還《かえ》れなかったのだと思います。

マルコムX　だが、ブッシュ大統領親子は、二人とも地獄に堕ちるよ。

大川裕太　えっ、本当ですか。

（注）幸福の科学の霊査によれば、2011年に米軍により殺害されたオサマ・ビン・ラディンの霊は、自分が死んでいることを認識できず、霊界で地下抵抗組織をつくっているつもりでいる。『イスラム過激派に正義はあるのか』（大川隆法著・幸福の科学出版刊）参照。

Malcolm X Of course. They will also go to Hell.

Ishikawa What is the reason?

Malcolm X They killed hundreds of thousands of people in the Asian district. It's not allowed.

Yuta Okawa But President Bush, Jr. thought of the American army as crusaders.

Malcolm X I cannot accept that kind of thinking.

Yuta Okawa Is he one Christian angel? Can President Bush be one Christian angel or not?

Malcolm X No! No, no. He's a demon.

Yuta Okawa Really?

マルコムX　当たり前だろ。彼らも地獄行きだ。

石川　理由は何ですか。

マルコムX　アジアで何十万人も殺したから。あれは許されないね。

大川裕太　しかし、ブッシュ・ジュニア大統領は、アメリカ軍は十字軍だと考えていましたが。

マルコムX　そんな考えは受け入れられない。

大川裕太　彼はキリスト教の天使でしょうか。ブッシュ大統領は、キリスト教の天使になれるでしょうか、どうでしょうか。

マルコムX　いや！　いや、いや。彼は悪魔だ。

大川裕太　本当ですか。

Malcolm X Of course, a demon.

Ishikawa The spirit of Mr. King also criticized the Iraq War.

Malcolm X Yeah, yeah, yeah.

Ishikawa So…

Malcolm X Bush and Reagan. President Reagan and Bush, father president and son president, they all are now in Hell or will be in Hell.

マルコムX　悪魔に決まっとる。

石川　キング牧師の霊も、イラク戦争を批判していましたので。

マルコムX　ああ、ああ、ああ。

石川　ですから……。

マルコムX　ブッシュとレーガン。レーガン大統領とブッシュ大統領親子。奴らは全員、地獄にいるか、地獄に行くかだな。

6 Discovering the Secret of Malcolm X's Soul History

He had been sleeping until this spiritual interview

Yuta Okawa OK. We'd like to ask you about your recent situation in the other world. Heaven or Hell? Also...

Isono Could you describe the world where you live, please?

Yuta Okawa Please describe your world.

Malcolm X Oh... I'm in the hospital of the 9th dimension*.

* One of the dimensions in the Spirit World. The world of saviors who are the most advanced as human souls. Refer to *The Laws of the Sun* [New York: IRH Press, 2013] and *The Nine Dimensions* [New York: IRH Press, 2012].

6　マルコムXの転生《てんしょう》の秘密に迫る

この霊言に呼び出されるまで「寝ていた」

大川裕太　わかりました。あの世での、あなたの最近のご様子についてお伺いしたいと思います。天国なのか地獄なのか。また……。

磯野　あなたのいらっしゃる世界を描写していただけますでしょうか。

大川裕太　あなたの世界を描写してください。

マルコムX　ああ……。〝九次元（注）の病院〟に入院してる。

（注）霊界の次元構造における、人霊として最高度に進化した救世主たちの世界。『太陽の法』『永遠の法』（共に大川隆法著・幸福の科学出版刊）参照。

Yuta Okawa Oh, really?

[*Interviewers laugh.*]

Isono We don't think so.

Ishikawa [*Laughs.*] I don't think there's a hospital in the 9th dimension.

Malcolm X So, Jesus Christ sometimes comes to meet me and Gautama Buddha comes to see me and aid me, and make some cure for me.

Isono Are you injured right now?

Malcolm X Injured? Ah, sometimes.

Isono Sometimes [*laughs*]?

Malcolm X I have 15 bullets in me, so my body is

大川裕太　えっ、本当ですか。

（質問者一同、笑）

磯野　それはないと思いますが。

石川　（笑）九次元には、病院はないと思いますので。

マルコムＸ　だから、イエス・キリストがときどきお見舞いに来てくれるし、ゴータマ・ブッダも会いに来て助けてくれるよ。治療してくれる。

磯野　今、負傷《ふしょう》しておられるのですか。

マルコムＸ　負傷？　ああ、してることもある。

磯野　こともある？（笑）

マルコムＸ　体に銃弾が15発入ってるから、体が壊れて

broken. I must make a new body.

Yuta Okawa Is your soul still in the hospital in the United States?

Malcolm X Hospital? No, no, no, no. Hospital in the universe. Far from the Earth [*looks up while raising right arm*].

Isono So, an alien nurse comes to you and...

Malcolm X [*Laughs.*] I don't know exactly, but this is the first time for me to be summoned by the Earth-living people. So, I'm not sure about my condition, but if... Martin Luther King was murdered by a white man, and if he was a great person, then me, too.

Isono Yeah, we believe you are a great hero. Are you alone in your room in the hospital?

て、新しい体をつくらないといけないのよ。

大川裕太　あなたの魂はまだ、アメリカの病院にいるのですか。

マルコムＸ　病院？　いや、いや、いや。宇宙の病院。地球から遠く離れた（右手を上げて上を見る）。

磯野　では、宇宙人の看護師が来てくれて……。

マルコムＸ　（笑）よくわからんけど、地球に住んでる人から呼び出されたのは初めてだから、自分の状態がよくわからない。まあ、マーティン・ルーサー・キングは白人に殺害されたけど、彼が偉大な人物だというなら、私だって、そうだよな。

磯野　はい、あなたは偉大な英雄であると思います。病室ではお一人ですか。

Yuta Okawa Do you have any other friends in the hospital?

Malcolm X Ahh... To tell the truth, I've been sleeping.*

Isono Ah, you've been sleeping?

Malcolm X And just this morning...

Yuta Okawa You woke up this morning?

Malcolm X ...I woke up like Dracula, zombie, or...

Yuta Okawa Your soul…

Malcolm X But in reality, I'm a good person…

* Spirits who claim to have been sleeping before being summoned for an interview are usually those who have not been able to return to Heaven after death. They are usually in an unconscious state from the time of their death.

大川裕太　病院には他に友人はいらっしゃいますか。

マルコムX　ああ……実は、ずっと寝てたんで（注）。

磯野　ああ、寝ていらしたんですか。

マルコムX　今朝《けさ》やっと……。

大川裕太　今朝、起きられたんですか。

マルコムX　……ドラキュラかゾンビみたいに目が覚めた。

大川裕太　あなたの魂は……。

マルコムX　まあ、実際、私は良い人間だし……。

（注）霊言に呼び出されて「ずっと寝ていた」と話す霊人は、死後、魂が天上界に還ることができず、その時点まで無意識状態でいたことが多い。

Isono Yes, we think so.

Malcolm X …and I'm a saint. I have love in my mind and I fought just for the sake of God's justice, you know?

A past life as "a savior for Muslims"

Ishikawa I think you attracted a lot of people because some black people were frustrated with the slow pace of King's nonviolence movement. By the way, do you have any other spiritual memories living in a different country other than the United States?

Malcolm X Hmm… I just got up, so [*laughs*]… Hmm. Ah. I have…

Ishikawa For example, you were a soldier or a commander of the Islamic empire and you fought against Christian countries, or…

磯野　はい、そう思います。

マルコムＸ　……聖人だからさ。心に愛があるし、とにかく神の正義のために戦ったのよ。わかる？

過去世は「イスラム教徒の救世主」

石川　黒人の中には、キングの非暴力運動の進み方が遅いので不満だった人もいたと思います。だから、あなたに惹《ひ》かれた人が多かったわけです。ところで、アメリカ以外の国に生きていたという、魂の別の記憶はありますか。

マルコムＸ　うーん……起きたばかりだからな(笑)。うーん、ああ。あれは……。

石川　たとえば、イスラム帝国の兵士か司令官で、キリスト教国と戦ったとか……。

Yuta Okawa Memories with Muhammad or Ali*, or…

Malcolm X I fought against the Crusaders. There was a very cruel king in Europe. It's the middle of the… Hmm…

Yuta Okawa Did you see the Lionheart of England†? Is he a cruel king?

Malcolm X Lionheart? No, no, no, no, how do you say?

* Ali ibn Abi Talib (ca.600-661). The 4th caliph of Islam. A cousin of Muhammad. The Shia consider his lineage to be the rightful successors of Islam.

† The epithet for King Richard I of England (1157-1199), who is known for his bravery. King Richard I fought against the Muslim forces in the Third Crusade.

大川裕太　ムハンマドやアリー（注１）と一緒だったご記憶とか……。

マルコムＸ　十字軍とは戦ったな。ヨーロッパにすごく残酷な王がいて。あれは中……うーん……。

大川裕太　イギリスの獅子心王《ししししんおう》（注２）とは会われましたか。彼が残酷《ざんこく》な王ということですか。

マルコムＸ　獅子心王？　違うなあ。何と言ったかな。

（注1）アリー・イブン・アビー・ターリブ（600頃－661年）。イスラム教の四代目正統カリフ。ムハンマドの甥。彼の血統を教団の正統と見なす人々がシーア派である。

（注2）イングランド王リチャード一世（1157－1199年）の異名。勇猛さで知られ、第三回十字軍でイスラム軍と戦った。

Yuta Okawa Ah, I see! Vlad III*?

Malcolm X Yeah, yeah, yeah.

Yuta Okawa Vlad III?

Malcolm X Vlad…

Yuta Okawa Of Romania.

Malcolm X Of Romania! Yeah! That's right! That's right!

Yuta Okawa I see.

Malcolm X I fought against him.

* The prince of Wallachia (currently a part of Romania) (1431-1476). He fought the Ottoman Empire that was expanding into Europe at the time. Vlad III is known for his cold-hearted reign and cruelty and was coined the name, "Vlad the Impaler." He became one of the models for Dracula. His spiritual message is compiled in Chapter 2 of *Dracula Densetsu no Nazo ni Semaru* (literally, Uncovering the Mystery of the Dracula Legend) [Tokyo: IRH Press, 2014].

大川裕太　あっ、わかりました！　ヴラド三世（注）では？

マルコムX　そう、そう、そう。

大川裕太　ヴラド三世？

マルコムX　ヴラド……

大川裕太　ルーマニアの。

マルコムX　ルーマニアの！　そう！　それだ！　それだ！

大川裕太　そうでしたか。

マルコムX　そいつと戦った。

（注）ワラキア公国（現在のルーマニアの一部）の王（1431－1476年）。当時ヨーロッパに攻勢をかけたオスマン帝国と戦った。冷徹な統治や残酷さで知られ、「串刺し公」の異名を持ち、吸血鬼ドラキュラのモデルの一人とされる。『ドラキュラ伝説の謎に迫る』（大川隆法著・幸福の科学出版刊）第２章にその霊言が収録されている。

Yuta Okawa You mean, your name was Mehmed II*, right?

Malcolm X Mehmed II... hmm...

Yuta Okawa Mehmed II fought against Vlad III of Romania and...

Malcolm X Oh, you know a lot about that. Why?

Yuta Okawa Mehmed II is the...

大川裕太　ということは、あなたのお名前は、メフメト二世（注）でよろしいでしょうか。

マルコムX　メフメト二世……うーん……。

大川裕太　メフメト二世は、ルーマニアのヴラド三世と戦って……。

マルコムX　君、そんなこと、よく知ってるね。なんで？

大川裕太　メフメト二世は……。

⋆ The 7th Sultan of the Ottoman Empire (1432-1481 pictured). He ended the Eastern Roman Empire by capturing Constantinople and greatly expanded the Ottoman Empire. He also conquered the Balkan Peninsula and was feared by European countries as the biggest threat to Christianity. He developed the new capital of Istanbul (formerly Constantinople) into a multiracial city, and is known for his understanding toward European culture.

（注）オスマン帝国の第七代スルタン（皇帝）（1432－1481年。写真）。コンスタンティノープルを攻略して東ローマ帝国を滅ぼし、オスマン帝国の版図を大きく広げた。バルカン半島諸国をも征服し、ヨーロッパ諸国から「キリスト教最大の敵」と恐れられた。首都イスタンブール（旧コンスタンティノープル）を多民族都市として発展させ、ヨーロッパ文化に理解を示したことでも知られる。

Malcolm X You're a great person?

Yuta Okawa No, no, no.

Malcolm X A scholar! A scholar!

Yuta Okawa I studied Islam…

Malcolm X Are you Muslim?

Yuta Okawa Yeah, maybe. Maybe a part of my soul is Muslim.

Malcolm X Yeah, yeah. The cruel king (Vlad III), yeah, the cruel king, yeah. He was a bad one.

Yuta Okawa I think Mehmed II is probably the great-grandfather of the great Suleiman of the Ottoman Empire.

Malcolm X That's right! That's right! It's me!

マルコムＸ　君は大物なの？

大川裕太　いえ、違います。

マルコムＸ　学者か！　学者だな！

大川裕太　イスラムについて勉強しましたので……。

マルコムＸ　イスラム教徒か？

大川裕太　はい、たぶん。魂の一部はイスラム教徒だと思います。

マルコムＸ　そう、そう。（ヴラド三世は）ひどい王だったよ。残酷な王で、悪い奴だった。

大川裕太　メフメト二世は、オスマン帝国のスレイマン大帝の曾祖父ではなかったかと思います。

マルコムＸ　そう、その通り！　それが私だ！

Yuta Okawa Ah, OK! It was you. You were Mehmed II of the Ottoman Empire. OK.

Malcolm X Yeah, so this was the reason I've been fighting. I am a savior for Muslims. Do you understand? You easily use Hell or Heaven, but in Islam and Christianity, there is a difference. The justice is a little different. So, it's Armageddon, in the near future. You are apt to think that we are fighting inside of America as the black power and white power, but we are protecting the Asian countries, African countries, Russia or other countries from American intrusion.

We must settle our peace, justice, and the goodness of our own. After that, we must be the teacher for other countries. On our side, we have inequality. So, it's the first problem, I think. We should not send any armies to the western part of the world because we are not pure justice. We have our own injustice within the United States. In other words, I'm stopping the imperialism of the white Americans to Muslim countries.

大川裕太　ああ、はい！　あなたでしたか。オスマン帝国のメフメト二世ですね。わかりました。

マルコムX　そう。だからこそ、ずっと戦ってきてるわけで。私はイスラム教徒の救世主なのよ。わかるかな？君たちは安易《あんい》に地獄とか天国とか言うが、イスラム教とキリスト教は違うんでね。正義に少し違いがある。だから、近未来のアルマゲドン（最終戦争）なんだ。われわれはアメリカの内部で「黒人パワー」と「白人パワー」の戦いをやってると思われがちだけど、アジア諸国やアフリカ諸国や、ロシアや他の国を、アメリカの侵略から守ってるんです。

　われわれは、自分たちの「平和」と「正義」と「善」を確立しないといけない。他国の先生役をやるのは、そのあとでないといけない。国内に不平等が存在するんだから、そちらが先決だろう。自分たちが純粋な正義という訳じゃないんだから、世界の西のほうまで軍隊なんか送るべきじゃない。アメリカ国内に不正義が存在してる。言葉を換えれば、私は、白人アメリカ帝国主義がイスラム諸国に入り込むのを食い止めてるわけよ。

7 Malcolm X's Regret and Hope

Expectations for Happy Science

Yuta Okawa OK. Thank you very much. We, Happy Science, have a lot of members in Africa and Asia and also in the United States, and we are originally from Japan. Do you have any expectations of Happy Science and on its future?

Malcolm X Please teach fairness to the people of the world; world fairness and world justice. And please think equally of Christianity and Islam and of course other religions—Buddhism, Hinduism, like that.

We must have tolerance, as you said, but we have anger and some kind of bad emotion toward each other. Historically, God must make a declaration that white people have been bad in these 400 years. God must say that declaration.

7　志《こころざし》半《なか》ばで倒れた マルコムからのメッセージ

幸福の科学に期待すること

大川裕太　はい、ありがとうございます。私たち幸福の科学は、アフリカやアジアやアメリカにも数多くの信者がいますが、もともとは日本発です。幸福の科学とその将来に対し、何か期待されることはありますか。

マルコムX　世界の人々に、「公平さ」ということを教えてください。「世界的公平」と「世界的正義」です。そして、キリスト教もイスラム教も、もちろん仏教やヒンドゥー教といった他の宗教も、すべて平等に考えてください。

君たちの言う通り、われわれは「寛容さ」を持たねばならないにもかかわらず、お互いに対して怒りやある種の悪感情を抱いているけれども、歴史的に見れば、神は、「白人はこの400年間、悪を重ねてきた」と宣言しなければならない。神がそう宣言する必要があるんです。

So, you shouldn't respect George Washington and you shouldn't respect Lincoln thoroughly, I mean all of Lincoln. One part of Lincoln can be respected, but not all of him is so good. So, great black people should appear in the world of the Western society, I think so. Not only in America, but also in England or Germany or other countries. We need a black leader, I think so.

I am one of them, but I was killed or murdered, so I did half of my mission only. [*Closes eyes with regret.*] That… that is my repentance. I'm sorry I couldn't do all of my mission. I was killed at the age of 39. So, I must say sorry to all the black people, all the colored people, and all the excluded people in the world. I should have been the new savior of new America, but I was killed, not by…[*draws an imaginary cross.*]

Isono A cross?

Malcolm X …a cross, but by machine guns. I'm sorry I couldn't do everything. If I had 10 more years in my

だから、ジョージ・ワシントンも、リンカンであっても、完全に、つまり全面的に尊敬しては駄目なんです。リンカンのある一面は尊敬できるけれども、いいとこばかりじゃない。西側世界に、黒人の偉大な人物が現れるべきだと思う。アメリカだけでなく、イギリスやドイツやその他の国にも、黒人リーダーが必要だと思う。

私もその一人なんだが、殺されて、殺害されて、使命を半分しか果たせなかった。（つらそうに目を閉じて）それが……それが悔《く》やまれる。使命を果たし切れず、申し訳なかった。39歳で殺されたんで。世界中のすべての黒人、すべての有色人種、すべての排斥されてきた人たちに、お詫《わ》びしないといけない。「新たなアメリカ」の「新たな救世主」にならないといけなかったのに、殺されてしまった。十……（右手で十字架の形を切る）。

磯野　十字架ですか。

マルコムＸ　……十字架ではなく、マシンガンでね。全部はできなくて申し訳なかった。あと10年命があれば、

life, I could've become friends with other leaders or other followers of colored people, or other religions, and could've rebuilt the United States. Barack Obama did a little, but it's not enough. It's not enough.

A message to African Americans

Isono OK. This is my last question.

Malcolm X OK.

Isono Could you give some message to the people in the United States, especially for black people?

Malcolm X Oh...

Black people in the United States,
You shall not return to Africa again.
You must find a new Canaan in your state.

有色人種や他宗教の指導者や信者たちと手を結んで、アメリカを立て直せたんだがなあ。バラク・オバマが多少はやってくれたけど、足りないね。まだ足りない。

アメリカの黒人へのメッセージ

磯野　はい。私からの最後の質問をさせていただきます。

マルコムX　オーケー。

磯野　米国民に、特に黒人の方たちに向けて、メッセージをいただけますでしょうか。

マルコムX　ああ……。

アメリカの黒人たちよ。

再びアフリカへと戻ることなかれ。

自らの国で、新たなカナンの地を見出さねばならない。

New America should be New Atlantis.*
And in that New Atlantis,
Black, white and yellow,
These people must keep friends with others
And have love toward others.
We won't need any violence at that time.
But till that time,
We must fight against... in our movement.

American white superiority is still strong.
It has poison in it
And has influence all over the world, so be careful.
And think that it is your mission
To make it weaker and weaker,
It means poison of the whites,
And rewrite the new world history.

* Happy Science has revealed that the legendary Atlantis was a continent that was located in what is now the Atlantic Ocean, and that the civilization reached its golden age about 12,000 years ago under the great leader Thoth, who is a branch spirit of the God of the Earth, El Cantare. God Thoth is currently guiding America spiritually. Also, it is said that America is a newborn Atlantic civilization. Refer to *The Laws of the Sun* [New York: IRH Press, 2013], *Atlantis Bunmei no Shinsou* (literally, The Truth About the Atlantic Civilization) [Tokyo: IRH Press, 2011] and *Spiritual Interview with George Washington* [Tokyo: HS Press, 2016].

新たなアメリカは
ニュー・アトランティス（注）となるべきである。
そのニュー・アトランティスでは
黒人も白人も黄色人種も、これらの人々が
互いの友となり、互いに愛し合わねばならない。
そこには、もはや暴力は必要ない。
されど、その日が来るまでは
運動を続け、戦わねばならない。

アメリカの白人優越主義は今なお根強い。
そこには毒が含まれており
世界中に影響力を振るっているゆえに、心せよ。
そして、白人の毒をどこまでも弱め
「新たな世界史」を書き直すことを
自らの使命と心得よ。

（注）幸福の科学は伝説上のアトランティス大陸について、かつて現在の大西洋に存在した大陸であり、今から約1万2千年前、地球神エル・カンターレの分身である大導師トスのもとで文明の最盛期を迎えたことを明かしている。トス神は現在、アメリカを霊的に指導しており、アメリカはアトランティス文明の新生した姿であるとの説もある。『太陽の法』『アトランティス文明の真相』『ジョージ・ワシントンの霊言』（いずれも大川隆法著・幸福の科学出版刊）参照。

Understanding Muslims "living with God"

Yuta Okawa Thank you. And this is the last question from me. As a Muslim leader, could you give us some message for all Muslims in this world or about the future of Islam? How could we all solve this situation?

Malcolm X The European and American type of
Democracy is not everything.
I want to say another kind of lifestyle can be possible.
For example, billions of Muslims are
Living with God.
They make worship five times
To the mosque of Mecca.
They are living with God
And they are thinking that they belong to God
And they surrender to God, have submission to God
And have humility to God.
This is one kind of style toward God.

「神と共に生きる」イスラム教徒への理解を

大川裕太　ありがとうございます。では、私からの最後の質問です。イスラム教徒のリーダーとして、世界のイスラム教徒に向けて、あるいはイスラム教の未来についてのメッセージをいただけますでしょうか。どうすれば私たちは、現状を解決することができるのでしょうか。

マルコムX　欧米的な民主主義のスタイルが
　すべてではない。
　別種のライフスタイルも可能であると、私は言いたい。
　たとえば、数十億人のイスラム教徒は
　神と共に生きている。
　メッカのモスクに向けて一日五回、礼拝している。
　神と共に生きており
　「自分は神のものである」と思い
　神にひれ伏し
　神への服従と謙遜《けんそん》に生きている。
　これも、神に向かうスタイルの一つなのである。

American Christianity lost the real God.
They have submitted to pragmatic theory
Or pragmatic philosophy,
And it's very akin to socialism or materialism.
They are losing their God, so be careful about that.
We can live with God.
This is the style of Islam.
So, don't misunderstand
About the lifestyle of Muslims.

Yuta Okawa OK, thank you very much.

Isono Thank you very much for your precious lectures. Thank you so much.

Malcolm X It's OK? [*Smiles playfully.*]

Isono Yes.

アメリカのキリスト教は真なる神を見失っている。
彼らはプラグマティック（実学的）な理論や
プラグマティックな哲学に屈しており
これは社会主義や唯物論にきわめて近い。
彼らは神を見失っているので、気を付けねばならない。
われらは、神と共に生きることができる。
それがイスラム教のスタイルなのだ。
ゆえに、イスラム教徒の生き方を誤解してはならない。

大川裕太　はい。どうもありがとうございました。

磯野　貴重なご講義をいただき、感謝いたします。ありがとうございました。

マルコムＸ　じゃあ、いいかな（意味ありげな表情）。

磯野　はい。

Malcolm X OK. [*Pretends to shoot interviewers with a gun in each hand.*] Bang, bang, bang, bang, bang, bang. [*Points to Ishikawa, then Isono and finally Yuta Okawa.*] You shall die, you shall die, you shall die. Bye-bye.

Ryuho Okawa [*Claps once.*]

Yuta Okawa & Isono Thank you very much.

マルコムＸ　オーケー。（右手と左手をピストルの形にし、質問者たちを撃つ真似）バン、バン、バン、バン、バン、バン。（石川、磯野、大川裕太の順に指差しながら）死ね、死ね、死ね。バイバイ。

大川隆法　（手を一回叩く）

大川裕太＆磯野　ありがとうございました。

8 After the Spiritual Interview

Ryuho Okawa Hmm… [*Laughs.*]

Yuta Okawa Yeah, he's very funny.

Ryuho Okawa Funny, fine.

Yuta Okawa A curious person.

Ryuho Okawa [*Laughs.*] A curious, yeah [*laughs*], personality.

Yuta Okawa Personality.

Ryuho Okawa Incredible. But he has been sleeping till just this morning [*laughs*]. So, he just…

Isono Woke up.

8　霊言を終えて

大川隆法　うーん……（笑）。

大川裕太　いやあ、すごく面白い人ですね。

大川隆法　面白いですね。結構でした。

大川裕太　変わった人ですね。

大川隆法　（笑）変わった、そう（笑）性格の人でした。

大川裕太　そうですね。

大川隆法　信じ難いですね、まあ、ずっと眠っていて、やっと今朝（笑）、〝目が……。

磯野　覚めたばかりで。

Ryuho Okawa ...woke up. He cannot find where he is. I think so. But he might be some kind of Saigo Takamori of Japan or Toshimichi Okubo, like that. Maybe he had some kind of mission in his life, so I pray for him. He will be a great angel in the near future, I hope so.

And I ask him to stop the struggles or wars between the Christian society and the Muslim society, and of course the Asian society. I hope so. Thank you very much.

大川隆法　……覚めた〟ばかりですか。自分がどこにいるのか、わからないんでしょうね。まあ、日本の西郷隆盛《さいごうたかもり》とか大久保利通《おおくぼとしみち》的な人かもしれません。何か「人生の使命」があったんでしょう。彼のために祈りたいと思います。近いうちに偉大な天使になれるといいですね。

キリスト教社会とイスラム社会の間に存在する、またアジア社会にも存在する、対立や戦争を止めてくれるよう、この方にお願いしたいと思います。それを願っています。ありがとうございました。

『マルコムＸの霊言』大川隆法著作関連書籍

『太陽の法』（幸福の科学出版刊）
『永遠の法』（同上）
『キング牧師　天国からのメッセージ』（同上）
『マハトマ・ガンジーの霊言　戦争・平和・宗教・そして人類の未来』（同上）
『ネルソン・マンデラ ラスト・メッセージ』（同上）
『イスラム過激派に正義はあるのか』（同上）
『ドラキュラ伝説の謎に迫る』（同上）
『アトランティス文明の真相』（同上）
『アメリカ合衆国建国の父　ジョージ・ワシントンの霊言』（同上）

マルコムXの霊言

2017年9月11日　初版第1刷

著　者　　大《おお》川《かわ》隆《りゅう》法《ほう》

発行所　　幸福の科学出版株式会社

〒107-0052 東京都港区赤坂2丁目10番14号
TEL(03) 5573-7700
http://www.irhpress.co.jp/

印刷・製本　株式会社 堀内印刷所

落丁・乱丁本はおとりかえいたします

ISBN 978-4-86395-937-8 C0014
Photo：AP/アフロ／Keystone/時事通信フォト／
Bridgeman Images/時事通信フォト

大川隆法霊言シリーズ・イスラムの指導者の本心

中東で何が起こっているのか

公開霊言 ムハンマド／アリー／サラディン

イスラムの知られざる成り立ちや歴史、民主化運動に隠された「神の計画」。開祖、四代目カリフ、反十字軍の英雄が、イスラムのめざすべき未来を語る。

1,600円

ムハンマドよ、パリは燃えているか。
―表現の自由vs.イスラム的信仰―

「パリ新聞社襲撃テロ事件」の発端となった風刺画は、「表現の自由」か、それとも"悪魔の自由"か？　天上界のムハンマドがキリスト教圏に徹底反論。

1,400円

イスラム過激派に正義はあるのか

オサマ・ビン・ラディンの霊言に挑む

2013年に起きた「アルジェリア人質事件」の背後には何があったのか――。死後も暗躍を続ける、オサマ・ビン・ラディンが語った「戦慄の事実」。

1,400円

※表示価格は本体価格（税別）です。

大川隆法「法シリーズ」・最新刊

伝道の法

法シリーズ
第23作

人生の「真実」に目覚める時

人生の悩みや苦しみは
どうしたら解決できるのか。
世界の争いや憎しみは
どうしたらなくなるのか。
ここに、ほんとうの「答え」がある。

2,000円

第１章　心の時代を生きる ―― 人生を黄金に変える「心の力」
第２章　魅力ある人となるためには ―― 批判する人をもファンに変える力
第３章　人類幸福化の原点 ―― 宗教心、信仰心は、なぜ大事なのか
第４章　時代を変える奇跡の力 ―― 危機の時代を乗り越える「宗教」と「政治」
第５章　慈悲の力に目覚めるためには ―― 一人でも多くの人に愛の心を届けたい
第６章　信じられる世界へ ―― あなたにも、世界を幸福に変える「光」がある

※表示価格は本体価格（税別）です。

幸福の科学グループのご案内

宗教、教育、政治、出版などの活動を通じて、地球的ユートピアの実現を目指しています。

幸福の科学

1986年に立宗。信仰の対象は、地球系霊団の最高大霊、主エル・カンターレ。世界100カ国以上の国々に信者を持ち、全人類救済という尊い使命のもと、信者は、「愛」と「悟り」と「ユートピア建設」の教えの実践、伝道に励んでいます。

（2017年８月現在）

愛

幸福の科学の「愛」とは、与える愛です。これは、仏教の慈悲《じひ》や布施《ふせ》の精神と同じことです。信者は、仏法真理をお伝えすることを通して、多くの方に幸福な人生を送っていただくための活動に励んでいます。

悟り

「悟り」とは、自らが仏の子であることを知るということです。教学《きょうがく》や精神統一によって心を磨き、智慧《ちえ》を得て悩みを解決すると共に、天使・菩薩《ぼさつ》の境地を目指し、より多くの人を救える力を身につけていきます。

ユートピア建設

私たち人間は、地上に理想世界を建設するという尊い使命を持って生まれてきています。社会の悪を押しとどめ、善を推し進めるために、信者はさまざまな活動に積極的に参加しています。

国内外の世界で貧困や災害、心の病で苦しんでいる人々に対しては、現地メンバーや支援団体と連携して、物心両面にわたり、あらゆる手段で手を差し伸べています。

年間約３万人の自殺者を減らすため、全国各地で街頭キャンペーンを展開しています。

公式サイト　**www.withyou-hs.net**

ヘレン・ケラーを理想として活動する、ハンディキャップを持つ方とボランティアの会です。視聴覚障害者、肢体不自由な方々に仏法真理を学んでいただくための、さまざまなサポートをしています。

公式サイト　**www.helen-hs.net**

入会のご案内

幸福の科学では、大川隆法総裁が説く仏法真理《ぶっぽうしんり》をもとに、「どうすれば幸福になれるのか、また、他の人を幸福にできるのか」を学び、実践しています。

入会

仏法真理を学んでみたい方へ

大川隆法総裁の教えを信じ、学ぼうとする方なら、どなたでも入会できます。入会された方には、『入会版「正心法語《しょうしんほうご》」』が授与されます。

三帰《さんき》誓願《せいがん》

信仰をさらに深めたい方へ

仏弟子としてさらに信仰を深めたい方は、仏《ぶっ》・法《ぽう》・僧《そう》の三宝《さんぽう》への帰依を誓う「三帰誓願式」を受けることができます。三帰誓願者には、『仏説・正心法語』『祈願文《きがんもん》①』『祈願文②』『エル・カンターレへの祈り』が授与されます。

幸福の科学 サービスセンター
TEL 03-5793-1727　（受付時間／火～金：10～20時　土・日祝：10～18時）

幸福の科学 公式サイト
happy-science.jp

教育　ハッピー・サイエンス・ユニバーシティ

Happy Science University

ハッピー・サイエンス・ユニバーシティとは

ハッピー・サイエンス・ユニバーシティ（HSU）は、大川隆法総裁が設立された「現代の松下村塾」であり、「日本発の本格私学」です。建学の精神として「幸福の探究と新文明の創造」を掲げ、チャレンジ精神にあふれ、新時代を切り拓く人材の輩出を目指します。

学部のご案内

人間幸福学部

人間学を学び、新時代を切り拓くリーダーとなる

経営成功学部

企業や国家の繁栄を実現する、起業家精神あふれる人材となる

未来産業学部

新文明の源流を創造するチャレンジャーとなる

HSU長生キャンパス
〒299-4325
千葉県長生郡長生村一松丙 4427-1
TEL　**0475-32-7770**

未来創造学部

時代を変え、未来を創る主役となる

政治家やジャーナリスト、ライター、俳優・タレントなどのスター、映画監督・脚本家などのクリエーター人材を育てます。4年制と短期特進課程があります。

・4年制
1年次は長生キャンパスで授業を行い、2年次以降は東京キャンパスで授業を行います。

・短期特進課程（2年制）
1年次・2年次ともに東京キャンパスで授業を行います。

HSU未来創造・東京キャンパス
〒136-0076
東京都江東区南砂2-6-5
TEL　**03-3699-7707**

学校法人 幸福の科学学園

学校法人 幸福の科学学園は、幸福の科学の教育理念のもとにつくられた教育機関です。人間にとって最も大切な宗教教育の導入を通じて精神性を高めながら、ユートピア建設に貢献する人材輩出を目指しています。

幸福の科学学園

中学校・高等学校(那須本校)
2010年4月開校・栃木県那須郡(男女共学・全寮制)
TEL **0287-75-7777**
公式サイト **happy-science.ac.jp**

関西中学校・高等学校(関西校)
2013年4月開校・滋賀県大津市(男女共学・寮及び通学)
TEL **077-573-7774**
公式サイト **kansai.happy-science.ac.jp**

仏法真理塾「サクセスNo.1」 TEL **03-5750-0747**(東京本校)
小・中・高校生が、信仰教育を基礎にしながら、「勉強も『心の修行』」と考えて学んでいます。

不登校児支援スクール「ネバー・マインド」 TEL **03-5750-1741**
心の面からのアプローチを重視して、不登校の子供たちを支援しています。
また、障害児支援の「**ユー・アー・エンゼル!」運動**も行っています。

エンゼルプランV TEL **03-5750-0757**
幼少時からの心の教育を大切にして、信仰をベースにした幼児教育を行っています。

シニア・プラン21 TEL **03-6384-0778**
希望に満ちた生涯現役人生のために、年齢を問わず、多くの方が学んでいます。

NPO 活動支援

学校からのいじめ追放を目指し、さまざまな社会提言をしています。また、各地でのシンポジウムや学校への啓発ポスター掲示等に取り組む一般財団法人「いじめから子供を守ろうネットワーク」を支援しています。

ブログ **blog.mamoro.org**

公式サイト **mamoro.org**
相談窓口 **TEL.03-5719-2170**

政治

幸福実現党

内憂外患《ないゆうがいかん》の国難に立ち向かうべく、2009年5月に幸福実現党を立党しました。創立者である大川隆法党総裁の精神的指導のもと、宗教だけでは解決できない問題に取り組み、幸福を具体化するための力になっています。

幸福実現党 釈量子サイト
shaku-ryoko.net

Twitter
釈量子@shakuryoko
で検索

党の機関紙
「幸福実現NEWS」

幸福実現党　党員募集中

あなたも幸福を実現する政治に参画しませんか。

○幸福実現党の理念と綱領、政策に賛同する18歳以上の方なら、どなたでも参加いただけます。
○党費：正党員（年額5千円［学生 年額2千円］）、特別党員（年額10万円以上）、家族党員（年額2千円）
○党員資格は党費を入金された日から1年間です。
○正党員、特別党員の皆様には機関紙「幸福実現NEWS（党員版）」が送付されます。

＊申込書は、下記、幸福実現党公式サイトでダウンロードできます。
住所：〒107-0052　東京都港区赤坂2-10-8 6階 幸福実現党本部
TEL **03-6441-0754**　FAX **03-6441-0764**
公式サイト **hr-party.jp**　若者向け政治サイト **truthyouth.jp**

幸福の科学出版

出版
メディア
事業

大川隆法総裁の仏法真理の書を中心に、ビジネス、自己啓発、小説など、さまざまなジャンルの書籍・雑誌を出版しています。他にも、映画事業、文学・学術発展のための振興事業、テレビ・ラジオ番組の提供など、幸福の科学文化を広げる事業を行っています。

アー・ユー・ハッピー？
are-you-happy.com

ザ・リバティ
the-liberty.com

幸福の科学出版
TEL **03-5573-7700**
公式サイト **irhpress.co.jp**

THE FACT

ザ・ファクト
マスコミが報道しない
「事実」を世界に伝える
ネット・オピニオン番組

Youtubeにて
随時好評
配信中！

ザ・ファクト 検索

芸能文化
事業

NEW STAR PRODUCTION

ニュースター・プロダクション

「新時代の"美しさ"」を創造する芸能プロダクションです。2016年3月に映画「天使に"アイム・ファイン"」を、2017年5月には映画「君のまなざし」を公開しています。

公式サイト **newstarpro.co.jp**

ARI Production

ARI《アリ》 Production《プロダクション》

タレント一人ひとりの個性や魅力を引き出し、「新時代を創造するエンターテインメント」をコンセプトに、世の中に精神的価値のある作品を提供していく芸能プロダクションです。

公式サイト **aripro.co.jp**

大川隆法　講演会のご案内

大川隆法総裁の講演会が全国各地で開催されています。

講演のなかでは、毎回、「世界教師」としての立場から、幸福な人生を生きるための心の教えをはじめ、世界各地で起きている宗教対立、紛争、国際政治や経済といった時事問題に対する指針など、日本と世界がさらなる繁栄の未来を実現するための道筋が示されています

8月2日 東京ドーム「人類の選択

5月14日 ロームシアター京都
「永遠なるものを求めて」

4月23日 高知県立県民体育館「人生を深く生き

2月11日 大分別府ビーコンプラザ・コンベンションホール
「信じる力」

1月9日 パシフィコ横浜「未来への

講演会には、どなたでもご参加いただけます。
最新の講演会の開催情報はこちらへ。⟹

大川隆法総裁公式サイト
https://ryuho-okawa.org